中国工程院院士
是国家设立的工程科学技术方面的最高学术称号，为终身荣誉。

U0809704

王基铭传

中国工程院院士传记

尚长文 著

中国石化出版社
人民出版社

图书在版编目(CIP)数据

王基铭传/尚长文著. —北京：中国石化出版社，
2017.7(2019.4 重印)
(中国工程院院士传记)
ISBN 978-7-5114-4560-5

Ⅰ. ①王… Ⅱ. ①尚… Ⅲ. ①王基铭-传记 Ⅳ. ①K826.16

中国版本图书馆 CIP 数据核字(2017)第 163244 号

未经本社书面授权，本书任何部分不得被复制、抄袭，或者以任何形式或任何方式传播。版权所有，侵权必究。

中国石化出版社出版发行
地址:北京市朝阳区吉市口路 9 号
邮编:100020 电话:(010)59964500
发行部电话:(010)59964526
http://www.sinopec-press.com
E-mail:press@sinopec.com
北京科信印刷有限公司印刷
全国各地新华书店经销
*
710×1000 毫米 16 开本 23.75 印张 8 彩页 301 千字
2019 年 4 月第 1 版第 2 次印刷
定价:68.00 元

中国工程院院士王基铭

1994年9月陪同钱其琛副总理出访法国ELF公司

王基铭夫妇与陈锦华夫妇

2009年9月在“中国500强发布暨中国大企业高峰会”上公布中国500强榜单

2010年10月在中国工程院工程管理论坛上发言

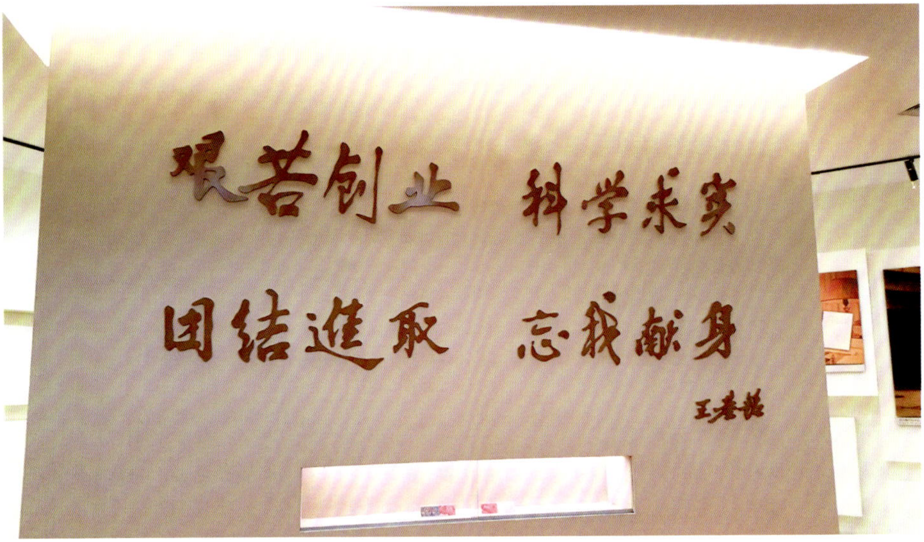

王基铭在上海石化的题词（金山精神十六字）

2012年8月王基铭夫妇在新疆

中国工程院院士传记系列丛书

领导小组

顾　问：宋　健　徐匡迪

组　长：周　济

副组长：陈左宁　黄书元　辛广伟

成　员：董庆九　任　超　沈水荣　于　青　高中琪

王元晶　高战军

编审委员会

主　任：陈左宁　黄书元

副主任：于　青　高中琪　董庆九

成　员：葛能全　王元晶　陈鹏鸣　侯俊智　王　萍

吴晓东　黎青山　侯　春

编撰出版办公室

主　任：侯俊智　吴晓东

成　员：侯　春　贺　畅　徐　晖　邵永忠　陈佳冉

汪　逸　吴广庆　常军乾　郑召霞　郭永新

王晓俊　范桂梅　左家和　王爱红　唐海英

张　健　张文韬　李冬梅　于泽华

总 序

20世纪是中华民族千载难逢的伟大时代。千百万先烈前贤用鲜血和生命争得了百年巨变、民族复兴，推翻了帝制，肇始了共和，击败了外侮，建立了新中国，独立于世界，赢得了尊严，不再受辱。改革开放，经济腾飞，科教兴国，生产力大发展，告别了饥寒，实现了小康。工业化雷鸣电掣，现代化指日可待。巨潮洪流，不容阻抑。

忆百年前之清末，从慈禧太后到满朝文武开始感到科学技术的重要，办“洋务”，派留学，改教育。但时机瞬逝，清廷被辛亥革命推翻。五四运动，民情激昂，吁求“德、赛”升堂，民主治国，科教兴邦。接踵而来的，是连年的内战、抗战和解放战争。恃科学救国的青年学子，负笈留学或寒窗苦读，多数未遇机会，辜负了碧血丹心。

1928年6月9日，蔡元培主持建立了中国近代第一个国立综合性科研机构——中央研究院，设理化实业研究所、地质研究所、社会科学研究所和观象台四个研究机构，标志着国家建制科研机构的诞生。20年后，1948年3月26日遴选出81位院士（理工53，人文28），几乎都是20世纪初留学海外、卓有成就的科学家。

中国科技事业的大发展是在新中国成立以后。1949年11月1日成立了中国科学院，郭沫若任院长。1950–1960年有2500多名留学海外的科学家、工程师回到祖国，成为大规模发展中国科技事业的第一批领导骨干。国家按计划向苏联、东欧各国派遣1.8万各类科技人员留学，全都按期回国，成为建立科研和现代工业的骨干力量。高等学校从新中国成立初期的200所增加到600多所，年招生增至28万人。到21世纪初，高等学校2263所，年招生600多万人，科技人力总资源量超过5000万人，具有大学本科以上学历科技人才达1600万人，已接近最发达国家水平。

新中国成立60多年来，从一穷二白成长为科技大国。年产钢铁从1949年的15万吨增加到2011年的粗钢6.8亿吨、钢材8.8亿吨，几乎是8个最发达国家（G8）总年产量的2倍。20世纪50年代钢铁超英赶美的梦想终于成真。水泥年产20亿吨，超过全世界其它国家总产量。中国已是粮、棉、肉、蛋、水产、化肥等第一生产大国，保障了13亿人口的食品和穿衣安全。制造业、土木、水利、电力、交通、运输、电子通讯、超级计算机等领域正迅速逼近世界前沿。“两弹一星”、高峡平湖、南水北调、高公高铁、航空航天等伟大工程的成功实施，无可争议地表明了中国科技事业的进步。

党的十一届三中全会以后，实行改革开放，全国工作转向以经济建设为中心。加速实现工业化是当务之急。大规模社会性基础建设，大科学工程、国防工程等是工业化社会的命脉，是数十年、上百年才能完成的任务。中国科学院张光斗、王大珩、师昌绪、张维、侯祥麟、罗沛霖等学部委员（院士）认为，为了顺利完成中华民族这项历史性任务，必须提高工程科学的地位，加速培养更多的工程科技人才。中国科学院原设的技术科学部已不能满足工程科学发展的时代需要。他们于1992年致书党中央、国务院，建议建立“中国工程科学技术院”，选举那些在工程科学中做出重大的、创造性成就和贡献、热爱祖国、学风正派的科学家和工程师为院士，授予终身荣誉，赋予科研和建设任务，请他们指导学科发展，培养人才，对国家重大工程科学问题提出咨询建议。中央接受了他们的建议，于1993年决定建立中国工程院，聘请30名中国科学院院士和遴选66

名院士共96名为中国工程院首批院士。于1994年6月3日，召开了中国工程院成立大会，选举朱光亚院士为首任院长。中国工程院成立后，全体院士紧密团结全国工程科技界共同奋斗，在各条战线上都发挥了重要作用，做出了新的贡献。

中国的现代科技事业比欧美落后了200年。虽然在20世纪有了巨大进步，但与发达国家相比，还有较大差距。祖国的工业化、现代化建设，任重道远，还需要有数代人的持续奋斗才能完成。况且，世界在进步，科学无止境，社会无终态。欲把中国建设成科技强国，屹立于世界，必须持续培养造就数代以千万计的优秀科学家和工程师，服膺接力，担当使命，开拓创新，更立新功。

中国工程院决定组织出版“中国工程院院士传记”丛书，以记录他们对祖国和社会的丰功伟绩，传承他们治学为人的高尚品德、开拓创新的科学精神。他们是科技战线的功臣，民族振兴的脊梁。我们相信，这套传记的出版，能为史书增添新章，成为史乘中宝贵的科学财富，俾后人传承前贤筚路蓝缕的创业勇气、魄力和为国家、人民舍身奋斗的奉献精神。这就是中国前进的路。

宋健

写在前面的话（自序）

看着摆在我面前的一摞洋洋洒洒的传记文稿，便不由得感慨起来，这里面浓缩的是我走过的历程啊！回想到去年初，当工程院准备要给我们写院士传记时的情景。那时，我十分犹豫，感觉自己是一个平凡的人，是一个普普通通的技术专家，没有什么可写，而且从个人讲，更不习惯去宣传过去的东西。说实话，当时是不想写，也不敢写。但周围老同事、老朋友鼓励我，说你应该写，你经历的事情多，你的人生道路是与中国石化事业的发展同步的，你的身上刻下了时代的烙印，你是我们这一代人的代表，应该写。这个传记不是为你个人的，是为我们这一代石化人写的，是为石化人树碑立传！我们坚决支持，你写吧！中国石化党组高度重视，使我十分感动。中国石化为院士传记专门发了文，要求有关部门给予积极支持，责成中国石化出版社具体负责，帮助我们。最后我在儿孙们的热情鼓动下，才下决心写这本传记。

回顾写本书的过程，也是我一次深刻的再教育的过程。个人成长离不开党的培养和教育，没有党的悉心培育，我不可能从贫苦家庭出生的孩子成为大学生，也不可能从一个普通技术员成为中国工程院的院士，也不可能从一个一般干部成为中国石化集团的高层领导，是党哺育了我，是党培养了我，是党教育了我，我永远是党的儿子！幸运的是我一路走来遇上许多党的优秀领导干部（陈锦华、盛华仁、徐匡迪、杨光池、龚兆源、顾传训等），他们的优良品质和风范是我学习榜样，他们是我的领路人，把我引入正确的人生道路，教会我怎样做人！怎样做事！让我受用一辈子。感恩我曾所在的中国石化历届党组，是充满正能量、坚决与党中央保持一致的党组，讲政治，顾大局，强烈政治责任感，勇挑重担的使命感深深熏陶了我，使我在这样战斗集体中，不敢懈怠，不能喘息，唯有兢兢业业、脚踏实地勤奋工作。感恩我的同事和同仁，是你们对我工作一贯支持和帮助，才铸就了现有的成就。没有你们全力以赴、不折不扣的支持；没有你们不分昼夜、不计节假日的努力工作，我的工作将一筹莫展。我从心底里永远感谢您们！我是在中国石化大家庭里长大的，实践使我深深感到中国石化的职工队伍是一支敢于胜利、善于胜利的队伍，是一支有很强组织性和纪律性的高素质队伍，正是有了这样一支队伍，我们才能战无不胜，夺取一个一个伟大胜利，使中国石化成为受世人尊敬和尊重的大企业。最后我深情地怀念我的父母，是他们养育了我，教导我“好好读书”、“认认真真做事，清清白白做人”！

当本书完稿时，我要特别感谢本书作者尚长文老师。他是优秀的工人作家，他来自胜利油田生产一线，懂生产接地气，又有深厚的文字功底。他为我作传，是我的幸运，也是我俩缘分。他为此书呕心沥血，收集了大量的第一手资料，采访了许多各时期的知情人，用他精彩的文笔，书就了本书。读者若是有收获和感悟，那是长文老师的功劳。如有不足和浅薄，那是我自身做得不够和不足。最后，衷心感谢所有为本书提供帮助的老同事、老朋友及同仁们！

王基铭简介

王基铭于1942年6月出生于上海市一个工人知识分子家庭，祖籍浙江省上虞人。1964年毕业于华东化工学院石油炼制专业。1973年加入中国共产党。大学毕业分配至上海炼油厂，随后便参加了社会主义教育工作队。1967年3月，四清运动结束后重回上海炼油厂，分配在车间担任实习技术员。1968年3月担任车间工艺技术员。是年底，担任一车间革委会副主任，不久担任上海炼油厂会战组副组长，参与全厂会战项目的施工组织和管理。1972年8月参加上海石化总厂的建设工作，先后担任化工一厂基建指挥部副指挥、副厂长、厂长等职务。1984年担任上海石化总厂副厂长，1988年5月任代厂长，同年7月任厂长。1989年上海市人民政府授予“优秀企业家”称号，中国石化总公司于同年授予“中国石化总公司科技及管理专家”称号。1991年上海市人民政府再次授予“优秀企业家”称号。1993年6月，担任上海石化股份有限公司董事长兼总经理，并于同年获得国务院授予的“国家突出贡献中青年专家”称号。1994年2月，担任中国石化总公司副总经理，兼上海石化股份有限公司董事长。自1998年4月，任中国石油化工集团公司副总经理。2000年2月，任中国石化股份公司首届董事会董事，并任中国石化股份公司总裁，2001年12月起兼任上海赛科石油化工有限责任公司董事长。2003年4月当选为中国石化第二届董事会董事、副董事长，并任中国石化股份公司总裁。1992年当选中共十四大代表，2003年当选为第十届全国政协委员。2008年当选为第十一届全国政协委员。

在长期的石化工程建设实践中，王基铭提出了适合我国炼油化工工程建设的管理理念和方法以及管理模式；不断推进工艺技术和设备的国产化；率先将具有自主知识产权的成套技术应用到世界级石化工程。应用先进管理理论，指挥完成上海石化30万吨/年乙烯工程建设，主持完成了中国石化第一、二轮乙烯和炼油技术改造工程，以最短的时间、最节省的投资建成20世纪90年代国内单系列最大炼油及当代世界级乙烯工程。在天津等中型乙烯的扩能改造中，大胆决策采用自主开发的乙烯裂解炉和分离技术，并得到成功应用；推进中外合作开发并推广应用大型裂解炉和分离技术；组织大型关键设备国产化攻关，实现国产裂解气压缩机、丙烯和乙烯压缩机、加氢反应器等重大石化装备的首次工业应用，开创了国内成套技术进入当代世界级大型石化工程的先河。

2005年，王基铭当选为中国工程院院士。2006年4月，被聘为华东理工大学教授、博士生导师，近年来已培养博士生6名（其中，在读博士生3名）。近期主要社会兼职有：中国石油化工集团科学技术委员会资深委员，中国企业联合会特邀副会长，中国可持续发展工商理事会会长，复旦管理学奖励基金会副理事长、秘书长，中国过程系统工程学会理事长，华东理工大学校董会主席等。2016年荣获中国能源装备终身成就人物奖。

王基铭独立发表或合作发表论文100多篇，编著学术专著7本，主要有：《石油炼制辞典》《国外大石油石化公司经营发展战略研究》《石油化工工程建设项目管理机理研究》《石油化工技术进展》《世界著名石油石化公司手册》《过程系统工程辞典（第2版）》《中国炼油技术新进展》。

目　录

引　子

2006年，清明节。

浙江绍兴市上虞区的一座青山上，走来了几位祭奠的人。

都说清明时节雨纷纷，那一天，上虞的天空并没有飘下雨来，但天空却显得异常的沉闷。站在半山上远处的天际，视野的尽头，连绵到天边的是一片模糊的黑色。沿途走来，不时地看见路两旁的山野上，有人已经在焚烧着纸钱。

几个人走到两座坟茔前停了下来。坟是老坟，上面已有青草长出，拔掉草，又用枯黄树枝做的扫把将坟前打扫了一下，摆上贡品，点上香烛，正当中的那位年长者喊了一声“爸爸、妈妈”，长者哀哀地说：“今天是清明节，我和弟妹们来了。这些年，儿子一直忙于工作，总是没空来看望二老，爸、妈！忠孝不能两全，原谅当儿子的不孝吧。”

说着，长者便深深地鞠躬祭拜，一干人便随着长者垂下头来。

纸钱在燃烧，燃烧！黑黑的烟，飘起的灰烬，让人的心变得沉沉甸甸。

长者打开一瓶酒，将酒轻轻地撒在坟前。

“爸爸，这是儿子孝敬您的老酒，您慢慢喝吧。”

继而，点燃一支烟摆在坟前的小桌上。

“妈妈，您为了操持这个家，一生省吃俭用，也慢慢享用吧，这是我们儿女们的一片心意啊。”

“爸爸、妈妈，我想你们了，我们做儿女的，都想你们啊。”

山无言，只有微微的山风轻轻地吹过身旁。

看一眼灰蒙蒙的天空，长者的眼泪便抑制不住地夺眶而出。

……

这位长者，便是2005年刚刚卸任的中国石化集团副总经理、中国石化股份有限公司总裁、中国工程院院士王基铭。

第一章

沦陷区里的童年岁月

1942年，沦陷区上海。母亲在惶恐中生下长子王基铭。童年时的王基铭，早早地便感受到了铁蹄下的苦难，及底层老百姓生活的窘迫。幸好，王基铭有一个深爱他的外婆。在外婆那里，他读完了小学最初的三年，因为年龄最小，个子在班上也最矮，为免受大孩子的欺负，王基铭刻苦学习，以优异的成绩赢得同学们的尊重。

第一节　战乱中落生

1942年，正是日军占领上海的第5个年头。

自1937年8月13日打响淞沪战役，11月12日，75万国军在30万日军精良的武器、排山倒海的攻势中败下阵来，沦陷的上海就再没有了安稳的日子。

一寸国土一寸血。日本发动的“八·一三”事变，以及随后对上海的占领，摧毁了上海近百年累积起来的现代化基础，上海由此坠入“除了人命以外什么都贵”的恐怖时代。据《申报年鉴》记载，1937年“八·一三”事变后，上海当时有4998家工厂、作坊的设备被毁坏，战火最集中的闸北一带，工业损失100%，虹口和杨浦损失70%，南市稍轻亦达30%。闸北曾是上海最具活力的都市工业区，战后已变成满目疮痍、魍魉出没的一片荒郊。一位曾在那里安家的美国人说：“即使我见过的（第一次世界大战期间的）法国也没有被破坏得如此彻底的。”

这是1937年的上海。

家国破碎，最先倒霉的便是老百姓。1937年之后，头两年里，上海街头挤满了逃难的人群，之后的这种情形虽然有所改变，但逃难的现象却始终存在，成了上海滩上见怪不怪的一大情景。

1942年的5月底。

上海杨浦区榆林路附近的一个弄堂里，火柴厂青年女工蒲再仙已进入到了临产阶段。这位年轻的孕妇已在十多天之前不得不留在了家里，等着肚子里的孩子降生出世，尽管如此，蒲再仙的内心却始终快乐不起来。蒲再仙此前怀孕生下的几胎新生儿，因为战乱，皆无一幸免地死于疾病与饥饿。现在，眼见得马上就要临盆，未来的小生命究竟能否平安成人，便让这女人纠结得不行。

这还不说，单是接生就困难得很了。自从上海沦陷，日军便在市区开始了灯火管制，一到晚上，整个上海滩便是一片寂静，远远望去，宛若一座死城。要是在白天还好说，万一到晚上临盆，这可该怎么办呢。更为危险的是，日军实行严厉的宵禁令、军事管制法和保甲制度，市民外出，尤其是晚间外出，稍不注意，就可能被当作抗日分子处置。1942年的上海，实际上已被改造成了某种形式的“集中营”。

女人烦躁地在屋里走动着，忧心忡忡，神不守舍。

女人的丈夫名叫王炳寿。王炳寿低声地劝慰着女人，语气里却掩饰不住自身的慌乱。

王炳寿，1911年出生，这是一个有着江南人所共有的文稚气十足的小伙儿。13岁那年，王炳寿便被父亲送到杭州学习丝绸的制作加工，学成后去到上海，在一家丝绸厂就业。由于踏实能干，很快变成了那家厂子里最熟练的技术人员，然而，旧上海时期尤其沦陷时期的上海，一个低收入的社会底层的老百姓，要想真正地做到养家糊口又谈何容易，也因此，面对焦躁不安的妻子，王炳寿除了简单的安慰，剩下的便是躲在门外失神地盯着远处的天空。6月的上海，此刻正滚过一阵又一阵热浪，热浪中，人的心也因此而变得不安起来。

临盆的日子到底还是来了。

1942年6月10日，贫民区里，传来了一声嘹亮的啼哭。进去吧！王炳寿的岳母从屋里走出说。老人是专门从闸北水电厂那边赶过来的。尽管神色疲倦，但声音里还是有着掩饰不住的喜悦。王炳寿没等老人将话说完，便飞快地去到屋里，从产婆手里接过了新生儿。产婆是老岳母隔壁上了岁数的邻家婆子。那个时代，没有接生条件的上海贫民，有不少都是请有经验的产婆来家里接生的。

这个晚上，王炳寿的岳母拿出早已准备好的粽子、汤圆，还有从集市买来的花生、鸡蛋，请助产的邻居一起，全家人充满喜气地吃了一顿还算丰盛的晚餐。心细的老岳母按照江浙风俗，拿出提前准备好的红蜡烛，于当日晚间将红蜡烛点燃在观音菩萨像前，为新生儿的出世，上香许愿、祈求平安。

随着“噌”的一声火柴的擦燃，黑暗中，红色的蜡烛燃起了红色的火焰。

炳寿，来吧！岳母轻声吩咐着姑爷。王炳寿将怀里的儿子小心地递给岳母，这才恭敬地上香，又按照敬祖的规矩，磕了三个头，这才将双手合于胸前，低声地祈求。请保佑我的儿子吧，让他免受战乱，健康成人。

新生儿的名字是按八字排出来的。按生辰八字推算，新生儿命里缺土缺金，“基”和“铭”字，恰好对其进行补充。

“王基铭”这三个字，便成了这个孩子的名字。

可怜天下父母心。中国人，祖祖辈辈所期盼的，都是对后人无限的期望和祝福，这也是贫苦的中国老百姓，之所以能在战乱和贫困中得以不断延续的最根本的原因。从这个名字也能看出，中国老百姓的生存能力就不是一般的强，任何侵略者试图通过杀戮来征服一个民族，都是痴心妄想。

第二节　故乡在上虞

1942年的9月底，王炳寿携妻子以及出生百日的儿子王基铭，回到了浙江省上虞老家。

这趟回乡，主要是给母亲王氏夫人报喜而来。“烽火连三月，家书抵万金”，战乱时期的上海，虽然邮路尚未彻底中断，报喜的信件也早已寄了回去，却始终没有接到上虞老家的回信，这让王炳寿放心不下，便决定无论形势怎样险恶、糟糕，都必须亲自回家向老太太报喜。家里生了孩子添了丁，报喜便显得尤其必要。

9月的回乡路当然不像现在那么便利。从上海到上虞，走旱路抵达绍兴。到了绍兴，就得走上一程水路了。江南处处皆水乡，水乡处处皆风景。走水路相对缓慢些，但坐在船上，白天看远处的村庄，村庄上的绿荫，一簇簇整洁而鲜艳的宛如镶上去的画一般的蔬菜地，晚上则在夜色灯影里，听桨声水声，听村庄上传来的犬吠声，倒也令人惬意。江南人大都温文尔雅，其斯文的性格是否和这种人文环境有关呢?

和往常有所不同的是，此番回乡，正是兵荒马乱的动荡岁月，王炳寿也因此没了往常的耐心，无暇去欣赏两岸如画的风光，好在是探亲，更由于拜见母亲的缘故，乡愈近，情也愈加的切，就巴望着船舟能早点靠岸。人急船却不急，更多的时间里，王炳寿只把视线停留在妻子蒲再仙怀里的这个出世百日的儿子身上。看一眼怀中幼小的儿子，王炳寿的内心便是一阵止不住的澎湃，便不自觉地想到了故里，想到了母亲，想到了自己这些年所走过的风雨之路。

王炳寿，并非土生土长的上海人，原籍浙江上虞县百官镇。

百官镇地处浙江的东部，是现今绍兴市上虞区的中心，位于绍兴地区的最东边，是一个与宁波交接的边界镇子。说起来，百官镇这个名字还是很有来头的。相传乾隆十六年间，乾隆以督察河务海防、考察官方戎政、了解民间疾苦以及奉母游览为由，第一次南巡江浙。到了上虞境内，品尝了上虞最具特色的酥鱼。或许因为酥鱼和江南酸酸甜甜的鱼虾有着截然不同的风味，乾隆皇上不由得龙颜大悦，一生喜欢附庸风雅、题诗达千首之多的乾隆皇上，这一次手又发痒了，便兴之所至地在那家酥鱼店里信手留下了“绍氏鱼坊”几个字，而后便带着一干随从飘然而去。

由于是微服出访，乾隆皇帝走后的第三天，浙江各地的大大小小官员，才闻风赶到上虞，想拜见乾隆皇帝。这些文武百官在上虞没有等到乾隆，却在那里发现了乾隆皇帝留下的手笔，便商量如何在上虞留下点什么以代表对皇上的一片忠心，大家一商量，把上虞的城区索性改成“百官”的地名，以此来效忠乾隆——浙江的百多位官员在上虞恭候过皇帝。百官地名也由此而来，成为沿用至今的百官镇。

王炳寿出生在百官镇。其父一生经营小买卖，靠做豆腐为生。由于生活贫困，仅靠卖豆腐实在难以为继，王炳寿的父亲便在儿子13岁那年，将其忍痛送到杭州的一家丝绸厂当学徒，指望儿子能另辟蹊径，找到一条吃饱饭的路子。在杭州，王炳寿学徒期间是没有工资的，老板只管饭而不给薪水。手艺学到手，也不能说走就走，还得留下来，专门拿出两到三年时间为老板做义工，这叫作“报答”，报答之后，才算满师。

那时的学艺，大抵都这个样子。

好不容易熬满“报答”期，王炳寿便跟着师兄弟到大上海淘金。到了大上海，王炳寿这才发现，尽管自己有一手熟练的丝绸工艺设计技术，但要在上海滩上站稳脚跟，就实在有点天方夜谭了。十里洋场，原本是冒险家和投机者的乐园，一个老实本份的外乡人，能在那里将肚子糊弄饱就已属万幸了。

值得庆幸的是，正是在上海，王炳寿经人介绍结识了后来成为妻子的蒲再仙。和王炳寿的人生所不同的是，蒲再仙尽管祖籍浙江上虞崧厦镇蒲家村人，9岁时便到上海的一家火柴制造厂当童工。或许因为有老乡这层关系，年轻秀丽的蒲再仙头一次见到王炳寿的时候，便被这位年长自己五岁的年轻儒雅的同乡深深吸引了。

吸引蒲再仙的，还有王炳寿稳重的性格，好学的品行，甚至那一口浓郁的百官方言、口音，也让这位满口“阿拉阿拉”的上海姑娘产生了好感。在她的感觉里，这种地道的乡音，加上对方精干潇洒的形象，即便素昧平生，也足以让人可依靠、可信赖。至此，俩人的结合便显得顺理成章起来。

此番回乡，走了旱路走水路，一番折腾，终于踏上了故乡百官镇。

百官镇，这个隐藏在江南深处的古镇，虽饱经战乱，却掩饰不住其小巧玲珑。沧桑的外表下，是古镇千年形成的幽僻洁净。百官镇上的街，说白了不过是巷，童年里，街道上时常飘散着浓浓的炊烟，热闹的狗犬，小吃摊主抑扬顿挫的花腔叫卖以及女人们呼儿唤女的声音。而眼下，这些已都见不到了，街上已冷冷清清了。夫妻俩沿着那条铺着碎石的小路，曲曲弯弯地走了一阵，便推门走进一个破旧的老屋，童年的家就这样出现在眼前。

王炳寿的父亲之前已逝去，儿子携媳妇和孙子归来，让独居的老娘不由得一阵惊喜。回到故里的头几天里，刚满百日的王基铭便再没离开过奶奶的怀抱。儿子在上海成了家，立了业，又为老王家延续出了新的血脉，这不能不让老太太欣喜万分。她把小孙子小心地捧在手中，一边不停地喊着“我的孙子我的心肝宝贝哦”，一边用老花了的眼仔细地端详着，随即便不由自主的将唇贴了上去，对着孙子粉嫩的脸蛋响响地亲了一下。受到惊扰的孙子这时便发出一阵嘹亮的哭声。哎哟，炳寿啊，你看他的声音多有劲儿啊。老人用手轻轻地擦拭着孙子的眼泪，一边欣喜地对儿子和儿媳喃喃地说。

百官镇乡风纯朴，家族文化积淀尤其深厚，此次回乡免不得庆祝了一番。虽然时处战乱，但红鸡蛋什么的还是少不了的，蒲再仙不忍让婆婆破费，便自己拿出平日里辛苦攒下的积蓄，买来了鸡蛋、红糖、糯米粉什么的，又去到市镇上买了点肉，打了几斤散装酒，置办了一桌菜，把自家男人的几个叔伯姊妹请了过来。毕竟是王氏家族又添加了新成员，闻讯的几个近亲也都没有空手赶来，每个人都尽其所能地揣了或薄或厚的喜庆红包，有的还带来了银饰制品，乐呵呵地送到了蒲再仙的手里。

大家先是簇拥着去到王氏宗祠，摆上贡品，又焚纸烧香地祭奠完列祖列宗，这才回到家里。到家后，王炳寿抱着王基铭，让这个新生儿给端坐着的老太太拜了几拜，一家人便坐下来，热热闹闹地吃起了团圆饭。席间，祝福的话语说了一箩筐，只是说着说着，便彼此觉出了无聊，大家心里都明白，国家已经到了这么个份儿上，且不说上海滩早已成了战争创伤最重的城市，就连整个江浙地区，中国最富庶的地方，这几年里，老百姓不也被日伪政权的苛捐杂税逼得连气都喘不过来了么，如此来看，谁知道未来是个什么样子呢？

喜宴喝成这么个样子，倒是先前所没预料到的。有一点却没错。1942年，正是中国抗战进行到最艰难的时刻，国破山河碎，偌大的中国已经到了最危险的时候，每一个中国人都在这个时刻咬紧了牙关。这么想着，彼此的心里除了愤懑，还不免有些黯淡，却都不在表情上有半分地显现。

第三节　童年与外婆

1945年8月，历经14年艰苦卓绝的抗战，日本人终于投降了。

消息传到上海，整个上海滩立即便沸腾起来。上海的各条街上早已挤满了人，鞭炮声欢呼声无穷尽地响彻在上海的大街小巷。王炳寿抱着3岁的儿子王基铭，穿梭在欢呼的人群里。自上海沦陷后，这种情形就看不见了，抗战14年，中国人第一次带着自豪的微笑，自发地走上街头，欢庆这个来之不易的胜利！

抗战胜利了，人民期望的和平生活却始终没有出现。重庆和谈失败后，国共内战旋即便爆发了。在这场内战中，上海是受到伤害最大也最深的一个城市，飞涨的物价，让每一个上海市民心惊胆颤，寝食不安。这种情形一直持续到1949年5月27日上海解放。

1947年，蒲再仙生下第二个孩子。原本拮据的日子，更显得难以为继。王基铭的外婆蒲王氏老夫人是一个善良、贤惠勤俭的老人。老太太把对女儿蒲再仙的喜爱之情，一股脑转移到了对外孙王基铭的照顾体贴上。她打小就给王基铭讲传说、讲故事，老人家看过的戏文，听过的传说，甚至上虞老家的各种风俗，从她嘴里说出来，便也成了味道十足的小故事。王基铭从小记性好，也很聪明，别看年龄小，外婆讲过的故事，让他重新复述时，倒也讲的有鼻子有眼的，他的聪明伶俐更让外婆增添了几分的怜爱之情。

1947年，王基铭上学了，那一年他5岁。

5岁，原本就没到上学的年龄。王基铭的入学完全是歪打误撞。那是一个再也不能平常的日子，那时王基铭住在外婆家，按照往日的习惯，他去找工房里的一群顽皮的小朋友玩。王基铭发现，和往常不同的是，那些个小伙伴儿们，都一个个穿戴一新，一问才知道，伙伴们是准备到学校去报名入学。好奇的王基铭索性便跟着他们一起去了，他不想放掉这个看热闹的机会。

要去的小学离外婆家不远，那里有一所简陋的供工人子弟读书的学校——闸殷路小学。入学需要有个简单的测试。老师一般会出两道个位数的加减法题目来考考学生，王基铭就在一边看老师测试孩子，他发现那些题目竟然都难不住他，再看着身边的小伙伴们经过这么一个简单的测试，便都一个个成了小学生，王基铭就再也按捺不住地产生了上学的愿望。于是当所有的学生都报名完毕被一个个家长带走后，老师便发现居然还有一个孩子站在自己的面前迟迟不走。

小朋友，你有事吗？老师笑眯眯地问。

我也想读书！王基铭弱弱地说。

你多大了？

5岁！

哦，那你明年再来报名吧。

老师，你刚才考他们的题目，我都会。不信，你也考考我吧。

王基铭绕着弯儿地求着，老师不禁笑了，这个鬼机灵哟。便真的考起了王基铭，老师发现这个长着一双大眼睛的小男孩，不但会算术，居然还识得一些简单的汉字，会写自己的名字，便高兴地摸了一下王基铭的头，微笑着点了点头，一本正经地说，王基铭同学，现在我正式通知你，你已被我校正式录取了！

从此，5岁的王基铭走进了课堂，开始了自己的学生生涯。

王基铭在闸殷路小学念了整整三年书，这时候时光便到了1950年。这三年里，王基铭最大的收获是养成了好学上进争第一的习惯。因为入学的年龄比较小，王基铭是当时班上最小的一个学生，和其他6岁、7岁入学的孩子相比，王基铭的个头在班里也是最矮的一个了。年龄最小，个子最矮，平日里便不时受到大孩子的欺负，摆脱欺负的最好的办法便是学习上争第一了。成绩上去了，第一了，老师喜欢，同学也会不自觉地对自己友好起来，尊重起来，受欺负的可能就会由此而减少。有了这种想法，王基铭努力学习的劲头也就无形里增大了。

三年的学习里，王基铭始终坐在第一排，他的成绩也始终名列班上前茅。这样的情形一直维持到小学三年级，直到转学离开。转学的原因其实很简单。1950年，王基铭外婆家附近的上海闸北水电厂遭到了国民党飞机的轰炸。

上海解放后，不甘失败的国民党蒋介石集团曾扬言，要用飞机的轰炸，把上海变成一个没有水、没有电的黑暗、瘫痪的城市。飞机轰炸实际上从1949年下半年就开始了。起初，国民党空军不断侵犯上海，规模还不是很大。后来在蒋介石督促下，国民党空军在舟山扩建机场，调集了大批飞机，形成了对大陆尤其是上海的严重威胁。

1950年2月6日中午，国民党军出动B-24、B-25轰炸机和P-51、P-38战斗机共17架，分四批轮番轰炸了上海电力公司、沪南及闸北水电厂等地。当时解放军在上海只有两个组建不久的高射炮团，一个高射机枪排，一个还不能发挥作用的雷达队，这样的防空力量是很难阻止国民党军飞机的狂轰滥炸。

"二六"轰炸那天，王基铭外婆家工房由于是在水电厂附近，而水电厂又是国民党飞机重点轰炸的目标，便有民房和人员不断遭到轰炸。可怜的外婆只能紧紧搂着年幼的王基铭蜷缩在防空洞里，直吓得全身发抖却又无处可逃。据事后统计，轰炸当日，国民党飞机在上海投弹60多枚，毁坏房屋千余间，市民伤亡1300余人。上海几个主要发电厂和自来水厂都遭到了严重破坏，上海市的发电量由15万千瓦一下降到4000千瓦。绝大部分工厂被迫停产，上海的经济受到重大损失。台湾当局和美国的报纸、电台，以此大做文章，潜伏在上海的国民党特务则乘机造谣破坏，上海市民的情绪和社会秩序受到了很大影响。

"二六"轰炸后，中共上海市委、市人民政府在党中央的支持下，迅速强化了对大上海的空天保卫工作，苏联老大哥也伸出了援助之手，协同中国军队联手保卫上海，几个月之后，随着人民解放军防空力量的不断增强，特别是在对舟山群岛形成强大的包围之势，这种无节制的轰炸便得到了有效的遏制。

但轰炸所造成的灾难性的后果，却让外婆担惊后怕，让王基铭转学回父母那里，也便成了最直接的理由。

第二章

在红旗下长大成人

王基铭的初中是在学校住读的。这种住读，早早地使少年王基铭养成了独立生活的能力。初中毕业后，他考入到上海市重点中学市东中学，在那里，他和教化学的班主任查月巧老师结下了深厚的师生情谊。在查月巧老师的精心培育下，王基铭所在的这个班里，有12名学生奇迹般地同时考进了华东化工学院。

第一节　少年早发愤

“二六”轰炸后没多久，王基铭便转学回到父母居住的杨浦区荆州路小学。在那里，王基铭念完了小学。小学毕业时，家里已有了4个孩子，因家里住房过小，写作业的地方都成问题，王基铭便想去到公立住读学校读书。征得父母同意，王基铭到具备住读条件的江湾中学念初中。吃住在学校，尽管没有父母的直接照管，王基铭刻苦学习的自觉性却始终没有改变。他的学习仍然在班里和年级里保持在上游水平，优异的学习成绩使得他在初二时，便成了肩扛“三道杠”的少先队大队干部。

王基铭读初中的时候，家里排行老五的二弟也出世了。加上父母，家里便老老少少地成了一个七口之家。人多了，居住面积却没有改善，全家仍居住着一个仅有28平米的蜗居。住房问题大概是困扰国人最严重的一个问题，这种困扰自古代似乎就由来已久，大诗人杜甫就曾在《茅屋为秋风所破歌》里记叙过这种尴尬。20世纪50年代乃至后来相当长的一个时期，这个问题仍表现得十分突出。

上海尤其如此。

王基铭清楚地记得，自己直到高中毕业还是和弟妹们睡在晚上临时搭起的木板床。早上早早地起床，铺盖卷起，便可以用来洗菜做饭了。吃了晚饭，搭上一块薄木板，便成了写作业的桌子。如此拥挤的住房，就这样让中国人在空间的利用上，展现出了充分的智慧。

幸好，王基铭在读的那个初中有住读的条件，整个初中里，王基铭便全天候地吃住在学校，一个月回家一次。这段时间里，王基铭养成了较好的独立生活的能力。每天，他都会按照学校的作息制度，起床，洗漱，然后便去到学校的那个不大的操场上，做操，跑步。这之后，便是去食堂吃早餐，吃完后，再以跑步的速度踏着铃声去到教室上课。

每天的学习结束后，他还会把自己换掉的衣服洗干净。洗衣服，是王基铭尤其上心的一件事情了。他小心地使用着肥皂，毕竟每一块肥皂都是用紧巴巴的人民币换来的，稍许的浪费都会令他愧疚不安。也因此，每次洗衣服，他都会认真地参照妈妈教给他的办法，将肥皂更多用来洗袖口和领子。打上肥皂后，王基铭小心地用手搓洗着，他甚至担心由于自己用力过重，会过早地将衣服因搓洗而损坏。

这样的细节不单体现在洗衣服上，就连牙膏的使用，王基铭也格外地小心。学生时代的王基铭曾为每一次牙膏的用量进行琢磨，他发现，按照牙刷的长度，每一次牙膏的用量控制在四分之一的长度，就足以清洁牙齿。这种用法，一个学期下来，仅需要一筒牙膏就可以了。这还只是刷牙。每次用餐后，尽管学校食堂的饭菜缺少油水，王基铭还是会习惯性地倒上开水，将饭碗来回地涮一涮，再将其小心地喝掉。

家里的经济条件十分拮据。为操持七口之家，母亲蒲再仙恨不得将一分钱掰成两半花。那个阶段，挂在母亲嘴上最多的一句话便是“不容易”三个字。日子也真的不容易啊，想想看，这么大一个家庭，仅靠着父亲一个人的工资过活，这样的日子究竟是怎样走过来的呢?

日子过得紧巴，母亲的脾气就也变得暴躁起来，就连说话有时也变得絮叨起来了。当年的那个温温柔柔的小女子，被树叶般密集的贫苦日子，彻底改掉了原有的柔顺性格。父亲王炳寿倒似乎没什么变化，作为家中的顶梁柱，他始终对生活保持着健康乐观的态度，每逢母亲因生活拮据而絮叨时，父亲总是默默地听着自己的女人无休止的抱怨。王炳寿觉得，絮叨，有时候也是一种情绪上的宣泄，说出来，吐出去，总比憋在心里要好。有了这样的想法，王炳寿便格外地理解妻子，也格外地心疼和照顾妻子。

几个年幼的孩子有时对母亲的絮叨表现得不太耐烦，王炳寿便在背后劝孩子们。王炳寿说，你们的娘，不容易啊，她总归是为这个家好，谁让我们穷呢，穷人家的日子就这样。你们要好好学习，将来才能过上好日子。记住，穷人靠读书翻身!

穷人靠读书翻身，这句话王炳寿讲过多遍。

这也是王基铭对父亲印象最深刻的一句话。

如果说童年的王基铭仅仅是为了少受同学欺负而刻苦学习，那么，初中时代的王基铭，已经在艰难的生活中搞明白了一个道理，即只有发愤读书，才有可能从根本上改善自己未来的人生。

带着这种信念，王基铭走完了自己的初中求学之路。

第二节　市东中学遇良师

初中毕业后，因为家里经济拮据，王基铭的母亲蒲再仙便不再同意他高中继续住读了。母亲的理由虽简单，却不无道理，王基铭没有理由不答应，于是便考到离家不远的上海市市东中学读高中。

市东中学是上海有名的一所中学。学校创始人聂云台，名其杰，其父聂缉椝是曾国藩女婿，曾任上海道台。聂云台先生捐地十一亩余，在培开尔路荆州路角（今荆州路42号）由工部局建屋兴学，1916年1月始招生，校名为“聂中丞华童公学”，第一任校长为英国人端纳（L.H.Turner ）。1941年易名为“缉椝中学”，1945年抗战胜利后成为一所市立中学，1951年改为现名“上海市市东中学”。20世纪50年代初期，著名教育家段力佩、吕型伟担任解放后的第一、第二任校长。王基铭考入市东中学时，校长便是吕型伟先生。吕型伟先生因教育业绩突出，后来曾担任上海市教育局局长。也因此，这所高中在解放初期，便集合了不少教学水平过硬的知识分子，这也使得市东中学不但师资力量雄厚，办学水平高，学校的学习氛围也格外地浓郁。

2016年9月在市东中学百年校庆上致辞

解放后，市东中学以“培养劳动人民子弟成为国家栋梁之才”为办学宗旨，以“堂堂正正做人，实实在在做事”为校训，1953年始，成为上海市教育改革的试点学校，涌现出一批在上海乃至全国有广泛影响的优秀教师，培养出一大批国家建设的各方面人才。2006年举行九十周年校庆时，校友中有当时的中共上海市委副书记龚学平、纪委副书记洪林珍、副市长周慕尧、人民检察院检察长吴光裕、总工会主席包信宝、台湾文化名人李敖先生以及一大批荣誉校友回母校参加了校庆活动。

让王基铭难忘的是，在那所中学里，他有幸遇到了恩师查月巧女士。

查月巧，那时候也就是40来岁。作为一个经历了新旧两个社会的知识分子，查月巧年轻时期痛感于国家的落后，怀着教育救国的强烈愿望，投身到教育战线，但旧中国的积弱无能，并没有给她带来哪怕一丝的希望和亮光。上海沦陷，更使她饱尝了做奴隶之苦。好不容易熬到日本投降，进入上海滩的国民党政权，让她看到的却只是腐败和堕落。1949年，上海回到了人民的怀抱，当开进大上海的人民解放军战士，怀抱着枪支睡在大街上的情景进入到她的眼帘时，查月巧便从那个时刻，打心眼儿里爱上了这支军队。她从这支军队的身上，认识了中国共产党，也似乎看到了新中国的未来。新中国成立后，查月巧老师很快便接受了中国共产党的各项主张，积极投身到教育工作中去，为新中国培养合格的建设人才重新作为一个人生的信念和目标，深深地植根于查月巧的心中。

上课了。查老师迈着轻盈的步伐走进教室。

起立！

随着班长一声稚嫩的指令，全班同学齐刷刷地站立起来，——老师好！

同学们好，请坐！查老师微微地点头致礼，她用亲切的目光打量着讲台下的一个个学生，然后背转身去，用粉笔在黑板上写下了三个字：查月巧。

这是我的名字！从现在开始，我教同学们化学课，同时担任大家的班主任。查老师对着学生轻声说道。

查老师环视着大家。同学们发现，她的眼睛好漂亮啊，和蔼，慈祥，像母亲、更像是一位年长的老大姐。她微笑地看着大家，奇怪的是，每一个学生却都觉得，她是用目光在和自己交流。

为什么要学习化学？查老师又在黑板上写下了这么一行字。

随后，查月巧便从有趣的化学现象，谈到化学在生活中的运用，谈到化学学科在未来的祖国建设中的作用，查老师用一个个生动的例子，为班里的同学展现出了精彩纷呈的化学世界。

校园里一片静谧，远处的枝头上有秋蝉在鸣叫。

教室里，学生们屏住呼吸，听查老师娓娓地讲解。

化学，原来是这么的有趣啊！

在市东中学，查月巧老师从高一给王基铭所在的班级当班主任、上化学课，一直带到学生们高中毕业。毕竟是上海市有名的重点中学，进入高考，这个学校的学习优势一下便体现了出来。高考成绩公布后，这个班里的学生差不多都过了大学录取线。或许是受查月巧老师的影响太深，班里有24位学生在填报高考志愿时，都情不自禁地把化工专业作为未来的事业首选放在了高考志愿的第一位。

王基铭自然和班里的同学一样，对化工专业表现得格外青睐。

但阻力便是在这时产生了。按照王基铭本人的想法，他决定报考校址在上海市的华东化工学院。没想到母亲蒲再仙却不同意。母亲当然希望儿子能上大学，但这个大学不应该是华东化工学院，而应该是师范类的大学。反对的根本理由还是在于家庭自身的经济——师范类大学在那个年代里，国家为学生提供全额助学金。有了助学金，便多多少少能帮助家庭减轻一些经济上的负担。

为了说服母亲同意自己报考华东化工学院，情急之下，王基铭去到学校搬来了查月巧老师做自己的救兵，查老师欣然答应了。

那是一个月明星稀的夜晚，查月巧老师来到了王基铭家中。她耐心地听完蒲再仙的讲述，然后便理解地点点头。随后，查月巧老师就慢声细语地开口了。她从新中国奇缺的化工人才现状，讲到了化工专业未来所具有的辽阔的前途，进而又讲到了化工专业在国家的工业建设中所担负的重大使命和作用。查老师特别用很大的篇幅，重点讲到了王基铭对化学学科所展现出的浓郁的学习兴趣和爱好。查老师最后建议说，在未来的事业选择上，我们做家长的，还是应该更多地照顾到孩子自身的兴趣和愿望。

查月巧老师说话的时候，父亲王炳寿坐在那里一言不发，他认真地听着妻子蒲再仙的话，同时也反复地掂量着查月巧老师的见解。查老师在王基铭家整整坐了两个多小时，临出门时，父子俩感激地把老师送出了里弄，又往前走了很远一段路，这才在查老师的劝阻下缓缓地往回走去。

快到家门口了，父亲扔下了一句话。

那句话是：基铭啊，你已经长大了，有权决定自己的未来，我支持你！

这是1959年，这一年，查月巧所带的这个高中班上，王基铭和班上的其他11位学生，被华东化工学院录取。12位学子同时被一所专业学院录取，并且这12位同学中，后来出现了王基铭和另一位名叫舒兴田的工程院院士。

2009年，适逢查月巧老师百岁寿诞，王基铭和当年高中班里的同学，那些散落在祖国四面八方的校友们，相约回到上海，为老人过生日。那时候，老人的神智十分清晰（老人于2013年逝世，享年104岁），大家手拉着手，整齐地站成一个环状，把老人团团地围在当中。依然慈祥的查月巧老人，坐在轮椅上，缓缓地出现在学生们面前。她伸出手，和面前的这群已经不再年轻的学生们一一握着手。

当年的这群学子，不少已成为国内各大企业、各大院校以及各科研机构的带头人，但在老师面前，大家还是下意识的谦恭地弯下腰去，紧紧握着老师的手。时光荏苒，光阴不再倒流，但那个时刻，大家却仿佛都回到了半个世纪前，回到了市东中学的校园里。操场上运动着的身影，课堂里认真听课的坐姿，校园的花圃里，那一排排密密匝匝的万年青，还有校园的大路旁，亭亭玉立的梧桐树。忆当年，大家是多么的年轻，多么的稚嫩啊，一眨眼，半个多世纪的时光，就这么过去了。

生日的宴会上，当硕大的生日蛋糕被年轻的服务员推进大厅时，当年的班长像学生时代那样，用不再稚嫩的声音，大喊了一声"全体起立"，现场的学生便是在这个声音里齐刷刷地站立起来，不自觉地喊出了"查老师好"。

同学们请坐！老人依然像当年那样轻声地回礼。却没人坐下。大家恭恭敬敬地站立着，在音乐的伴奏下，慢慢地向查老师围拢过来。众位同学一起环绕着查月巧老人，一边鼓着掌一边唱起了生日歌：

祝你生日快乐，祝你生日快乐，祝你生日快乐，祝你生日快乐！

2011年王基铭和同学们为查月巧老师（前排右二）祝贺百岁寿诞

这首生日歌，大约应该是世界上最短也最抒情的一首歌曲了。一曲生日祝福歌尚未唱完，同学们的眼睛就变得迷蒙起来。

在市东中学，王基铭还养成了爱好文学，尤其是对写作产生了浓郁的兴趣。教他们的语文老师是卞达人老先生。卞老师教写作很有办法，他反对学生生编硬造，主张将作文变成“说话”。比如记叙文，在卞老师那里，便是怎样将一件事情的前因后果用嘴巴讲的明明白白。讲明白了，话就说完了，随后形成文字，作文即可结束。再比如议论文，怎样让自己的观点鲜明站得住脚，就需要例子来论证。所举的例子能否有说服性，怎样用最简短的语言来完成例子的叙述，这些才是作文的要点。

经过卞老师指导的学生，大都在语言表达上比较熟练，写出来的文字，不啰啰嗦嗦，又言简意赅、生动有趣，有着十分鲜明的层次感。王基铭正是通过“说话”，理解了作文；又通过作文的写作，锻炼了自己的口才。有话则长，无话则短。“说话”也真的影响了王基铭，即便是后来，王基铭在职场上也始终坚持朴素明了的表达风格。

第三章

求学于华东化工学院

1959年，王基铭考入华东化工学院。由于家庭人均收入略高于助学金的底线，王基铭的大学只能完全由家庭来负担。面对国家被封锁的困境，王基铭和同学们刻苦学习，确立了报效祖国、建功立业的人生信念。在老师的帮助培养下，王基铭以优异的成绩顺利完成了石油炼制专业的高等教育学习，后因父亲中风，不得不放弃研究生深造，踏上了工作岗位。

第一节　接受洗礼

华东化工学院，是现华东理工大学的前身。

当年的华东化工学院，是在1952年全国院系调整时，由交通大学（上海）、震旦大学（上海）、大同大学（上海）、同济大学、东吴大学（苏州）、江南大学（无锡）、浙江大学等校的化工系合并组建成的全国第一所单科性化工院校。1960年被国家确定为全国重点高校，直属原高等教育部。半个多世纪以来，学校共为国家培养了十多万名毕业生，十多人当选中国科学院、中国工程院院士，许多人成为高校、科研机构、国家骨干企业及政府部门的领导和中坚。

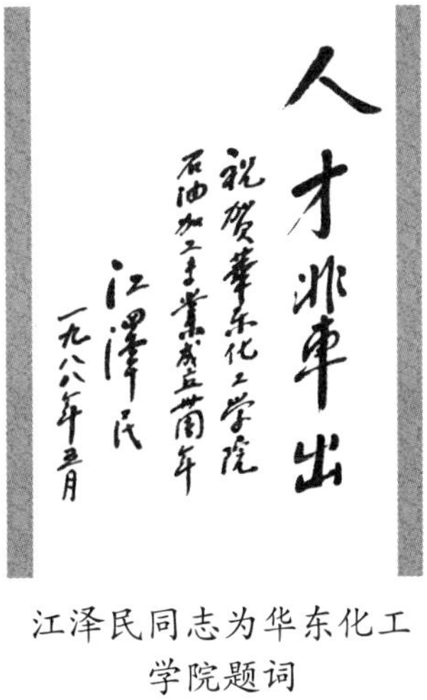

江泽民同志为华东化工学院题词

1988年，在学校庆祝石油加工系成立三十周年时，江泽民欣然题词：人才辈出。

找江泽民题词的，正是王基铭。

其时，王基铭担任上海石化总厂副厂长，江泽民是中共上海市委书记。一个是企业领导，另一个则是政府高官。主要的原因是，当时的上海石化和上海宝钢，是上海市最大的利税大户，市委、市政府的领导对这两个企业便格外地关注，和企业领导班子成员就自然很熟悉。

王基铭正是凭借这个便利，从江泽民那里求得了题词。一年后（1989年），江泽民离开上海，从“江书记”变成了“江总书记”。

当然，这是一个小小的插曲。

华东化工学院（华东理工大学）1952年10月25日创建时，校址为上海江湾政法路195号（旧称协议路1号或平昌街，民国同济大学理学院旧址）“进步楼”。整个校园占地面积为49.84亩，所有权属同济大学。1952年11月7日，政府将其划归给华东化工学院，成为该院的校本部。次年3月，学校开始新建梅陇校区，占地610.2亩。时任华东化工学院院长的，是著名学者张江树。张江树，又名雪帆，美国哈佛大学硕士研究生毕业。他毕生致力于物理化学领域的教学与研究工作，是我国早期物理化学学科主要学术带头人之一，为我国化学学科的发展做出了重要贡献，培育了中国几代科学技术人才。

建校之初，在教育经费不足的情况下，张江树带领全体师生艰苦奋斗，勤俭办学。从简陋的教室、宿舍和实验室开始，边教学、边建设，这一传统使华东化工学院在上海高等院校中被视为勤俭办学的标兵。他从学科设置、师资队伍建设、科研工作、学生教育直到行政管理，事无巨细都一一过问。在他的辛勤努力下，使华东化工学院在较短的时间内已初具规模，并于1960年10月被列为全国重点院校。这个时候，华东化工学院已顺利地完成了“七校”学科整合，创办了夜大学，完成了招收（副博士）研究生，并于1956年首次招收外国留学生。“文化大革命”期间，张江树遭到了严重的打击和迫害，但仍然尽力工作，设法减轻学校遭受破坏的程度。1978年张江树恢复院长职务后，立即进行恢复整顿工作，使学校得到迅速发展。1981年起，因年迈多病他退出第一线，担任华东化工学院名誉院长。华东化工学院从一个单科性的学校发展成为今天这样一所理工文并举的综合性重点大学，凝聚着张江树的半生心血。

初入华东化工学院，王基铭的内心充满了喜悦与激动，高兴了没多久，便因助学金的问题难受了好几天。王基铭家的唯一经济来源，是父亲王炳寿的月工资，其月工资为111元。当年，政府对城市贫困学生的资助规定是，拿月工资除以全家的人口总数，平均值在13元以下，方可享受国家提供的贫困生助学金的救济。

由此可以简单地推断，上世纪五十年代末期，城市居民的贫困线当是在13元。王基铭家的人均生活费恰好在14元。如此靠近的一个数值已经说明，他家的生活，在当时，实际上是处于城市贫民的生活线。

就是这一元之差，让王基铭与助学金擦肩而过。它意味着，整个大学5年里，王基铭将不再享受到一分钱的助学金。这无形里又要增加父母的负担，这种负担可不是一年半载，而是整整五年。大学期间，王基铭很少回家，既想回家，又怕回家。那时候，他尤其害怕见到母亲，就似乎自己真的做错了什么事似的，觉得自己对不起家里，拖累了家庭。

好在大学的生活是全新的，也是多彩的，更何况自己又进入到了一所喜欢的大学，这还不值得高兴吗?

入学后，华东化工学院便热热闹闹地开了一个迎新生大会。出席会议的便有华东化工学院的院长张江树。新生们刚一入校，便知道了自己所在的学校里，张江树院长可谓大名鼎鼎。对这位泰斗级的院长，王基铭打心眼里感到敬佩。上大二、大三时，王基铭曾不止一次地听过张江树的课。他的课尽管专业性很强，但就化工学院的性质来看，他所传授的课程，多少还属于公共课。

令王基铭倍感可惜的是，自己在后来辗转的工作调动里，不但当年所记的张江树院长的听课笔记早已遗失，其他的听课笔记包括教材也都已不知去向，这让他十分遗憾。但他清楚地记得，张江树讲大课时，除了所在专业的学生去听以外，其他专业的学生也都闻风而去，连走廊里都站满了学生。

张江树的课讲得别具一格。此人长着一颗硕大的头，大脸，大眼睛，大鼻子，大嘴巴。鼻梁上架着一个深度的近视眼镜。张江树是江苏省常熟县人，说得一口比较流利的普通话。他讲话语速不快，慢条斯理，不急也不躁，但一节大课下来，却在不知觉里，清晰明了地讲透了教学内容。

这大约就是名师的风范。所谓名师，往往就是那种能把复杂的艰涩的内容，说得深入浅出的人。张江树院长，正是这样的一个人。张江树院长属于典型的“海龟”，但却很少穿西装。他当院长那阵儿，虽然学校里也有教师穿西装，但随着政治气候的逐渐改变，穿西装的人已经很少了，更多的人则是穿一身中山装。张江树便是中山装。这样的穿着打扮，让他显得非常的严谨。事实也正是如此，张江树院长上实验课，学生便感觉到那些实验器皿在他的手上，似乎都成了一个个精美的上世纪留下的珍贵文物，让人不能不小心，也不能不认真。

张江树还有一个特点。他上课，从头到尾只一根粉笔，粉笔用完了，课也随之讲完了。张江树拍拍手上的粉笔飞尘，把小得无法捏住的粉笔头轻轻地放到讲桌上，自己再回转头去，看他的板书。

他在看什么呢，是想从那里再找出需要补充的内容吗？

这差不多便是张江树结束教学课之前的一个标志性的动作。这个动作给王基铭留下了深刻的难以磨灭的印象。

满满一黑板的教学内容，看起来就让人赏心悦目。当年，王基铭包括华东化工学院里的学生们，就是从他们的院长这里学到了沉着、严谨的治学理念，这对学生们未来的工作影响尤其深远。

除了校长张江树的直接影响，王基铭在回忆这段学习历程时，还对华东化工学院众多的老师留下了深刻的印象。直到今天，王基铭还清楚地记得华东化工学院的许多教过自己的老师，比如当年的系主任刘馥英等。刘馥英那时40来岁，这是一个留学归来的女才子，能在人才济济的华东化工学院担任系主任，没有过人的才华是不好办的。

当时的教师不少是从旧时代过来的知识分子，他们当中的不少人，有的言语直率，有的则在行为举止上，多少显得有点独立特行，但在校园里并没有被人当作“异类”。华东化工学院的这种宽容，反映到教学上来，能看出这个学校在学术研究和教书育人上，秉持的是一种开放、宽松和包容的办学风格。

这是为什么呢？王基铭觉得这种风格所秉持的，或许正是当年大师辈出的西南联大的办学模式吧。华东化工学院是一所“七校整合”的高校，西南联大不也是由清华、北大、南开等名校联办的大学么。不管怎样，华东化工学院这些教师尽管大都来自不同的大学，文化背景也不尽相同，但他们的身上却都有着浓郁的爱国情怀和深厚的学术造诣，都有着为新中国教育事业奋斗一生的美好愿望。

这一点，从这个学校的校训便可以看出来。华东化工学院的校训是：勤奋求实，励志明德。这也是老院长张江树所一贯倡导的治学精神。

“勤奋求实”主要体现该校师生做事、求学的态度，这种态度造就了这所大学培养的学生，不尚虚夸、不事张扬、崇尚实干之精神品格。

“励志”指学校育人之道重在培养锻炼和努力树立师生员工的科学理想、远大志向。“明德”出自《礼记·大学》：“大学之道，在明明德，在亲民，在止于至善”。“明德”是指学校育人之道在于努力引导师生员工的道德达致理想境界。

“励志明德”与“勤奋求实”相互辉映，使得校训立体、生动，更突出了以德为首、志存高远而又脚踏实地的大学风范。半个多世纪以来，这所大学毕业成千上万的学子，不但在学校里按着这一校训踏实治学，日后走到工作岗位上，也都把校训当作了自己做人的准则。

在这样的一个环境里求学，毫无疑问，对青年学子来说，便无疑于一种洗礼。

第二节　为祖国而发愤求学

王基铭入学时，并没有想到自己会被分到石油炼制专业。对一个上海长大的青年学生来说，石油很陌生，也很遥远。入学后，他才慢慢地了解到石油的重要性，也开始知道，当时的中国还是一个石油资源极度匮乏的国家。放眼那个年代，我国的石油工业还处于一个起步阶段。为数有限的几个油田都集中在西部，无论运输还是开采，成本都极高，更致命的是，无论克拉玛依油田还是玉门油田，产量都很低，无法满足六亿人大国的建设需要。那时的内地，也只川中有发现油田的可能，但50年代末期的川中石油会战，实际上是失败的。彭德怀元帅对此曾无奈地说过，缺少石油，我们的坦克大炮就是废铁一堆，连叫花子手中的打狗棍都赶不上。

天不绝人，天不绝中国人。1959年9月，就在王基铭进入华东化工学院学习的同时，黑龙江大同镇境内的松基3井，喷出了工业油流。随后，中国东北的大草原上，一场震惊世界的轰轰烈烈的大庆石油会战，便如火如荼地开展起来了。呼之欲出的大庆油田，为新中国的建设事业带来了新的曙光。

关于大庆，今天的中国人已经耳熟能详了。有必要讲到的是，谈大庆会战，应结合当年的中苏关系来谈，离开这个大背景，就突显不出大庆会战的意义。1960年7月，苏联政府一纸命令，当时在中国的所有苏联专家，一夜之间全部撤退回国，给中国诸多重大项目造成了无法弥补的损失，这是中苏两国关系恶化的一个标志性事件。苏联敢于漠视中国的感受，就是认定中国的国民经济体系已经被苏联套牢，最终会走投无路，彻底任“老大哥”摆布。说白了，在赫鲁晓夫的眼里，未来的中国顶多只是其属下的一个卫星国。

伟大的毛泽东岂能仰人鼻息!

一场真正决定民族命运的“苦难行军”，自此开始。这场苦难的行军，一旦失败，要么彻底放弃已有的工业化，因为中国缺少资源，没有工业化，中国连亚非拉朋友都不如，只能彻底向苏联认栽。看懂这一点，就不难明白，大庆石油大会战，是一个民族寻求突围的一次悲壮行军，是典型的一次新长征。大庆会战，只能胜，不能败。一旦失败，贫瘠的能源，就足以成为遏制中国国民经济发展的瓶颈。事实上，幸灾乐祸的美国人也在此期间放出了中国的石油资源即便连一个星期的战争都难以维持的结论。

石油，便成了打破封锁的命门所在。

大庆油田开展石油大会战的同时，高校里尤其石油及化工类高校的学习气氛，明显的浓郁了许多。学校的墙报上，写的最多的内容，便是来自大庆会战的各类捷报和消息。周末的学习讨论会上，大学生们谈得最多的，也都是怎样努力学习，为祖国石油化工的发展贡献自己的力量。

王基铭就是从那时开始逐渐爱上了自己所学的专业，他知道这个专业是国家急需的，学习好这个专业就更能直接为国效力。整整5年的大学生涯里，王基铭差不多把每天的业余时间都放在学校图书馆里。华东工学院图书馆那时还比较小。要想占到一个读书学习的位子，就必须早早地赶到图书馆去。大学5年，他这个本科生就是从图书馆里泡出来的。他在那里读了很多石油炼制专业参考书及其他化工类参考书，做了一本又一本专业技术知识的记录与摘抄，尽管如此，他还是痛感自己在专业知识上的菲薄与不足。

1959年王基铭入学时，中国大地正值三年自然灾害，那时大学生的粮食定量很苛刻。大学生每人每月的粮食定量只有30斤，统一按

“343”的标准发饭票，即：早上为三两，中午四两，晚上三两。三两主食，一般是一个馒头，一碗稀饭。缺少油水的年代，这个定量是很难让小伙子们填饱肚子的。有时到了周末，宿舍里的几个年轻人一起凑点钱，到街上买一小包点心，你一块我一块地尝一下，便算是打了牙祭。这样的情景虽然有，却总是很少，因其少，才更让人印象深刻。

王基铭记得，那个时期里，晚上还好办一点，肚子感到发饿时，就也该到了学校熄灯睡觉的时候了，但问题是白天就不好办了，每天上午上课到十点后，肚子便“咕咕”叫。这种情况直到1963年才开始改观。

学生宿舍也非常拥挤。一间房子里，上下铺的架子床，挤下8个学生，出来进去的，经常碰鼻子。王基铭的上铺，住着他高中的同班好友舒兴田。俩人一上一下，在一个架子床上度过了大学时光。许多年以后，这张架子床居然成就了两个院士。

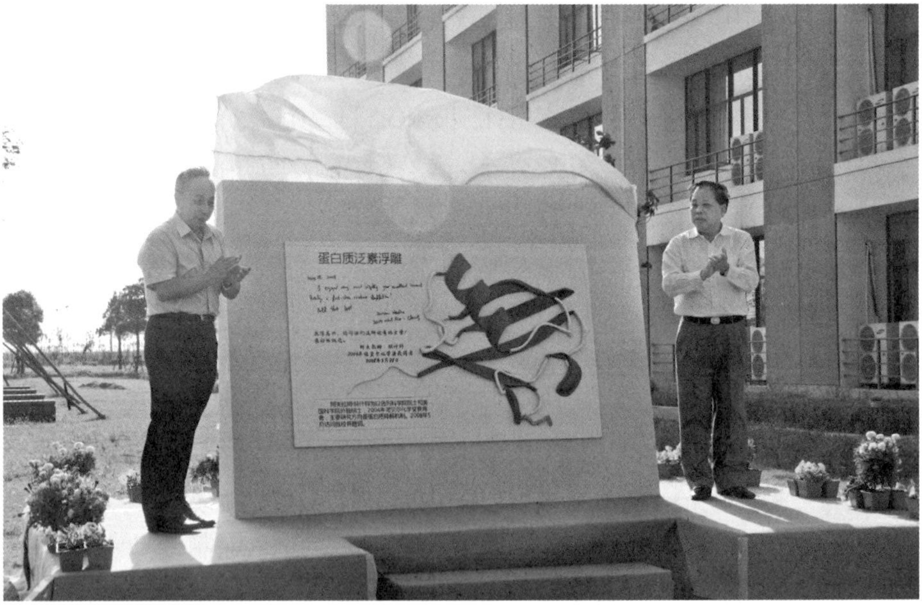

在华东理工大学为蛋白质泛素浮雕揭幕（左为舒兴田、右为王基铭）

特殊的年代特殊的环境，学生们都没有为条件的艰苦产生半点抱怨，大家明白，举国上下，都在共渡难关，就恨不得更加刻苦的学习，为祖国分忧解难。小小的学生宿舍里，充满着热烈浓郁的学习氛围。

第三节　渴望飞翔

1963年，大庆会战还在进行着。

这年的毕业季里，比王基铭早一届入学的大学生们已到了毕业阶段。年轻的大学生们写出了一份份决心书、志愿书，旋风似地贴满了校园的墙壁。大学生们在那里面慷慨陈词，表达出了走出校园、去到祖国最需要的地方建功立业的决心和信心。

王基铭和同学们的心也随着学长们飞到了辽阔的草原、广袤的油田，飞到了高高的炼塔下。大家非常羡慕这些学长们，渴望像他们一样早日走出校园走上工作岗位，这使他们对即将到来的毕业设计和毕业实习变得格外重视。

为写好毕业论文，王基铭对国内各有关炼油厂的技术现状进行了摸底，同时又查阅了国内各化工院校所收集的世界各石油炼制企业的技术发展资料。通过横向对比，王基铭发现，与世界先进水平相比，中国石油炼制技术十分落后，国内少有的几个炼油厂，按当时的国际先进技术标准来看，还属于“小茶壶”式的炼制水平。

小茶壶，这种评价显然含有蔑视意味，却也从某个方面道出了中国石油炼制业的尴尬和困境。如果我们对历史有所了解的话，相信就会见怪不怪了。1949年建国初期，中国年原油产量只有12万吨，年原油加工能力约17万吨，只拥有蒸馏、热裂化、叠合、离心脱蜡等少数炼油装置，而且规模都很小。50年代除了恢复已有石油炼厂和页岩油厂外，还利用苏联的技术建设了以兰州炼油厂为代表的年加工原油100万吨级的现代化炼油厂，掌握了移动床催化裂化和润滑油生产等技术。进入60年代以后，随着原油产量的迅速增加，依靠自己的力量建设了以大庆炼油厂为代表的年加工原油150万吨级的炼油厂，掌握了延迟焦化、流化床催化裂化、铂重整、尿素脱蜡等技术和相应的催化剂制造工艺，缩短了与世界炼油技术先进水平的差距。

尽管如此，中国的石油炼制水平和世界发达国家相比，还显得十分低下。20世纪60年代中期，当我国首座催化裂化装置在抚顺石油二厂投产时，世界上第一套加氢裂化装置，便已在1959年于美国投产，其发展也越来越快，大有取代催化裂化的趋势。面对这一挑战，国际上催化裂化工艺也由此不断革新；60年代出现的分子筛催化裂化催化剂，以及采用极短反应接触时间的提升管裂化技术，大大提高了产品产率、油品质量，并降低了催化剂的损耗，使催化裂化工艺经住了冲击。这便从侧面说明，在当时，世界石油炼制技术已经在激烈的竞争中，实现了快速的交替式的向前发展。

从国内来看，王基铭了解到的实际情形似乎更为严峻。

同样还以大庆炼油厂为例。

1963年，大庆炼油厂投产。大庆炼油厂是在兰州炼油厂成熟技术的基础上，采取了一些优化措施，但仍不能解决炼油技术落后的根本性问题。想要提高炼油技术，就必须学习西方国家的先进技术。但是当时东西方阵营之间对抗激烈，尽管中苏关系恶化，中国和西方国家的关系还是非常僵持，与中国友好的亚非拉国家在这一方面的技术也并不领先。

这便是当时中国石油炼制的现状。说白了，这种现状就是一种“代差”级的落后。经过充分的对比，王基铭清楚地认识到，中国石油炼制业与国际先进水平的差距日益扩大，这让王基铭心急如焚。

1963年的冬天，按照学校的教学安排，王基铭到上海炼油厂进行毕业实习。带着这个问题，王基铭在下到车间进行实习倒班的同时，将主要的精力放到了对上海炼油厂炼制能力的考察上。

上海炼油厂（简称上炼）是一家老炼厂。1929年，英商亚细亚石油公司和美商德士古公司，就在上海浦东高桥“老鼠沙”（现江心沙路一带，系上炼厂址所在地）强行圈地建造油池。1937年“八·一三”事变，日本帝国主义侵占上海后，日本丸善石油株式会社凭借军国主义势力，于1938年在高桥地区强行占地19.8公顷，建立了丸善石油株式会社上海制油所，设有3个调制废机油处理设施，从事提炼石油制品、润滑油处理和再生等业务，专供日本海军使用，为此遭到美机轰炸，大部分设备被毁。1945年，日本投降后，国民党政府将丸善石油株式会社、出光油槽所、大华石油联营会社3家合并组建上海炼油厂，但直到建国初期，上炼也只仅有6座小油罐、4座破仓库以及相当简陋的处理废机油设施和化验设施。解放后，随着新中国石油工业的不断发展，从1960年开始，上炼先后扩建了常减压蒸馏装置，新建了一批润滑油、石蜡以及特种油品、润滑脂等生产装置，被人们赞誉为“鸡窝里飞出的金凤凰”，但这只凤凰只是相对于国内落后的炼制水平而言的，和同时期世界先进水平相比，还有着非常大的差距。

针对以上情况，王基铭在他的毕业论文里强调，要针对炼油行业存在的问题与矛盾，充分运用《矛盾论》和《实践论》，针对不同的矛盾和问题，采取不同的方法去解决。那么，主要的矛盾和问题又是什么呢？王基铭认为，中国的炼油业，首先要满足国家的需要，把为国防建设所急需解决的油品问题作为着力点进行攻关。这是大方向，是主要矛盾，不可更改的。方法上当按照大庆会战的成功经验，集中优势兵力对困扰油品质量的炼油工艺关键技术进行攻关。其次是要坚持辩证法的观点，要在发展过程中，由低级到高级，循环往复，不断推进。落实到炼油技术上，就是要在坚持现有技术的基础上，稳步推进。再是要积极学习和研究国外的先进技术，瞄准石油炼制的高新技术，从理论上率先进行研究，为中国石油炼制打下较好的理论基础。在论文中，王基铭从理论上对中国油品的解决办法进行了设想性的探索。尤其对炼油装置的工艺设备方面，提出了自己的设想。

论文完成后，辅导老师又多次提出意见，对论文的修改做进一步的指导，特别是在可行性的理论研讨上，提出了许多带有批评性的意见和建议。

几易其稿之后，这篇论文终于得到老师的认可。

这种认可的原因是，老师从这个文章里，看出王基铭对专业知识的学习非常执着认真，在他的身上闪烁着的，是一个青年知识分子开拓进取的精神品格。这正和华东化工学院“勤奋求实，励志明德”的校训所吻合。特别是在对学问的追求上，他能以清醒的眼光正视中国石油炼制业与世界先进水平的差距。而这，恰好是治学最必须具备的品格。

基铭，你应该报考研究生。老师对王基铭这样说。

这显然是对王基铭最大的认可和肯定了。

王基铭为之一振！通过毕业论文的撰写，王基铭也从中更加看清了中国石油炼制业与世界先进水平之间存在的差距，他觉得在这段时间的学习与钻研里，自己已经隐约地触摸到了中国石油炼制业所存在的制约性的瓶颈了。他想如果能真的考取研究生，假以时日，自己或许真的能在这个领域，为国家建设做出更大的贡献。

为此，王基铭报考了石油化工科学研究院陆婉珍教授的研究生。陆婉珍教授和丈夫都是从美国归来的博士，其丈夫是我国大名鼎鼎的化工权威闵恩泽。现在说闵恩泽是大名鼎鼎的化工权威，其实在我国化工领域，陆婉珍和丈夫是齐名的。陆婉珍教授在学识上同样令人高山仰止。陆婉珍对王基铭经过初步了解，对其扎实的专业基础及治学态度颇为欣赏，便允许王基铭报考自己的研究生。

然而，就在王基铭踌躇满志的备考时，生活无常的一面再次显露出来。

第四节　生活的烦恼

王基铭在华东化工学院求学期间，家里的经济状况并没有发生什么改善，相反，随着几个弟弟妹妹的长大，经济上现出难以为继的状况。

求学于华东化工学院期间，王基铭的父亲显然对这个家中的长子充满了希望。为了让王基铭安心读书，王炳寿每月领回工资后，所做的第一件事，便是去到邮局，给王基铭寄去20元的生活费。父亲担心，不首先把王基铭的生活费率先从工资里拿出来，家里沉重的开销，就可能从方方面面、角角落落里把儿子的生活费给吞进去。

过日子，哪儿不需要钱呢！

在家里，出主意拿大事，由父亲决断；平常过日子，吃喝拉撒睡，管理全家生活支出的，则由母亲当家。可是，再巧的媳妇也做不了无米之炊，寻常老百姓要把日子过下去，靠的就只有节衣和缩食了。

节衣。无非就是家里的四个男孩子，老大的衣服穿不上了，老二老三接着穿，破了的地方打个补丁就是了。缩食，当然不是说不让孩子吃饱饭，主要是饭吃得差一点。每顿也有菜，但却是最便宜的时令菜。

每年的深秋里，母亲便会去到菜市，从那里买回廉价的雪里蕻，雪里蕻买回来以后，母亲会把它们洗净晾干，等脱去水分，这才一把把的将它们铺在一个大缸里。按照一层菜一把盐的铺法，直到把那口大缸装满。那口大缸就放在门口，缸的旁边是排列整齐的用纸盒子盛着的煤球。门口的另一侧，则放着煤炉子，上面架着一个钢精锅。煤炉子旁边的墙壁上钉着一颗钉子，钉子上挂着一口炒菜的铁锅。家里的一日三餐，就是在这个地方做熟的。

上海普通的里弄中，这样的情景随处可见。

那个年代上海的居民们，彼此间倒也处得心平气和。

雪里蕻腌制到了冬季，没等第一场雪飘下，便已被腌得微酸微脆，吃到嘴里口感也非常好。于是从冬季里开始，直到次年的春天，雪里蕻就成了王基铭家最常见的一道菜。

除了腌制雪里蕻、凉晒各类干菜，母亲还时常根据时令的变化，制作各类小咸菜。通常里，一说到咸菜，人们就会想到四川泡菜、四川榨菜什么的，其实，在咸菜的制作上，江浙人一点也不输给四川人。王基铭的记忆里，母亲便是一个制作咸菜的高手，一年四季，家里最不缺的就是咸菜了，凡是江浙一带所能看见的青菜，就差不多都能以咸菜的形式出现在王基铭家的餐桌上。

这一点上，和人们印象中的上海人的形象是有区别的。上海人，并不单单只会吃甜得发腻的饭菜。口味相对较杂的上海人，也处处皆是。有所区别的是，如果把当下人们对咸菜的制作当作一种生活情调来看的话，那么当时对咸菜的制作，更多的还是为了过日子。上大学期间，王基铭周末回家小聚时，母亲便会用罐头瓶子给他装满实实的咸菜。这些咸菜，倒也帮着王基铭节省了不少的菜金。

王基铭家里的困难情况，受到父亲所在的上海丝绸三厂领导的关心。几个领导一商量，便决定破例允许王炳寿将厂里需要加工的串纸板活儿带回家去，按照计件的办法，对加工后织机用的纸板作适当的付费。

带回家的，是一种费力又很难挣钱的活儿。主要是在提花纸板上，用一根线按照设计规定进行串绕。提花纸板，是一种专供丝绸编织花纹用的、编制工序切成小块、打孔后，作为提花织锦的工具。中国的丝绸纺织，即便到了今天，多数工序还是由人工来完成的。因此，提花纸板到现在也没被淘汰，还在应用。父亲就是设计编织顺序的工程师，他也是解放后上海市人民政府1958年公布的首批工人工程师。

用人工将一根完整的线串在提花纸板上，这种工作除了需要心细，还得有耐心。王基铭的几个弟弟和妹妹，都干过这个活儿。通常是放学到家，就抓紧写作业，完成老师布置的功课后，便和母亲一起编串。

别说几个弟妹了，就是王基铭也干过。大学里放假了，王基铭也呆在家里，做做这种编串纸板活儿。城市贫民家庭，要培养一个大学生，真是不容易啊。后来的日子里，王基铭一直很怀念这一段日子，他觉得自己能顺利地读完大学，除了父母的供养，也有弟弟妹妹们的支持。那时候，弟弟妹妹原本就没成年啊。这么想，王基铭的内心就总会生出丝丝感恩之情。

对于家里的状况，父亲倒是很乐观。勉励几个孩子，说你们都好好读书吧，只要能考上大学，爸爸妈妈再苦再累，也会把你们供养出来。

父亲说，老百姓的孩子，没有资格痛苦，更没有资格放弃，只有学习。

父亲强调说，学习好，才是唯一的出路。穷人靠书包翻身。

穷人的孩子早懂事。王基铭的几个弟弟妹妹，学习也都不错。应该说，这和父母的教育，更和家庭的贫困有关。1964年，王基铭大学毕业的那一年，父亲积劳成疾，中风倒在了床上。这显然是一件塌了天的大事，作为家里唯一拿工资的人，顶梁柱倒了，情形在瞬间里就变得糟糕起来。

王基铭作为家里的老大，尽管他已做好了考研深造的准备，但面对家庭的困境，还是理智地做出了参加工作的决定。最理解儿子的就是母亲了。当母亲得知王基铭做出了毕业后工作的决定时，她对儿子说，基铭呀，当妈的知道你喜欢读书，也能读进去。老祖宗说，书中自有黄金屋。这个，妈是明白的。

王基铭摇摇头。他对母亲说，妈，我是老大，家里的长子，我知道我该怎么做。

研究生报考前的一天，王基铭放弃了考试。

虽然没有成为陆婉珍的弟子，但王基铭与陆婉珍夫妇的交往却从没有断过。四十多年后，陆婉珍的丈夫闵恩泽是王基铭当选中国工程院院士的推荐人之一。2014年，闵恩泽还特地邀请王基铭担任“闵恩泽能源化工奖”基金的秘书长。出于对闵恩泽夫妇的尊重与敬仰，王基铭爽快地接受了这位中国催化剂之父的邀请，闵恩泽夫妇请王基铭夫妻去到北京霄云路上的一家西餐厅，吃了一顿法式大餐。

2014年1月王基铭夫妇与闵恩泽夫妇共进午餐

1964年7月，这一届的大学生如期毕业，王基铭被分到了上海炼油厂。

离开学校前，王基铭在校园里转了一圈又一圈。已经有性急的同学带着行李奔赴新的工作岗位了，这种分手就显得格外的郑重和依依难舍。想想自己马上也要离开学校了，王基铭的内心充满了酸甜百味，这里面，既有对校园生活深深的眷恋，也有对未来无限的期冀。

第四章

初入社会搞“四清”

大学毕业后，王基铭去单位报到没多久，便被抽调到四清工作队。两期的农村四清工作队的经历，使他真正的近距离地了解了中国乡村和农民，在老同志的言传身教中，学会了怎样接近群众、怎样做群众工作。后又随四清工作队到上海国棉十厂搞“四清”，认识到中国工人阶级的先进性，并从老革命身上学到了坦诚做人以及严细的工作作风。

第一节　参加农村“四清”

1964年9月，王基铭去上海炼油厂报到没多久，便被安排参加四清运动，成为社会主义教育工作团（简称“四清”工作队）的一员。

这一年，王基铭刚满22岁。

所谓的四清运动，是指1963年至1966年，中共中央在全国城乡开展的社会主义教育运动。运动的内容，一开始在农村中是“清工分，清账目，清仓库和清财物”，后期在城乡中表现为“清思想，清政治，清组织和清经济”。运动期间中央领导亲自挂帅，数百万干部下乡下厂，开展革命运动。

王基铭是随着四清工作队去到上海金山县松隐公社参加四清工作。

工作队队长是原金山县公安局局长马如龙。王基铭在那里干了一段时间的队员，马如龙便发现，新来的这个小伙子真不愧是大学毕业生，说话办事利利索索，笔头子功夫也不错，索性让他当秘书，凡是写写弄弄需要动个笔什么的，就全部交给他了。

当时搞四清，工作队员们一律吃住在当地农民家里。工作队下乡，讲的还是当年老八路的作风，按照八路军的做法，每个队员每天都必须要抽出专门时间，帮所住人家打扫庭院，还得帮老乡挑水劈柴，按照有关规定，对住户农民交足规定的钱和粮票。这就是所谓的“三同”，即同吃、同住、同劳动。

工作队纪律是严格的，但还远非如此。由于四清工作主要是查乡村的基层干部，对四清工作队的到来，村干部从内心是抵触的，至少是不配合的，群众工作往往是靠工作队员自己去做，找社员了解情况，如果对方是男人则好办，如果是妇女则是两个工作队员一起去交谈。已经有消息从私下里传了过来，说某四清工作队里的一个队员，找村里一个50多岁的妇女谈话，被人打击报复，说成与其发生了男女关系，最后这个队员被开除了公职。这个事情起码说明，当时的四清工作难度还是比较大的，要做好工作就必须付出更多的努力、吃更多的苦才能完成任务。

白天，王基铭和工作队员们一道，按照事先安排好的分工，或者查账，或者盘库，再或者清理财务。晚上，一般则是开大会发动群众。在乡下，开会一般都是放在晚上，在农民兄弟看来，白天开会似乎等于浪费时间了。仔细想想，这和中国农民的劳动习惯有着很密切的关系。在农民眼里，白天应该是劳作的最好时机，除了逢年过节、办红白喜事儿，其他的时候，拿着宝贵的白天时间去做劳动以外的事情，都是不应该的，只有游手好闲的人才会在白天大摇大摆地去干和种地无关的事。

应该说，这是中国农民勤劳的表现。它属于优点，至少也算是特点。鉴于这种情况，工作队便入乡随俗地把开群众大会放到了晚上。王基铭的加班加点，这时就多了起来。他是秘书，既然是秘书，就应给领导写讲话稿、发言稿。开会时，他还得对会议进行记录。下来后，还得写出阶段性的书面总结材料。有时在会上，王基铭自己也得发言，把中央关于四清运动的文件精神讲解给社员们听。

这时候，王基铭便发现，同样是讲政策、讲文件精神，队长马如龙嘴里讲出来的话，就比自己要生动得多。和马如龙出去搞调研时，没一会儿工夫，社员们就把马如龙当作了自己人，有什么心里话，也特别愿意说给他听。这种贴近群众的方式，对清查乡村“四不清”的基层干部，的确起到了很好的作用。

这显然是一门大学课堂里学不来的知识。

这是为什么呢?

王基铭通过对比发现，马如龙讲出来的话，和政策贴得很紧，却又通俗易懂。而自己对政策也清楚，但说出来的却不自觉的都是一套套的“官话”，这样，现场效果就大不相同了。发现了这个问题，王基铭也试着用最通俗的语言，农民听得懂的语言去接近农民，和他们一起聊家常，谈农事，谈收成，谈习俗，在聊天交谈里，很自然地了解自己所需知道的情况。

或许就是从那时起，王基铭无论在什么样的岗位上，都一直保持着朴素的语言风格及平易近人的处世原则。对这种语言特点，王基铭给出了一个词——人话。他认为，说人话，能很快地拉近和职工群众的距离；放低身段，做人低调，是一种境界。要官腔，则和蠢材几无二致。

在金山县搞完第一期四清运动后，按照组织的安排，王基铭参加了第二期社教工作团，去到青浦县朱家角镇参加四清运动。和上一期四清工作相同的是，王基铭被派在四清工作团的团部给团长当秘书。

只不过，这一次却是给一个“大官”当秘书。

大官的名字叫包玉淑。

这个包玉淑非常了得，算得上一个真正的女强人。包玉淑下四清工作团当团长，领导青浦县开展社教运动。此人在职时，曾担任过上海市商业厅副厅长，高级知识分子，圣约翰大学毕业，讲话干事很干练，效率很高。工作上要求高，生活上又像慈母一样地关心人、照顾人。包玉淑的文字功夫也很好，王基铭自认文字功底不差，但和她比，就自愧不如了。写的稿子常被她大段修改，这让王基铭很不好意思。整个四清阶段，王基铭为此没少读论说性的文章，文字功夫也有了明显提高。

两期四清工作搞完，农村四清运动就基本结束了。时间大约有一年半的样子。

这一年里，王基铭第一次真正的近距离地深入到农村，面对面和贫下中农接触。如果说，此前一直生活在上海这种大城市里，接触到的都是城市平民，那么四清运动则为他提供了一次了解中国农村的难得的宝贵机会。在乡村，他了解了朴素的农民，也了解了贫困的农村。特别是在那里，王基铭深刻地感受到了翻身后的中国农民阶级对党对毛主席深厚的爱戴之情，感受到了农民群众对改变乡村落后面貌的迫切愿望和要求。

第二节　走进工厂

农村的四清运动结束后，原四清工作队的同志们都相继回到了各自单位，只把王基铭留了下来，随第三支四清工作队参加城市的四清运动。四清运动从最初的农村进入到城市后，其主要的任务是在城市中：反贪污行贿，反投机倒把，反铺张浪费，反分散主义。

这是1966年年初。

要去的地方是上海国棉十厂。

上海国棉十厂是解放后从英国人手中接收过来的棉纺厂。

王基铭虽然出生于工人家庭，但这还是第一次真正生活在工人堆儿里。因此，工厂的生活让他倍感亲切，也倍感新鲜。在他的记忆里，那个时期的上海国棉十厂，工人脸上堆满了阳光，为全体中国人民纺纱织布，让纺织厂里的小伙子大姑娘们，都为自己身为工人阶级一员而自豪。每个工人都能从自身的劳动创造中深切感受到，他们的命运从来都是与国家与企业紧密联系在一起的。这让大家自豪，也让大家骄傲。

与此同时，厂里长年组织开展社会主义劳动竞赛，工人劳模成了大家最受尊敬的人。广播站每天播送着一个个先进人物和先进典型的事迹，墙报上张贴着工人劳模佩戴大红花的照片，一个个劳动竞赛记录在这里一次次被刷新、被打破。

面对此情此景，王基铭每天都处于一种说不出的感动中。同样是纺织工人，解放前被人看不起，就连每天下班，无论男男女女，还都得被人搜身检查，工人在资本家那里，一直当作贼一样地防着。进入到了新社会，党和国家把工人阶级当作企业的主人、社会的主人、国家的主人，身份变了，地位变了，蕴藏在工人群众中的社会主义劳动热情火山般地爆发出来，一个个劳动的奇迹便产生了。看来，搞企业，就必须全心全意依靠工人阶级。缺失了工人阶级当家作主的企业，最终是搞不好的。

工人阶级的力量是无限的！这便是王基铭对工人群众最初的认识。

这种认识，直到今天仍顽强地植根于他的心中。

在国棉十厂的那段日子里，王基铭仍然是当秘书。这么说来，当初把王基铭留下来的主要原因，恐怕还是在于小伙子是响当当的名牌大学毕业生，有着一手相对过硬的文字功底，人又年轻能干，踏实好学，机灵敏捷。当然，王基铭本人对此没有细究，年轻人么，组织让干什么就干什么，无条件地服从组织，这个永远没错。

王基铭是给队长杨光池当秘书。

杨光池可是一个了不起的在我党军史上留下了“痕迹”的人物。杨光池是四川人，出生于1905年，1930年的老党员，红军时期便是团级干部，长征到达陕北后，担任抗大秘书科科长、总务处处长。从抗大出来后，杨光池去了新四军部队，后来又转战到东北，任四野的纵队副政委。仅这个职务，1955年我军首次军衔评定中，就足以肩扛少将军衔了。建国后，杨光池任上海市公安局副局长兼公安总队第一政治委员，行政级别九级。在中国，行政13级以上就属于高级干部了。行政九级，就更毋庸置疑。

和这样的高级干部在一起工作，王基铭感到十分幸运，将其当作一次十分难得的学习机会。他发现，杨光池虽然是一个党的高级干部，老红军的本色始终没有改变。脚穿布鞋，衣裳也和老百姓一样的朴素。到上海多年，一口四川乡音，仍保持得原汁原味。

当时的工作队队员，除了王基铭外，其他队员都是市公安局机关的干部。当时还不解为什么这么大的干部下来当队长，并且队员也都是清一色的公安人员，许多年之后，王基铭才在一个偶然的机会里得知，那个工作队除了完成四清任务外，还根据相关情报，准备深挖潜伏的特务。

带工作队进入上海国棉十厂那年，杨光池已经60岁出头了。年龄大了，工作上却依然保持着抗大严细认真的工作作风。作为党的高级干部，杨光池对党史中的扩大化斗争所带来的惨痛教训记忆尤其深刻，也因此他特别注意防止运动的扩大化，避免伤及无辜。杨光池亲自翻阅厚厚的一堆堆记录、案卷，经常一干就是半夜，甚至一干就是一夜。

杨光池熬夜，作为秘书的王基铭自然得陪着熬。熬夜，似乎是当好秘书的基本功。王基铭晚上熬夜后，白天还要随杨光池一道，深入到车间和工人座谈。有时则是带着杨光池出的“题目”，王基铭独自到工人中去了解掌握第一手资料。

对纺织业，因为父亲的原因，王基铭自感并不陌生，甚至十分亲切。每次座谈或单独找人了解情况，王基铭总不忘告诉职工，他自己就是一个标准的“纺织子弟”，职工们也十分喜欢这个小老弟，愿意把知道的情况全部告诉给他。座谈会下来后，除了将座谈调研的情况形成文字材料外，他还得利用晚上的时间陪着熬夜。当然不是干坐着，他得把杨光池关心的重点资料一份份地调出来，按照一定的顺序送交到杨光池手上，同时记录下杨光池交待的重点工作，一一进行查证落实。

基铭呀，我们的手中握着党给我们的权力，这个权力大得很呀。可有一样，出了问题，就等于犯罪，对党犯罪，对人民犯罪！杨光池这么说，便等于是对王基铭给出了一个加班加点的解释。

王基铭深受震撼！

后来的事实证明，由于有了杨光池的严细认真，他所率领的工作队较好地完成了四清运动工作任务，国棉十厂始终没有出现其他地方的那种乱揪斗、乱抓人、乱下跪的错误现象。杨光池的这种身居高位的领导干部，为了党和人民的利益，事无巨细，举轻若重，忘我工作的敬业精神，给王基铭留下了非常深刻的印象，并由此成了他干事业做工作的一面镜子、一个榜样。

第五章

高桥：雏鹰起飞

四清运动结束后，王基铭回到了上海炼油厂。正值文革爆发，王基铭经过生产车间一年的实习锻炼，成为一个合格的工艺技术员，在较短的时间里，掌握了车间各岗位的操作技能。面对无休止的无序运动，他以“小小老百姓”为笔名，写出了一篇篇文章，呼吁职工回到厂里“促生产”，以踏实敬业的工作作风受到了干部职工的认可和好评，走上了科级领导岗位。为进一步做好工作，王基铭深入钻研技术与学问，逐步成为一名胜任的基建口的领导干部，并在工作和生活中获得了甜美的爱情。

第一节　做一个合格的技术员

大学毕业，王基铭参加了两年半的四清运动后，于1967年3月，回到了地处上海高桥的上海炼油厂。对上海炼油厂王基铭并不陌生，他的毕业实习与论文就是在这里完成的。

就是在这时，文革运动开始了。

文革初期，王基铭是在上海炼油厂第一车间（即常减压蒸馏与热裂化装置）实习。两年半的四清运动后，他重回上海炼油厂后，被分配在一车间的生产班组进行倒班锻炼。这个时候，上海炼油厂已开始乱了起来。随着“文革”的逐渐深入，王基铭所在的那个车间包括整个上炼，经常有人成群结队地上街“造反”闹革命去。离开岗位闹革命，搞所谓的静坐、串联、大辩论，成了那个时代蔓延的一种局面。地处高桥的上炼是这样，偌大的上海也都如出一辙。一时里，上海的马路上，便成了一片红旗的海洋，绿军装的海洋，大字报小字报的海洋。

王基铭回单位的当月里，上海炼油厂的造反派组织调集了三四十人冲击杨浦公安分局，4月里，造反派组织宣布夺权成功，并宣告成立由15人组成的上海炼油厂“抓革命、促生产”第一线指挥部。此后，混乱形势继续蔓延，6月15日，上海炼油厂先后发生了“六·一五”冲砸保卫科、揪斗干部，8月19日发生了冲砸军代室、揪斗军代表，8月26日更是发生了私设刑堂、大搞逼供信等影响极坏的恶劣事件。

在此期间，王基铭实习所在的那个班组里，工作受到了极大的干扰，最严重的时候，班里只剩下班长独自坚守工作岗位，加上王基铭，一个班组也仅此二人上班。所幸的是，这个班长是一个经验十分丰富的老工人，王基铭跟着他逐渐熟悉了各岗位的基本操作要领。在这种时断时续的生产中，王基铭先后在常减压蒸馏、热裂化二套装置，从司泵、司炉、外操作到一操作、班长岗位进行轮岗培训。很快，王基铭就熟悉了车间里各个岗位的操作程序，业余时间他便学习教材及相关的技术书籍，掌握设备的性能及维修保养知识，一年后，王基铭不但成了一名熟练的操作工，还能对工艺操作顺序流程提出自己的合理化建议。

1968年3月，王基铭结束倒班锻炼，担任一车间工艺技术员，负责常减压、热裂化、酸碱精制等工段日常生产工艺管理。4月里，上炼厂副厂长王阿明被造反派迫害致死，使得上海市对该厂的运动不得不采取控制措施，成立了由16人组成的上炼厂革命委员会，一度接近瘫痪的生产和建设，这才逐步走向正常。这期间，王基铭边工作边学习，积累生产数据，增长实际生产经验。这年的11月，车间又安排他独立负责1号常减压蒸馏扩能改造的设计和施工。第一次独立承担项目的王基铭，由于缺乏实践经验，在实际施工中碰到了许多问题，出了不少“洋相”。有一次，工艺管线改造项目施工，王基铭根据施工要求，做出了施工方案，但到了现场，实际的结果却是，焊口对接的时候，管线却长出了几十公分。一检查，原来是自己在制定施工方案时，居然将一处法兰及阀门的长度忽略了。

这件事对王基铭的刺激很大。从这件看似不起眼的小事里，王基铭认识到，从理论到实践的过程里，要想使理论正确地指导实践，就必须让二者真正结合起来。光有理论，没有实践，关在房里闭门设计是不行的，必须深入到生产一线才能学到真本事。

为了补上“实践”这一课，王基铭彻底打掉了先前以为自己有知识有才气的架子。他从头学起，虚心向老师傅、向实践学习，从最基本做起，不管什么工作都争着干，努力学。亲自踩三轮车去仓库领料，从螺栓、法兰、垫片、阀门、管件、焊条一件一件认识，实实在在打好基础这一关。为了能真正地接近师傅，向工人师傅学习更多实际的现场生产知识，王基铭和工人交朋友，他骑上三轮车，主动为工地师傅送水送点心，送施工所需的各类原材料，把每个普通的工作都看成自己锻炼和学本领的最好机会，如饥似渴地工作与学习，与工人师傅一起不分昼夜地工作，最终顺利地完成了1号常减压蒸馏装置的扩能改造。

王基铭自己也在这个不太长的时间里，将库房里的阀门、配件都摸得滚瓜烂熟。以法兰为例，他能在一堆法兰中，眼睛一看，便能清楚地说出法兰的规格、型号。

徐夏临，这位上海炼油厂厂史办退休职工，曾参与《上海炼油厂厂志》的编纂工作，是上炼厂出了名的“活档案”。谈到这个时期的王基铭时，徐夏林曾做过这样的描述：

王基铭，在上炼工作期间，对运动不太感兴趣，只是跟着走，他的精力主要是放在对工艺流程的熟悉和研究上，是个典型的钻研业务的技术干部。

第二节　好一个“小小老百姓”

“活档案”徐夏临的话尽管不无根据，但也不尽然。

王基铭面对那个时期眼花缭乱的革命运动，他很困惑，昨天还是坐在台上受人尊重的领导，怎么第二天就被踏上一只脚，成了批倒批臭永远不得翻身的走资派呢。由学生和群众组织起的造反派组织，也四分五裂地相互对立，不断地进行着相互的谩骂和攻击。王基铭无法搞明白，索性一头扎到车间里去，对车间里装置的工艺流程认真进行学习和研究。当然，作为一个青年知识分子，王基铭没有做一个旁观者，在坚持工作的同时，开始对那场运动进行着最初的反思。

王基铭想，革命是什么，革命不就是为了推进生产力的发展么，但眼前的群众运动所带来的实际情况是，各单位生产经营和建设基本停滞，这么大一个国家，长此以往将怎么得了？

王基铭便从那时的报纸里查阅答案，答案到底还是被他找到了，——这就是文革“十六条”，即1966年8月8日，中共八届十一中全会通过《关于无产阶级文化大革命的决定》，其第十四条标题即为“抓革命，促生产”，指出“文化大革命，就是为的要使人的思想革命化，因而使各项工作做得更好、更多、更快、更省”；“文化大革命”“是使我国社会生产力发展的一个强大的推动力。把文化大革命同发展生产对立起来，这种看法是不对的”。

继文革“十六条”出台后的同年11月10日，《人民日报》发表由周恩来主持撰写的社论《再论抓革命、促生产》，社论第一句话便指出：“抓革命，促生产，这是毛主席提出的方针，一再强调的方针”，它在各行各业“都是完全适用的，没有例外的，必须坚决遵守、时刻遵守的”；工矿企业、农村等“绝对不能停止生产”，“革命”只能在生产以外的业余时间进行，不能占用生产时间，不能离开生产岗位，决不应该到外地去串联。

王基铭认真阅读了周总理撰写的这一社论后，自觉这篇文章终于拨开了困扰在内心的迷雾。抓革命为了什么，最终的落脚点还是为了促生产么，只抓革命却不促生产，那样的革命还是真正的革命吗？想到这里，年轻的王基铭以“小小老百姓”为笔名，在厂报和墙报上发表了一篇篇大批判文章，呼吁广大员工要及早回到单位来“促生产”。

但，好孬这都是后话了。

从当时的实际情形看，王基铭的这些个摆事实讲道理的文章，却引起了上海炼油厂上上下下的注意，人们在狂热里开始打量起了这个“小小老百姓”。慢慢地他们发现，这个小小老百姓，肚子里有理论，语言表达能力强，再一过问，喝！这个“小年轻”还是个响当当的正牌大学生呢！大家便对这个年轻人产生了好感。1968年，王基铭刚满26岁。这一年，车间成立革委会，大家就以老中青三结合的形式，将王基铭推选成了车间副主任。

当了车间副主任，王基铭受当时上炼厂革委会主要领导的委托，利用专门时间对上炼各车间做了一次技术调查摸底。通过调查，王基铭对全厂各车间生产工艺、管理状况等，有了一个比较全面的了解，在此基础上，王基铭编写了一篇调查报告，在那个报告里，他首次就上炼的生产经营状况，提出了自己的意见和建议。这个报告内容翔实，观点鲜明，提出的意见和合理化建议也都有较强的针对性和指导性，受到了上面的重视和好评。

现在已无法得知这个报告与后来王基铭工作岗位的调换有没有直接的关系，但实际的情形却是，1969年12月，王基铭在车间副主任刚干了一段时间，上海炼油厂便在成立“会战组”的时候，将王基铭调到会战组里担任副组长。担任组长的是当时的一个造反派头头，副组长除了王基铭还有另外两个业务人员。

成立的这个会战组，其实是上海炼油厂的“会战基建组”。这个基建组，就类似于今天的基建科了。成立会战基建组的主要任务是，负责完成上海炼油厂常减压装置改造及催化裂化装置的新建。

应该提到的是，基建这个词，对上海炼油厂来说并不陌生。我们甚至可以说，在相当长的一个历史阶段里，上炼的发展是和基建联系在一起的。

新中国建立后，由于原油一时没有来源，上海炼油厂一段时间曾以对外承接来料加工来维持生计。1953年，原油供应略有好转，基本建设开始起步，国家投资扩建15万吨/年常压蒸馏和6万吨/年热裂化以及相应的辅助设施。这一工程是新中国成立以后，完全依靠自己力量建设的第一个炼油工程，史称“01”工程，标志着上炼有能力开始建造炼油工程。

从第一个五年计划开始，上炼主要是以建造燃料油装置为主，花少量投资在原有的1号常减压和热裂化进行挖潜革新改造。在此期间，由于国家冶金工业急需石油焦，新建了一套釜式焦化装置提炼产品。在第二个五年计划中，国家供应原油数量也随之猛增。基建工程建设更为繁忙。整个上炼厂犹如一个大工地，在原油一次加工装置扩建的同时，新建和扩建一批二次加工装置，如热裂化、减黏、1号酮苯、冷榨、石蜡发汗等，使上海炼油厂从燃料油型炼油厂向燃料—润滑油型炼油厂发展。与此同时，工程管理、工程设计水平也有了一定提高。配套的水、电、汽设施及时跟上，使生产设施基本平衡：既能生产汽油、航空煤油、柴油，又能生产各种牌号润滑油、润滑脂、石蜡和石油焦、沥青等产品。

1960—1962年间，基建总投资3072.2万元，工业总产值达到7.12亿元，比第一个五年计划总产值1.32亿元增长5倍多。1963—1975年，上炼基建工程有较大发展，润滑油生产逐步配套，2号酮苯、酚精制、白土等装置相继建成，添加剂装置随着生产需要从试验型少量生产起步，形成一定规模。最为重要的是在此期间新建60万吨/年催化裂化、铂重整、1号丙烷脱沥青装置，扩建了1号、2号常减压蒸馏和热裂化装置。生产品种扩大到部分化工产品，如苯、甲苯、石蜡和溶剂等，生产加工能力达400万吨/年。

从上面这段史料性的记录中，我们不难看出，基本建设及“基础建设”这个词，对上海炼油厂有多么的重要了。“基建”在某种程度上，差不多就等同于“发展”。

现在，我们回过头来审视历史，从大的方面讲，石油工业乃至石油化工工业，应该说在文革时期是受冲击最小的行业了。回顾那个时期，石油勘探开发，石油工人继大庆油田发现之后，又在文革中顶住压力发现了江汉油田、长庆油田，建成了胜利和大港等一批油田，中国的大地上，处处盛开石油花。石油炼制，一批炼油厂在文革中同样取得了骄人的成绩，这主要得益于石油工业和石化系统的广大干部职工，一心为了祖国的强大和发展，坚信“不干则半点马列主义也没有”的硬道理，在短暂地狂热之后，他们能迅速地回到企业，以实际行动顶住干扰，保证了生产经营建设的顺利发展。也因此，石油和石化两个行业，才得以在那个年代里，奋勇开创出了中国工业战线两朵靓丽的奇葩。

明白了这一点，我们就不难明白，王基铭从一个名不见经传的大学毕业生，一个初出茅庐的小伙子，一跃而成年轻的科级干部的奥秘了。王基铭实则是以自己的踏实肯干和能干，赢得了干部职工的欢迎，赢得了上级党组织的重视和培养。

当然，作为补充的是，王基铭的一篇篇“促生产”的文章，恰到好处地抒发出了广大干部职工内心中的真情，也展现出这是一个“有脑子”的年轻人。同时，20世纪60年代，技术人才奇缺的中国炼油行业里，一纸正宗的重点大学的文凭，也寄托着上级党组织对这位年轻人的厚望。

这也从侧面再次论证了那句老话：机会，从来都是留给有准备的人。

第三节　能干也会干的年轻人

走上上海炼油厂会战组副组长的工作岗位后，王基铭便感到肩膀上的担子重了。为了不耽误工作，更为了不辜负组织上的期望，王基铭干脆连家也不回了，白天干工作，晚上则针对基建业务，有针对性地自学土建工程、预决算管理以及电工业务书籍。凡是对工作有用的书籍，王基铭都拿过来如饥似渴地学习。在反对走白专道路的年代里，这种学习只能在业余时间默默地进行。

1970年7月，石油工业部从当时国家财力物力有限的实际情况出发，实行了新建大中型炼油厂和扩建改造已有炼油厂相结合的方针。上炼厂为了实现原油加工能力翻一番的愿望，决定将减黏装置改造成150万吨/年常减压装置，整个过程里，王基铭带着六七个大学毕业生参与组织了这一重大项目的施工，通过内部挖潜改造和填平补齐等措施，奋战3个月，将原有减黏装置改造为第二套常减压蒸馏装置，增加原油年加工能力150万吨，与新建装置相比，资金、时间、人力都有很大的节省。再加上对第一套常减压蒸馏装置的改造，全厂原油年加工能力达到了400万吨/年。

紧接着，王基铭作为主要负责人，组织参与60万吨/年馏分油催化裂化装置建设，从前期准备、设计对口、施工建设、投料试车，全过程负责组织与协调，1971年年初破土动工，仅花了一年多时间就投料试车获得成功。1972年，由著名导演安东尼奥尼率领的意大利记者团到上炼厂拍摄电视纪录片，该装置还获得了一个特写的长镜头。

此后，王基铭担任15万吨/年半再生固定床铂重整项目基建负责人，主持了前期准备、设计对口、土建施工、设备订货等工作的开展。

文革时期，尽管后期的上海炼油厂恢复了生产，工人上班了，烟筒也冒烟了，但劳动纪律却时有松懈现象存在，基建工程的建设进度也时常出现问题。从某种程度上来说，这种情形的存在与发生，已远不是一个基建管理人员所能左右的事了，它与大环境以及这个环境所处的时代相关。面对这种情况，王基铭的内心非常焦急。置身于现场，这个几年前还是一个文绉绉的大学生，不自觉地便发生着性格上的改变，只不过这种变化通常不为自己所注意。

说话声音大了，人也变得有火气了。现场督促施工，王基铭最关心的，无非是质量、安全和进度。这三件事，无论哪一件出了问题，王基铭都会按捺不住地和人理论。质量不用说了，质量是“产品”的生命线，这个道理即便三岁的孩子都懂。那个时代没有奖金，也不时兴动辄扣工资，但办法还是有的。质量出问题了，王基铭就招集各工地施工人员过来，召开工程现场会，负责施工的人员得就质量问题进行深刻检讨，然后对着工程施工标准，找出问题的原因，并予以整改，以防其他单位重复同样的错误。

安全同样重要。红色的年代里，虽然为了集体利益不惜牺牲个人的生命，但为什么我们做管理工作的同志不能事先做到未雨绸缪呢，这说明领导的重视是至关重要的。但光领导重视还不够，还得全员重视。王基铭抓安全，抓的同样是细节上的安全。他提议，各基建施工工地上，要把“安全生产”当作班前会的一个重要内容去落实。去到现场，王基铭查看班组的工作记录时，除了看进度，还得检查安全生产是否落实到位。炼油厂无论是维修还是新建项目，大都是和油品打交道，这样的施工，安全工作就显得尤其重要。

进度工作的落实就更简单了。完不成预定的计划，各工地领导得在生产会上“说清楚”，守着厂领导，拿出完工日期。对着完工日期，还得有相应的细化到每天的日工作进度。王基铭每天去到工地，对各工地的施工进度做全面掌握，哪个工地的建设速度正常，哪个工地有延误拖拉现象，延误是因为天气原因，还是原材料供应不及时，还是劳动力不足，王基铭心里都有着一本账。

王基铭的这种严格的工作态度，起先还被人不理解，说二话发牢骚甚至讥讽两句的情况都不时发生，但时间长了，大伙儿就理解了。也有人这么说，这个王基铭啊，啥都好，只一样，工作起来，脾气爆烈。王基铭就笑着说，啥都好，不重要。重要的是，工程不能出问题。工程好，就一好顶百好了。

没办法！

看来，这个王基铭呀，天生就是个干工作的拼命三郎。

这么想着，大家便都接受了王基铭。有本事的人么，往往都是有性格的，那种三脚踹不出一个屁的闷葫芦，关键的时候常常容易误事呢。更何况王基铭这个人，工作生活分的门儿清，工作上刚刚冲你瞪完眼睛，私下里有事求他，只要是不违背原则的事，话没说完，他那边就答应下了，答应了准给办。

成！这是个值得交的人。

20世纪60年代的上海炼油厂，在国内炼制业算得上一家实力一流的炼油企业。上炼厂无论其设计能力和基建能力，在国内都是赫赫有名的。技术力量更是屈指可数，六七十年代，上海炼油厂还是国内其他新建炼油厂的人才输出基地，从那里走出的技术人才遍布全国各炼制企业。

实事求是地说，在上海炼油厂，无论从那个方面讲，年轻的王基铭都还属于后来者。王基铭的可贵之处，就在于他善于学习，也善于总结。如果我们把职场上人才，按处理问题的能力，依次划分为：事后诸葛亮、事中诸葛亮和事先诸葛亮等三类。我们便不难发现，王基铭在最初的职业生涯里，王基铭也时常遇到失败和不顺，这个阶段，他实际上是典型的“事后诸葛亮”的工作水平，但其学习和总结精神有效地弥补了工作经验的不足，使得他在后期的工作中，成为“一见便知”的“事中诸葛亮”。

后来的日子里，王基铭尽管积累了丰厚的工作经验，到现场搞调查研究，依然占据了他主要的工作经历和时间。王基铭不承认世上有未见便知的诸葛亮，在他的眼里，未见便知，实际上也是在掌握了事情发展的本质后所得出的规律性的东西，这与学习和调研工作的到位，分析研究的到位，同样密不可分。也因此，无论在什么时间、什么岗位，王基铭都非常注重深入现场、深入实际，即便在后期走上了中国石化集团的领导岗位，成为一名高级干部后，凡是他主管的重大项目，王基铭也都经常抽出专门时间，下到工地现场，对重要环节一一过问，一一了解，对存在的重要问题决不放过。

卸职后的王基铭，谈到上海高桥的这一段生活，以无比感恩的口吻总结过往的人生经历。他说，华东化工学院，为他插上了理想的翅膀；四清运动，使他获得了一个宝贵的认识中国农村和中国社会的机会；地处高桥的上海炼油厂，则为整个事业打下了一个坚实的基础。

第四节　创业中收获爱情

抓革命促生产的年月里，最高指示一旦发布，往往会连夜传达、连夜动员。可是有一样，去到上面接受最高指示，不知道谁规定的，不允许现场记录。这一点，直到现在王基铭也没搞清楚原因。不能记录也就算了，事情却远非这么简单，一旦接受到最高指示，回来后还得不走样的迅速传达给革命群众。这就让许多人为难了，原本该去开会的人，担心自己记忆上哪儿出个什么问题，回来后把精神传达得不全面，更有甚者，还担心自己一旦传达出错，把彼说成此，或者把东说成西，那不就更麻烦了么。最后，大家便像商量好了似的一致举荐王基铭去聆听最高指示。

王基铭想也没想的便答应下了。

于是每一次，接到通知后，王基铭便认认真真到市里的小礼堂听传达，听完传达后，又立马往回赶，给上炼厂全厂职工传达最高指示。

传达完毕，厂领导讲话后，便是一个个单位的代表登台发言表决心。场面煞是热闹，王基铭见状便索性也做表态发言。王基铭每一次的表态发言，都是围绕着最高领袖的指示表决心，随后便回到了厂里的基建工作上来，三言两语地总结完成绩，便是一二三条的基建工作中的不足和缺点。这些不足和缺点，虽然没有点明具体的单位，并且王基铭把它们都纳入到了自己所在的基建科的工作不足中，但越是这样，台下的基层单位的同志就越是感动，大家纷纷在相继的表态发言中争相表示，要鼓足干劲、力争上游，争取以优异的成绩为党争光，为毛主席争气！于是，每一次这样的情形下，便成了一次基建工作的动员大会、誓师大会。

1970年秋季的一个日子，王基铭所在的那个基建科里一位同事找到他，嘴里说有件事儿想征求一下他的意见。那位同事是一位年龄长于王基铭的大姐，姓赵，名叫赵琳。见赵大姐找自己，王基铭便以一副凝神的样子探询般地注视着她。

基铭组长有对象了吗?

没有!

如果你愿意，姐可以给你帮忙牵线。干工作，也不能耽误成家立业啊。

原来，这位大姐此番也是有备而来的了。要介绍的姑娘是上海人，名叫王国蓉，是赵琳的外甥女，在上海市的华通开关厂工作。年轻时的王国蓉，长得漂亮，人也十分苗条，给人的感觉是没开口说话，人就已经笑了。把王国蓉介绍给王基铭，大姐原也是动了一番心思的。在她看来，找对象么，还是应该以人品、能力、学识为主。王基铭在这几个方面样样都不缺，也样样都不差，美中不足的是他个子矮了点。便单独找到王国蓉，把王基铭的方方面面都做了详尽的介绍。舅妈的话似乎每一句都说到了王国蓉的心里，这位有主见的姑娘明白，只要人好，有能力，能自强，就比什么都要金贵。便含羞地点点头，答应“接触一下”。六十年代末期的上海，尽管是中国各地难以比拟的第一号都市，民风却依然朴实。姑娘答应接触一下，实际上已含有同意相处的意思了。

见面却不容易。华通开关厂与高桥之间是很远的，约会也很不容易。第一次见面选择在两个单位之间的外滩。平素里俩人都要忙各自的工作，要见面也只能利用周末的时间了。即便如此，约会的时间仍不能保证，王基铭的周末总是被大量的工作所占用。尽管王基铭不好意思地解释多遍，王国蓉背地里还是觉得挺受委屈。

日子在磕磕绊绊中散去，年轻人的爱情却在平淡中一路前行。经过半年多的接触，两人的感情日益加深起来，有时因为加班，俩人都抽不出时间见面，难以抑制的思念，让他们在一个城市里开始了爱情的通信。

按照预想的程序，这时便已到了爱情浮出水面的时候了，却不料一座大山横亘在了他们的面前，这便应了“好事多磨”这句话。原来，女方父母得知了王基铭家境的具体情况后，坚决不同意这门亲事。原因很简单，王基铭家近乎贫困的家境，让女方家难以接受。

设身处地的想想，女方家长的担忧不能说没有道理。王基铭这边，父亲偏瘫在床，母亲是个无业家属，除了长子王基铭，其他几个孩子下乡的下乡，留在身边的也没个正经工作。姑娘以后嫁了过去，闭着眼就能想到，未来的日子好过不到哪儿去。

有了这么一层想法，女方父母便义无反顾地把“门”关死了。

王国蓉就去劝自己的父母。女方的家境和王基铭家差不多，但家里小情大事都由母亲说了算。王国蓉的父母尤其是母亲坚决不开这个口子，王国蓉越劝母亲，母亲就越是气不打一处来，母女俩说着说着就说到了两岔去。

母亲见王国蓉态度如此坚决，她便去直接找王基铭，下了“最后通牒”，让俩人在爱情上各奔东西。

几次下来，王基铭思考再三，决定找王国蓉认真地谈一下，这个谈话便多少显出了一些悲壮。王基铭找到王国蓉，他诚恳地谈到了自己的家境，谈到了自己的工作，也谈到了自己强烈地渴望依靠优异的工作成绩来改善自己的生存环境。

王基铭坦率的话语令王国蓉感动。她认真地看着面前的王基铭，她从王基铭这里，看见了一个男人内心深处自强不息的性格，看见了一颗真的爱着自己的心。这让王国蓉确信无疑地感到，这正是自己所要寻找的爱人，这样的人也正好是自己未来的依靠。

王国蓉说，相信我吧，我会证明自己的。

这么说，便有了王国蓉最初的登门，很显然，这种登门是顶着山一般的压力。

是周末的一个日子，王国蓉跟着恋人一起来的。

对王国蓉来家里做客，王基铭的父母乐得合不拢嘴。父亲的中风经过几年的不间断治疗，已经恢复了行走的能力，生活也能自理，但身体却大不如从前了。母亲身体倒是很好，却显得老了许多。见儿子领回一个温柔漂亮的对象，老俩口怎能不从内心喜出望外。

虽然是第一次登门，王国蓉却没有把自己当个外人，跟着未来的婆婆便里里外外地忙了起来。择菜，洗碗，收拾家务。父亲看着这一切，不由得暗暗点头，多好的姑娘啊。再一次从心里肯定了儿子的眼光。

1972年，王基铭和王国蓉的爱情，已进入到了谈婚论嫁的阶段。尽管此刻俩人的爱情仍没得到女方父母的认可，作为未婚妻的王国蓉却打定主意非王基铭不嫁。

这一年，王基铭整整30岁，王国蓉也已经是25岁了。无论是单位领导还是男方父母，都在催促着他们。两个年轻人也已到了心心相知的境界，便决定双双手拉手走进婚姻的殿堂。王基铭拿出自己参加工作后积攒下的1500元钱，给王国蓉买了一块上海牌手表，给王国蓉和自己各做了一套新衣服，又买了一些必要的生活用品。两个年轻人按照计划，紧锣密鼓地准备着，眼看成家在即，却不料那年8月里有一个突然变化，将两人的婚期做了一次延长。

这年的8月，王基铭接到通知，要求他迅速办理完工作交接手续，并于第一时间去新成立的上海石化总厂筹建组。

爱情的花蕾已经成熟，开放的日子却由此延后。

第六章

金山：鲲鹏展翅

1972年8月，王基铭作为上海石化总厂最早的建设者，参加总厂前期的筹备及基本建设工作，为装置的顺利点火试车付出了辛勤的努力。

在参加总厂的建设过程中，他逐渐明白企业要发展，必须充分发挥工人阶级主人翁的作用。也逐步掌握了办企业、带队伍的基本方法和要领。

第一节 茫茫海滩摆战场

上海石化总厂，即现在的上海石油化工股份有限公司。上海石化现有炼油、化工、塑料、化纤等主要生产装置，以现代、大型、连续生产为主要特征。拥有独立的水、电、汽、气公用工程供应系统，独立的环保处理系统，以及海运、内河航运码头和铁路、公路运输等设施。凭着这些，上海石化昂首挺胸地成为目前中国规模最大的炼油化工一体化、高度综合的现代化石油化工企业之一，成为中国发展现代石油化工工业的重要基地。

就是这个当代中国石油化工的重要基地，它最初的起步，却是在金山卫的一片荒凉的海滩上。但这个企业的兴建，却来头不小，它是由当时的中央高层直接拍板，毛主席亲自圈阅批准的工程。

王基铭1972年8月到上海石化总厂报到，是上海石化总厂最早的建设者之一，也是上海石化总厂发展的见证者。在回忆这段历史的时候，王基铭将上海石化总厂称之为一个“争光争气的项目”。

据中国石化老领导、首任中国石化总经理陈锦华回忆：

1971年8、9月间，毛泽东主席去长沙视察，给身边的工作人员放假，让他们到处走走，买点东西，搞些社会调查。有一位工作人员回来对主席说，辛辛苦苦排了半天队，终于买到一条“的确良”裤子。毛主席听了很惊讶。后来毛主席同周总理谈起这件事问，为什么不能多生产点？周总理说，我们没有这个技术，还不能生产。毛主席又问，能不能买？周总理说，当然可以。于是开始酝酿进口。

1972年，继50年代从苏联、东欧国家大规模引进技术设备之后，新中国开始第二次大规模成套技术设备引进。我当时是轻工业部计划组副组长兼成套设备引进办公室副主任，直接参与了引进工作。在26个项目中，我直接参与领导、组织实施了上海石油化工总厂、辽阳石油化纤总厂、四川维尼纶厂、天津石油化纤厂等4个化纤项目和1个烷基苯（洗涤剂原料）项目。这些均属于20世纪70年代初的世界先进技术。

1972年1月16日，国家计委向国务院领导呈报《关于进口成套化纤、化肥技术设备的报告》，时隔6天，国务院副总理李先念、华国锋、余秋里将报告转呈给周恩来总理和毛泽东主席。

2月5日，这份报告出现在中南海西花厅周恩来总理办公室的案头。那是一个简短的报告。开头便点明主题，明确提出了为保障人民生活和适应工业生产、出口援外需要，拟引进化纤新技术设备四套、化肥设备两套，约需四亿美元。最后的这句话，让总理微微皱眉，手中的笔也变得重了起来。要知道，当年，中国全部外贸进出口总额不过48亿美元，出口外汇收入也仅22亿美元。一次性拿出4亿美元，这可不是一笔小数。接丰泽园！总理对着电话轻声说。周恩来认为，如此巨大的一笔钱，有必要首先赢得毛泽东的支持。

丰泽园，毛主席办公兼生活的地方。

总理去的时候，毛办秘书已在门口迎候着。

总理，主席在等你。

周恩来轻轻点了点头，随后便快步走了进去。

那时候，毛泽东正坐在沙发上看一本线装书，见总理进来，主席将书放在了一边。

主席呀，这是先念他们送过来的报告。周恩来没有开场白，直接奔着主题就去了。毛泽东接过报告看了一眼，他没有直接开口，而是从烟盒里摸出一支烟，点燃后深深地抽了一口，这才慢悠悠地开口问道，是那个生产“的确良”和化肥的事吧。

总理点点头。

吃饭、穿衣，这是大事。解放这么多年了，这个问题解决不好，怎么向人民交代！毛泽东这么说，便顺手拿过一支红蓝铅笔，在标有自己名字处画了一个圈。

举重若轻，简单的一个圈儿，再次体现出了毛泽东的风格。

1972年5月13日，轻工部、燃化部向国家计委提出，将进口的四套化纤、化肥技术设备中的一套安排在上海。这个建议很快得到批准。按照这个建议的构想，拿出四套设备中的一套，将其放在上海，便是为了充分发挥上海的资源优势与技术优势。从6月到8月，仅仅两个月的时间里，便完成了与外商的谈判、厂址的选定、总厂指挥部筹建小组的成立，以及总厂设计和对口包建单位的确定。

上海石化总厂从一开始喊出的口号就是“为解决全国人民穿衣的问题争气”。这是一个响亮的口号，也是一个强大的动员令，所有的工作全部按大会战的标准来实施。王基铭赶到金山没多久，上海炼油厂便以文件的形式正式宣布了上炼参加金山筹建的领导班子成员。

关于组成包建石油化工总厂有关临时领导班子的报告

沪炼革委会组字第10号文（档案号72-5）

经厂党委9月22日讨论决定，成立上海炼油厂包建石油化工总厂有关项目的临时领导班子，其成员是：张自友、赵士武、王基铭三名同志组成。

张自友同志为负责人（现任厂革委会召集人之一，党员新干部）；

赵士武同志（现任生产办公室设计组长，党员老干部）；

王基铭同志（现任生产办公室基建组组长，非党新干部）

中共上海炼油厂委员会

1972年9月27日

为保证上海石化总厂建设的顺利进行，金山卫人民公社于9月17日组织民工完成张泾河疏浚工程。当年的12月，总厂围堤总指挥龚兆源同志，在金山县委同志们的配合下，带领该县5万名民工，抢筑海滩围堤。12月27日，利用两次潮水间隙，抢筑小围堤成功，整个小围堤标高5.5米，长8.2公里。

1973年1月上海石化金山会战围堤工地一角

5万人围海造堤，在当年可不是一件小事。没有搭建临时建筑，也无法搭建，参战人员全部分散住在附近6000多户农民家里，早出晚归，另外还有几千人为围堤前线人员送饭送水。这是一片热闹纷繁的景象，古老的金山，一时间热闹的像一个大市场一样。老乡们说，这个景象，恐怕也只有解放大上海的时候才可能出现。

金山卫，原是杭州湾的一片海滩，没有任何建设基础，只有零星的盐场，是上海地区最为偏僻也最为荒芜的一个地方。当代以来，这个地方也只在1937年8月日本侵略军攻占上海时，喧嚣了一阵。日本鬼子从金山卫海域登陆，是因为金山卫海滩被当地人称作“铁板沙”，车和人走上去不会陷进去，这也正是日本人选择从金山卫登陆的原因。除此之外，这个地方就一直荒凉着，寂静着，偌大的海滩上，惊不起一只海鸟。

由于项目上得快，调往金山的上海石化总厂职工，并不是一次性调过来的，而是根据工作需要分批过来的。但无论什么时候过来，人来了就得解决吃喝拉撒睡的问题，没有住房是万万不行的。作为化工一厂的工程副指挥，王基铭在那段日子里，主要采取两个办法来解决住的问题。一是向当地求援。王基铭带领的先头人马便是借金山卫公社八二大队的仓库安顿下来的。二是走自力更生的路子。办法么倒也简单，那就是抓紧时间搭造简易工棚。总之，要保证让职工先住进去，那时毕竟已经是秋季了，不抓紧时间，会战队伍的军心就无法稳定。

住解决了，办公室怎么办啊？王基铭马不停蹄地找到市里，市政府一位同志提醒道，最近市里淘汰了一部分有轨电车的车厢。你们去联系一下，看能不能拉到工地权当办公室过渡一下。

好主意！

王基铭带人找到上海市交通管理部门。运气还算不错，王基铭从那里采买到几个有轨电车的车厢。当对方了解到客人从金山工地上来，那个工地的建设是为了解决国人“吃饭穿衣”问题的，便爽快地以300元一辆的价格卖给了他们。300元，这算是一个废铁价了。别小看了这些车厢，有了它们，就等于有了办公室，也等于有了工地指挥部了。

除了安排衣食住行，通水、通电、通电话及道路交通，这些工程虽然有对口包建的单位，但最终的交接和验收，还得由上海石化这边来完成。好在背靠着一个大上海，上海市力保千军万马战金山，全市支援金山工程。1973年元旦到来前，这些问题总算在跌跌撞撞中最终得以解决。

唯一困难的是，职工从金山到高桥家庭团聚的问题始终无法解决。金山到高桥，长长的八十多公里的路程，当中还得通过黄浦江。那时还没有开通交通车，从高桥过来参加会战的职工，一般每半个月回去团聚一个周末。为解决这个问题，王基铭动用“权力”将工地上的两辆用来拉料的三轮汽车变通为交通工具，送职工回高桥休班。那是七十年代初期中日建交后从日本进口的一批车辆，每个三轮车的后槽子上，人挤人可装下十几个人。公路自然不是今天的这种宽敞的高速路，而是新建的铺满尘土的简易公路。八十多公里坐下来，等下车时，每个人便都变成了“土人”。

职工们却都有着一种高涨的热情。坐着三轮车回高桥，王基铭和大家一起乘车。一路上大家将《志愿军战歌》稍稍改动了一下歌词，便大声唱了起来：

雄赳赳气昂昂跨过黄浦江
铲沙滩建工厂为国来争光

这是上海石化总厂的“老人儿”张一飞讲述的一个“三轮车上引吭高歌”的故事。张一飞，原上海炼油厂党委副书记，上海石化总厂化工一厂首任厂长，九十年代中期，张一飞从上海石化总厂副厂长的岗位上退休的。讲述这个故事的时候，这位81岁的老人情不自禁地大声唱了起来，而后便得意地眨了眨眼睛说，那时，我还是王基铭的领导呢。

老人说，那时，王基铭回市区看望父母，就得和我们一起挤这个车。1972年，嗯，他还没成家，要去看对象也得挤三轮汽车。

第二节　金山卫工地喜结连理

1973年元旦，王基铭回到市里去见王国蓉，一是俩人分别的时间长了，彼此心里都很想念，二是进了新的一年，自己的年岁也到31了。这个年龄即便在时兴晚婚晚育的20世纪70年代，也算是典型的晚婚了，这趟回来，就是为了商量结婚的事儿。

要结婚，就不再是领个结婚证那么简单了。王基铭想的是动员王国蓉到金山卫去，这样的话，至少生活上可以相互照顾了。只是金山那边的条件眼下还很差，王国蓉愿意跟着自己到那么一个荒滩上工作生活吗？对此，王基铭自己心里也没底。

见到王国蓉时，王基铭试探着把自己心里的想法说了出来。令他没想到的是，王国蓉满口就答应了。这便让王基铭的内心充满了感动。他知道，出了上海市，去到70多公里外的金山卫，这可不是个小事。别说当年，即便进入到八十年代，不少上海青年为了能留在上海，甚至放弃到外地读大学的机会，选择留在上海读中专和技校，这样的例子王基铭自己都遇到了不少。

对王国蓉的调动，她的好友倒是在下面出了不少主意，这些主意说来说去，最后都集中到让王基铭调回上海市区这一条上。王国蓉听了只是微微一笑，她太了解自己的恋人了。要让他放弃自己的事业回到自己身边来，这是连想都不敢想的事情。

说话时，这一年的春节就到了。小年刚过，上海的街头便有零零碎碎的鞭炮声响起了。王基铭处理完手上的工作，便请假回到了上海的家中。这年的春节里，催促俩人把婚事办了，便成了挂在王基铭父母嘴边的话题。俩人便异口同声地告诉老人，春天里就迅速择日操办喜事。

2月19日，国家计委、国家建委、轻工部等有关部委在京召开上海石油化工总厂筹建汇报会。会后，向国务院上报了《关于上海石油化工总厂筹建工作汇报会议纪要》，4月里，国务院批复同意，总厂建厂规模基本确定。是月，上海市城建局施工队伍进场，厂区道路开始修建。这么一来，王基铭忙碌的时刻便也跟着来了。

这年的五月，对王基铭个人来说，无疑是一个具有历史意义的不平凡的月份。这个月里，王基铭和恋人王国蓉正式步入了结婚殿堂。金山的条件那时还非常艰苦，还不能象今天这样的举办一个像样的婚礼，好在革命的年代移风易俗，婚礼自然也是那种具有那个时代特点的新式婚礼。

王基铭夫妇结婚证

1973年5月13日，王基铭和王国蓉领取结婚证书，6月16日晚在上海长阳路的长阳饭店摆了两桌酒席。那天去长阳饭店的全是王基铭的家人，大家在一起热热闹闹的吃了一顿饭，席间少不得一串串的祝福。18日，王基铭又在福州路老正兴饭店摆了两桌酒席，请上炼的老同事、老朋友以及金山化工一厂的同事吃饭。老正兴是一家百年老店，当时一桌酒席30元，从价格上讲已很奢侈，参加宴会的有张一飞等领导和同事。朋友们凑了些钱，买了热水瓶、脸盆、水桶等简单的生活用品，表达一下心意。

大约因为新婚请客的原因，王基铭对长阳饭店和老正兴饭店便极有印象。新世纪后的一个日子，王基铭回忆，大约是在2005年的前后，他曾路过故地。长阳饭店已在新城市建设中拆除。老正兴饭店还在，但其周边的市容也已变得令人不敢相认。站在洒满阳光的马路上，一时间，王基铭便有了一种恍惚的感觉，就仿佛伫立于青春的岸边，当目光还停留在上游那片岸边的林子里，林子里那片长满青草的绿地上，人却在不自觉里已到达了下游的某个地方。

职工宿舍还没建好，新婚后王国蓉到工地上去过一次，这时王基铭同宿舍的那个伙伴便自觉地搬了出去，那间简易职工宿舍便成了他们的新房。新房里的陈设没有太大的改变，两张单人床拼到一起，便是一张新婚用的大床了。虽然条件艰苦，俩人却都没往心里去，爱情的甜蜜，新婚的幸福，宛若明媚阳光照亮在他们心灵的天空上。

正式的家是在山西南路322号，那是王国蓉的户口所在地给她分配的一间13平方米的房子，这让两人高兴得合不拢嘴。毕竟和王基铭家8口人20多平方米的住房相比，13平方米的房子在两人的眼里便宛若宫殿一般。

王基铭和王国蓉的新婚蜜月过了仅一周就结束了。新婚中的王基铭便呆不住了。王国蓉看出了男人的心思，便理解地对王基铭说，你快去忙吧。我们的日子还长着呢。这话让王基铭愧疚，更让他感动。

王国蓉调到金山则是在三年后了，主要的原因是，王基铭考虑父亲的病还没有好利索，自己平时因为工作忙，对父母的照顾已经够少了，成了家，让王国蓉暂时留在市区，也好时常过去帮个忙，照顾老人。王国蓉虽然内心也愿意婚后就调到一起，但王基铭的话又那么有道理，也知道公爹和婆婆当初为培养王基铭上大学，吃了不少苦，受了不少累，便理解地答应下来。

第三节　海滩上的会战

1974年3月1日，一期工程主要生产装置常压蒸馏装置打桩，标志着化工一厂开工建设，历经1年5个月，于1975年8月该厂基本建成。这个速度已经是典型的“金山速度”了。1974年年底，总厂筹建指挥部总指挥陈去非便和副指挥方荷生、龚兆源他们就如何进一步加快基建建设问题展开讨论。这差不多就算是一个非正式的小型务虚会了。

陈去非说，老方、老龚啊，大前年也就是1972年的8月里正式上来的吧，我记得8月12日，我们的手上便握着了上海石化总厂筹建指挥部的大印。进入1975年，就等于三年了。老祖宗讲“事不过三”，按照这个说法，我们得有更大的动作，抱一个更大的“金娃娃”。到1975年的8月12日，三年，我们到底能不能抱个“金娃娃”呢？

方荷生问，陈指挥，你的意思是？

我的意思是能否在今年的8月12日实现乙烯装置的点火。陈去非没等方荷生把话讲完，便把话接了过去，直通通地提出了自己的想法。

乙烯装置能否点火试车，这个得看化工一厂了。这样吧，我征求一下张一飞、王基铭他们的意见。龚兆源说。

嗯，征求一下意见是对的，连张一飞和王基铭也感到有压力，那我们不妨再稳妥一点。陈去非关切地交待说，老龚啊，这个王基铭，可是个拼命三郎，别给他太大的压力——响鼓，不用重敲！

下来后，龚兆源便找到了王基铭。他从侧面将陈去非的意见转述了一番，尽管语气不乏轻松，但王基铭还是听明白了话里的意思。王基铭说，1975年8月12日实现乙烯装置的点火试车，有难度，不过也有希望。

这话让龚兆源兴趣十足。

龚兆源“哦”了一声，随即便催促道，基铭，说说你的看法。

王基铭沉思了一下说，我们现在的劳动基本处于满负荷状态，但不是没有提升的空间。我一直在考虑，如果我们有足够的施工设备，加上更加科学的施工方法，比如土建施工上，我们完全可以在设备运到工地前完成，这样就可以避免两次运输，设备一到，立即进行安装。当然这仅仅属于合理化建议，但我们只要发动职工，在每一个环节上都先行一步，就完全可以掌握施工的主动权。

好，你把这些思路重新整理一下，重点是围绕“8.12点火试车”，搞一个可行性的方案，拿到会上去讨论。龚兆源说，基铭呀，军中无戏言，这个方案可把困难估计得更充分点也无妨，这毕竟有利于问题的解决么。

一周后，在总厂筹建指挥部的工作会议上，化工一厂和总厂设计部门拿出了一个总方案。化工一厂的厂长张一飞、副厂长王基铭出席了这个会议。

会上，王基铭代表化工一厂做了一个专题汇报。这是一个以工程总目标为主，采用倒逼的方式，按照各个不同的时间节点，所排出的一个施工进度表。表的每个时间节点上，都有详尽的施工组织、安装设备数量以及相关的劳动力定员。也就是说，只要满足这些要求，1975年化工一厂的乙烯装置点火试车，就有可能也有能力达到。

这显然是一个具有挑战性又有可操作性的方案了，与会的领导们不由频频点头。经过满满一天的讨论，只剩下施工设备问题成了一个难以逾越的瓶颈。陈去非最终拍板道，就这样吧，设备问题我们可以寻求市里的支持。大凡用兵之道，讲的就是个天时、地利、人和。守着大上海，占的就是个“地利”，从这个角度讲，设备问题还是有望解决的。

陈去非自信满满地说。

副指挥方荷生也兴致勃勃地补充道，为了稳妥起见，时间上不妨顺延一下，将点火试车放到9月28日，作为国庆献礼，献给建国26周年。

刚才，王基铭代表化工一厂给我们拿了一个方案，现在来看，里面最难搞的施工设备问题，我们还是有办法解决的。这就等于让我们吃了一颗开心丸，也是定心丸。陈去非幽默地说。继而，陈去非话锋一转，又说道，当然，最后能否治好我们的“心病”呢？

张一飞！陈去非指挥冷不丁地喊了一声。

陈指挥！化工一厂厂长张一飞应了一声便站了起来。

如果施工设备的问题给你们解决了，你有信心按时点火试车吗？陈去非再次确认道。

有！

军中无戏言！

我们愿立军令状！张一飞大声喊道。

好！张一飞、王基铭，一正一副两个指挥，都向我们打了保票。陈去非赞赏的点了点头，手一挥：散会！

1975年2月20日，春节刚过，上海市革委会工交组在沪召开总厂总体设计预审会议，国务院有关部委派员出席，这个会上确定了总厂总投资、总项目、总体布置图、总进度和总定员。1975年9月28日的乙烯装置点火试车，作为重要节点、关键节点涵盖在其中。按照这个方案，上海市在后来的半年里，差不多集中了全市五分之四的打桩机，全力投入到了金山工程的建设工地上，一鼓作气地将七千八百多根基础桩打到地下，在地面土建工程全面展开之前，便把主要的下水道和上水道铺设完毕。当然这是后话，但陈去非的“地利”一说，由此得到验证。

2月20日的总厂总体设计预审会议刚刚结束，22日，一个声势浩大的决战誓师大会便在茫茫的荒原上召开了！

二月的金山卫，初暖还寒。

简陋的主席台的后面，是一个由帆布撑起的背景墙，墙上张贴着一张毛主席像。台上摆了两排长条桌，凳子有方凳，也有长条凳。主席台的前方，是一个撑起的话筒。会场上的大喇叭里，播放着一支支雄壮有力的革命歌曲。王基铭站在人群里，激动地看着眼前的这个热闹的大场面。会场上端坐着一万五千名会战将士，激昂的锣鼓声响彻在会场的四面八方。会还没开，现场的气氛便让人不由得热血上涌。在王基铭看来，这仿佛就是大战前的动员，也是青春里建功立业的好时机，想一想自己的青春能和国家建设如此紧密地联系在一起，心里便禁不住地激动着。

大会由副指挥方荷生主持，总指挥陈去非做动员讲话。迎着初春的冷风，陈去非以响亮的声音讲到了总厂的建设意义，讲到了总厂对国民经济发展的推动作用，讲到了毛主席、党中央的殷切期望。陈去非初始还拿着讲稿念，讲到后来，他索性合起稿子，以坚定的声音讲到了大会战的意义，陈去非大声地喊道：“同志们，让我们以冲天的革命干劲，坚决完成石化总厂的建设任务，力争9月28日点火试车，以优异的成绩献给毛主席，献给党中央，献给建国26周年！”随着陈去非高高举起的手臂，会场上再次响起一阵阵热烈的口号声。

会议结束后，总厂水厂的部分团员青年提出了《开展共产主义星期六义务劳动倡议书》，得到工地各单位团员青年的响应，响应这一倡议的更有工地上的干部职工。

整个会战共建设18套生产装置。化工一厂的常压蒸馏装置是整个石化总厂的龙头生产装置，它的主要设备常压蒸馏塔必须先立起来，因此，塔基础就必须先开工，要开工就必须打下25根由钢筋和水泥浇筑的地基桩，深度达32米，每个桩子由8根焊接的钢筋组成，实际长度达34米。但问题是当时施工所需的钢筋，全部堆放在3公里外的电厂工地，钢筋进不到工地，负责制桩的市建一公司便面临着停工的威胁。

市建一公司领导蔡正德认为化工一厂不具备开工打桩的条件，找到了王基铭，下了一个准备撤兵的通知。蔡正德说，没有钢筋，我们停工待料，只能撤出去，到别的工地去。

王基铭说，不能停，更不能撤！

可我们怎么制桩，钢筋呢！

你等着吧。不是明天开工么，放心就是了。王基铭毫无商量地扔给对方这句话后，便找到了张一飞。王基铭坚定地说，老张啊，非常时期，咱们别等了，组织我们的职工学大庆精神用肩膀杠吧，咱们等不起！

好主意！张一飞点头称是。随即俩人号召党员同志带头，带着20多名职工，走到3公里外的电厂，一根根地抬钢筋。具体的办法是，每8个人抬一根34米长的钢筋，由于长度过大，要想快步走起来，就得统一步伐，王基铭和大家一道喊着“一二一”，来来回回地扛，白天扛了一天，晚上继续加班，第二天施工单位发现所需的钢筋全部摆在了工地上，负责施工的那位对方的负责人先是愣了一下，接着便感动地说，你们真是好样的，我们服了。随即便组织市建一公司的队伍日夜加班制桩，两周后，轰鸣着的打桩机就在荒滩上响起，它标志着化工一厂的大会战从此拉开了序幕。

大会战的特点是上得快，但正因其上得快，期间便有许多突发性的难题需要解决。乙烯装置需要把几十吨的压缩机吊装就位，遇到的首个问题就是要把压缩机从1公里外的仓库驮运到施工现场。

怎么驮，大家心里都没底儿，谁也不敢打保票。

王基铭出了个主意。王基铭说，当年大庆会战不是用人拉肩扛的办法将钻井设备拉到现场的么，我们不妨试一下。这个建议得到了张一飞的认可。张一飞便把班子里的几个人喊到一起，开了个“诸葛亮会”，最后商议的办法是，在地上先行铺上钢板，钢板上放置钢管，用千斤顶将压缩机顶起后，放进钢管，前面再用手动摇车拉动捆绑在压缩机上的钢丝绳，一段段往前拖。这个办法笨是笨了点，但的确有效果，几十吨的压缩机，就这样一寸寸地被拉到了施工现场。

除了解决生产上出现的突发性的问题，王基铭吃饭睡觉都在琢磨怎样科学地完成艰巨的会战任务，在这个方面，令王基铭最感动的是，张一飞在工作上给了他很大信任和支持，这也使得王基铭能放开思路、甩开膀子大胆工作。为了抢进度，王基铭通过反复的思考和调研，形成了一套相对缜密的工作措施，这些措施也都得到了厂长张一飞的支持，很快便应用到了生产建设中来。

人员的安排上。王基铭采取的办法是，让多数干部和技术人员负责工程建设，并随着建设的进展，逐步过渡到生产准备；让少量精干的技术人员摆脱繁忙的日常事务，留在第二线，专心致志地吃透进口装置的工艺技术。从后期的实施效果看，这是一个非常好的举措。乙烯装置几乎集中了石油化工各种复杂的工艺技术。根据“引进好，建设好，生产好”的要求，化工一厂的主要负责人和技术骨干，都是基建、生产两副担子一肩挑，为掌握这套装置积累丰富的实践经验。在第二线工作的是一批技术人员，他们和高等院校、科研单位的专家一起，全面收集文献资料，仔细研究进口装置的工艺技术，对生产中可能产生的各种问题，包括可能发生的事故，都进行了基础理论的探索和工艺计算，先后取得了上千个数据，弄清楚了每一个“为什么”，从而较好地消化了引进技术。

职工的技术培训上。借着大会战的开展之机，王基铭和班子成员一道，带领职工搞起了强有力的大练兵活动。王基铭认为，干事业光靠着一股子热情，还真的远远不够，还需要练出一身过硬的本领才行，尤其是石化总厂这样的大型现代化联合企业，许多化工装置高温高压、易燃易爆、装置之间又相互紧密关联，牵一发而动全身。工程质量至关重要，只有职工队伍的技术水平上去了，工程建设和生产经营才可能顺利地开展。结合化工一厂的人员队伍现状，王基铭向张一飞建议，年轻的操作人员虽然都经过了业务对口工厂的代训，但仅此还不够，还应该将他们全部安排到工地，参加设备安装、单机试车和联动试车，进行现场实地培训，这样做，才能真正达到知其然还知其所以然的技术要求。1973年11月，化工一厂进厂的375名应届初中毕业生，便先后在炼油、机修、电气、仪表、检查、食堂等部门培训，之后，这批操作员便全部安排到了工地。

实践证明，这是广大操作人员熟悉工艺设备、掌握生产技术的一个行之有效的方法。后来曾担任上海石化股份有限公司董事长的戎光道，就是1973年入厂的新工人。在谈及王基铭对新员工的培训时感慨地说，王厂长最重视的，莫过于对技术工作环环相扣的培训了。

其他环节的技术培训也都做得十分严密。单就焊接来说，他们对关系全局的焊接质量抓得很紧。凡是进口装置的特殊材质的焊接，都要求国外承包单位先提供焊接工艺和试焊材料，然后严格按照设计的要求对工人进行培训和测定。焊工只有得到工地颁发的合格证书，才能参加焊接。一批二十来岁的女焊工，经过刻苦学习，出色地掌握了全姿势焊接技术，有的被日方技术人员赞誉为“神仙焊工”。

建立和健全严格的岗位责任制。这期间，化工一厂所有大型塔、罐的吊装和传动机械的安装，事先都拟定出详细的施工方案，并反复向每个工人交底，明确职责，保证了吊装工作的万无一失。

这一年，或许是王基铭去到上海石化总厂后最忙碌的一年。王基铭带领职工建成了250万吨的常减压装置、11.5万吨的乙烯、芳烃抽提、芳烃分离、码头以及公用工程。这些工程从1976年5月起陆续投产，1977年化工一厂全面投产。

让王基铭感触最深的是，那段时间里，他最大的愿望就是能睡个囫囵觉。每天天一亮就起床，到了晚上，万家灯火后，自己却仍没有下班。这种状况一直持续到9月25日乙烯装置裂解炉点火烘炉，才总算告一段落。

至此，“9·28”点火目标基本实现。

第四节 回眸1975

现在回头来看，我们便发现，1975年注定属于金山，属于上海石化总厂。

当时极左思想的影响很大，这就不可避免地要影响到工程建设。那时候，批林批孔运动还在继续着，对“白专道路”的批判声音，在社会上也依然甚嚣尘上。繁忙的工作里，总厂也不得不拿出专门时间搞这类活动，但总体上看，这个时期的上海石化总厂，正常的建设还没有受到严重的影响，总厂在干扰里仍保持着高速的前进步伐。应该说，这与当时国务院的整体重视是分不开的。

石化总厂“9·28”点火试车方案，上报国家计委后，立刻便引起了国务院副总理、独臂将军余秋里的关注。作为新中国石油工业的奠基者，深谙工业建设之道的余秋里，显然已掂出了这份方案背后所意味着的艰辛。端坐于案几，手中的那份点火试车方案，让将军感动良久。3月7日，将军在国家计委召开的上海石化总厂建设汇报会上，以动情的语气，对石化总厂过往的工作做了一个很高的评价。对未来紧张的工作中可能出现的问题，余秋里说，出了问题也不要求全责备么，这么大的新的工程，可以漏点项，要允许补充，只要总结到位就可以了嘛。

同当年指挥大庆会战的那个叱咤风云的“马上将军”相比，这个时期的余秋里显然更多了几分长者的宽容与包涵。余秋里的这个讲话在当时是有着一定密级的，只传达到处级干部。王基铭在读到这份讲话时，更吸引他的是，余秋里在讲话的最后所提到的“要抓技术培养”的问题。余秋里强调，干什么总得要练兵，同时要发动群众建立和健全岗位责任制。

这显然是大庆的一套，是大庆经验最集中的提炼。余秋里试图借大庆的经验，进一步启发石化总厂的领导干部能在生产建设中多走出两步好棋。在这个讲话中，余秋里还重点提到了“总结”，这种总结不单是一种“事后”的总结，还包括了前期的总结，即把将会出现的各种可能都考虑进来，以此制定出应对措施。这一年的会战中，王基铭在抓技术培养方面下了很大的功夫，但其工作思路，基本都出自于对余秋里这个讲话精神的思考和总结。

一期工程建设中，王基铭对邓小平同志的两次工作视察也留下了深刻的印象。邓小平对金山的第一次视察，是在1973年6月，第二次视察，是在1976年的6月27日，工地上塔罐林立，一座座高大的建筑拔地而起，犹如雨后春笋；一条条管道绵延千里，纵横交错；一台台设备安装就绪，待命运转……这一切的一切多像一纸圆满的答卷啊。面对石化员工交出的答卷，小平同志高兴地说，1973年6月我来过，那时这里什么都没有。话里话外，便透着一种喜悦和满意。

邓小平在总厂陈去非、方荷生等人的陪同下，冒雨视察了化工一厂乙烯装置、化工二厂丙烯腈装置。站在变化巨大的化工一厂，面对变化巨大的工地以及工地上热火朝天的场面，小平同志高兴地说，我来看看，你们搞得很快，看看高兴！小平同志亲切的话语，让王基铭以及在场的所有同志都非常感动，仿佛所有的辛劳在那个时刻，因为有了小平同志的高度赞赏就划算得很了。

是的，还有什么能比国家领导人的肯定更能让人兴奋的呢！

6月28日，邓小平同志视察后的次日，国务院副总理纪登奎来到金山工地视察。

7月8日，国务院副总理李先念同志在轻工部听取上海石化总厂进口项目等建设情况汇报时，传达了邓小平关于在上海石化总厂召开建设现场会，介绍上海经验，提出总厂下一步急需解决的问题的指示。相距一个月后的8月8日，遵照邓小平的指示，国务院在上海石化总厂工地召开工程建设现场会，谷牧副总理主持会议。各省市、自治区和国务院有关部、委主管基本建设工作的负责人，22个进口成套项目和其他重点项目的领导干部、工人及技术人员代表共330人出席会议。《人民日报》连续两次发表评论文章，宣传和分析上海石化总厂的工程建设。

新中国成立后，中央领导人以整体的方式，如此高密度地关注一个兴建中的企业，那之前恐怕还是没有过的，至少不多见。一时间，上海石化总厂成了那个时代中国工业界最为走红的明星企业。

作为最早的建设者与管理者，令王基铭自豪的是，上海石化总厂在最初的创业中创下它难以磨灭的历史功绩。王基铭是这样概括的：一是建设时间短。1972年开始围海造地，并为施工准备各种条件；1974年元旦打下第一根基础桩时，延伸几十里的“厂区”还只是一片白茫茫的海滩。经过四年多的建设，一个现代化的大型石油化纤联合企业，巍然矗立在东海之滨的杭州湾畔了。二是收效快。1976年之后的试生产期间，就已经生产出合格的涤纶、维纶、腈纶11万多吨、塑料12万多吨，赚回了百分之四十的石化总厂总投资。由于它的建成投产，国家用于进口合成纤维、塑料所花的外汇减少了。三是资金使用得比较紧。整个工程建设总投资控制在国家批准的总概算之内。经过不断努力，这个联合企业的进口装置的“三废”处理，达到了合同规定和国家标准。国内配套装置也基本上达到了国家规定的“三废”排放标准。

王基铭回忆说，上海石化总厂的早日投产，是毛主席、周总理以及国务院集体领导者关心关怀、高度重视的结果，是上海乃至全国人民大力支持和积极参与的结果。作为建国以来我国纺织系统及上海市最大的基本建设项目，其建设现场最多时集中了五万职工进行设计、施工、建设大会战，全国有二十几个省市自治区从不同方面支援了工程建设，充分体现了社会主义大协作的优越性，体现了社会主义制度的优越性。没有这种制度上的优越性，上海石化总厂的投产至少将会晚很多。它的投产更是怀着为毛主席争气、为国争光的上海石化总厂全体干部职工无私奉献的结果。想想吧，在昔日的这片荒滩上，一下子集中了几万建设大军。人们要往地下浇灌混凝土基础，铺排水电气和各种工艺、物料管道；要在空中架设纵横交错的线路；而在地面，除去成片的成群地建筑厂房以外，还有大量的设备从水陆两路运往工地需要安装。这样大型的、技术复杂的现代化工程，要避免出现脱节、窝工和返工，只有依靠石化总厂工人阶级的智慧和辛勤劳动，才能赢得高速度和高效率。

回顾那一段历史，王基铭感触最深的便是，在那个艰苦创业的岁月里，中国工人阶级在国家经济困难时期发挥出了中流砥柱的作用。当年化工一厂涌现出的一批工人劳模和先进典型，便是他们中最杰出的代表。如戴进宝、黄光忠等人，给王基铭留下了深刻的印象。

1994年9月欢送戴进宝（左三）赴京参加国庆典礼

全国劳动模范戴进宝，原为一个普通操作工，经长年累月刻苦自学，钻研化工生产技术，成为上海石化总厂第一批工人技师之一，能熟练地指挥乙烯装置的生产。在他的管理指挥下，化工一厂乙烯装置实现8470小时安全、稳定、长周期、满负荷运转，在全国同类装置生产中名列前茅。并攻克了球罐乙烯挥发损失量大的难点，仅1987年、1988年2年，减少乙烯挥发损失250吨，价值约26万元。1987年12月，30万吨乙烯装置投料开车，为更换爆裂的冷却海水管，带领工人连续工作近70个小时，使装置及时恢复了生产。他精心制定的开车方案，为30万吨乙烯装置开车水平跻身于世界先进之列作出了较大的贡献。

上海市劳动模范黄光忠，当年在负责化工一厂设备和大检修期间，钻研消化引进装置的先进技术，解决了许多设备方面的重大问题，被誉为“密封”和“转机”专家，他负责的主要动设备、电器、仪表设备的完好率均达到98%。

王基铭指出，当年在上海石化总厂，正是由于一大批工人劳模和先进典型的带动作用，才有了上海石化总厂突飞猛进的局面。历史的经验证明，只有强化职工群众的主人翁地位，真心依靠工人群众办企业，企业才能取得真正的发展；相反，一旦弱化了职工群众主人翁的地位，事情就会变得糟糕起来。

这也是王基铭对那段创业历史最深刻的记忆和总结。

第七章

鏖战于另一个战场

1978年，王基铭全过程地参加了上海石化总厂二期工程建设，为上海石化总厂的发展做出了突出的贡献，他本人也在不断的磨砺中成长为一个具有国际视野的一流化工专家。

花开两朵，各表一枝。这是中国古代章回小说的叙述手法。意思是，故事发展到了一个节点，便成了平行发展的两件事，只能一件一件地说。

这里，我们对传主这个阶段的经历，只好借用中国古文学的手法，分别在本章以及随后的第8章里慢慢道来。

从1976年起，在分管基本建设的同时，王基铭还负责兼管化工一厂的设备管理工作。也是在这一年的2月里，上海石化总厂成立了二期工程规划组和设计室。按一期工程建设初期规划中对二期工程建设的构想，开展规划设计的前期准备工作。1977年开始酝酿二期工程建设方案。年底，二期工程列入国家基本建设计划。1977年6月，上海石化总厂编制二期工程计划任务书呈报上海市，拟从国外引进部分先进装置。

这年的秋上，已是上海石化总厂党委书记的龚兆源，一个电话将王基铭叫到了自己的办公室。到办公室，龚兆源却没多说话，而是将总厂设计室编制的那份二期工程计划任务书递给了王基铭。

你先看看吧！龚兆源指示道。

王基铭从书记手中将“任务书”接了过来，便坐在一边的椅子上老实地看了起来。

那份计划任务书，简要地回顾了总厂建设历程，以及现阶段的生产情况，特别分析了上海石化总厂所存在的巨大潜力及存在的问题，强调指出要进一步解决存在的问题，有效地提高总厂的经济效益，就必须尽快扩大生产力。

这份计划任务书提出了以下方面的内容：

拟从国外引进加氢裂化装置、制氢装置、芳烃联合装置、对苯二甲酸二甲酯装置、聚酯装置等6套装置，国内配套减压蒸馏、空分、涤纶抽丝等装置。总投资估算为30亿元，其中国内项目投资19.5亿元。按着这个规划，二期工程建成后，可年产合成纤维20万吨，其中涤纶16万吨、维纶4万吨；年增产值31.5亿元，上交利润10亿元。这其中，化工一厂二期的工程项目主要是，芳烃联合装置建设，包括25个工艺单元，总投资达8亿多元。

谈谈你的看法吧。龚兆源说。

这是个好事，我们现在的工艺技术不行，搞引进是缩短差距的不二办法。

是啊，这是个没有办法的办法，谁让我们技不如人呢。龚兆源说，从现在开始，你提前做做功课，对有关这方面的几个先进国家的工艺技术先期进行学习了解。

龚兆源终于说出了召见王基铭的真实意图。

对工艺和设备，王基铭并不陌生。在大学时他学的是石油炼制专业，到上海炼油厂后，通过几年的摸爬滚打，熟悉了炼油的工艺及设备；来到上海石化总厂后，更是对生产装置从安装到调试都烂熟于胸。石化总厂一期工程进口的生产装置，工艺技术和设备基本是日本制造的，现在需要掌握和熟悉的，除了日本的，还要摸清楚国际上几个老牌资本主义国家在这方面的情况，特别是美国、英国以及联邦德国在同类装置上各自的情况和特点。这就得下一番大的功夫了。好在总厂这边收集有这方面的资料，不足的部分可以去市里找有关部门查找。

王基铭用的还是笨办法。他按照计划任务书列出的有关项目，挨个查找，分类记录，并对工艺流程、设备性能、价格等，逐一进行分析和归纳。由于是业余时间做“功课”，便得在完成每天的日常工作后加班加点地搞挑灯夜战了。

1976年，王基铭的爱人从市里调到了总厂来，安排在机修厂工作。这时候，王基铭的孩子刚刚出生14个月。虽然孩子还小，照顾孩子也需要花费相当的精力，但夫妻俩毕竟结束了三年多分居的日子，王基铭也不用再每天拿着饭盒去食堂排队打饭了，下班后能吃上对胃口的热菜热饭，抱着孩子亲一番，便足以让王基铭高兴了。日子虽然过的简单，但每个周末，王国蓉都会到市场上，精心采买一些新鲜的蔬菜和猪肉，然后将一个小小的餐桌布置得热气腾腾的，夫妻俩和孩子一起有滋有味地享受着生活。那一段日子，在王基铭看来，已是十分幸福和甜美。

1978年10月，在纺织部、中国技术进出口总公司的组织下，上海石化总厂成立了引进装置谈判办公室，下设各套装置的谈判核心领导小组，并按专业设立谈判小组。每套设备均通过中国技术进出口总公司向外商询价，一般均有2~3家外商报价。按外商报价及提供装置的工艺技术水平、有关技术经济指标和技术服务等内容，谈判小组逐家比较，然后，在北京与联邦德国鲁奇公司、日本三井油化公司、日本钟纺公司分别签约。

1979年，作为中方总代表、项目总负责人，王基铭组织相关人员为已签约的芳烃联合装置设备选型设计开始会谈。然后带领出国设计联络小组赴联邦德国和美国，核实引进专利的可靠性及先进性，了解外商设备及配套件选型和设计进展，设备制造工艺、加工精度和质量等。

通过赴德检验组现场开箱检验发现了不少问题。查出芳烃联合装置的动设备质量问题41个，电气设备问题23个，仪表问题85个。在王基铭的主持下，检验出的所有问题经交涉后均作更换或返修处理。

基铭——行！时任上海市市委副书记、常务副市长的陈锦华，一直对上海石化总厂的二期扩建项目十分关注，在到上海石化总厂进行工作调研中了解到这个情况后，压不住内心的兴奋，向王基铭翘起了大拇指。陈锦华说，我们需要的，就是这种能干的专家型的将才，嗯，我看呀，王基铭不单是将才，实际上是个帅才，能独挡一面的帅才。

陈锦华后来从上海市副市长的任上，被国务院调到中国石化总公司担任首任总经理。作为中国石化的主要领导，陈锦华对人才尤为看重。有一个故事是，当初组建中国石化总公司时，国务院领导约谈陈锦华，谈话结束后，那位领导问陈锦华有什么要求可以提出来，但没想到陈锦华什么要求都没提，只提了调动北京市的一个技术人才到中国石化总公司。那位领导当时便答应下来，随即便拿起电话打给了北京市领导段君毅。后来，北京市很快就放了人。

陈锦华和王基铭从1973年便认识了，那时，陈锦华还在纺织工业部任职，上海石化的这个项目主要挂靠在纺织工业部，故此俩人的相识算是比较早的了。但陈锦华对王基铭真正的了解，还应该是从二期工程进口设备这个阶段开始的。

1982年3月，二期工程所有全套和单机引进设备均已签约，合同总价为3.97亿美元。1983年3月，设计会谈结束，其中外商来华323人次，中方参加会谈750人次。总计进行45次会谈，王基铭参加了期间差不多所有的重大会谈。

1984年底。整个二期工程引进设备材料总计6.43万吨、3.13万件。其中，在国外检修静设备1143台件、动设备479台、电气888台件、仪表5731台件、计算机10台。至1984年年底，国内开箱共检验了50余批、3.21万箱、6.61万吨。通过检验，与外商签署现场会签证1976份，补缺、返修6332台件，退调新设备1293台件，索赔423万美元和163万马克。由于把关严格，上海石化总厂的二期扩建工程获得了国家经委授予的“引进技术改造现有企业全优奖”，进口的全部装置投产至今，其生产性能仍安全持续稳定。

作为一名项目总负责人，多年来，王基铭与外商进行过无数次的谈判，总是时刻把国家利益放在首位，从不盲目迷信，为国家利益寸步不让。他曾经与外商进行长达36小时的“马拉松”谈判，用他的话来说，我只要坐上谈判桌，就代表着中方，代表着中华人民共和国，我的责任是维护国家利益。

即使王基铭一再“固执”地说“不”，但外国朋友还是很喜欢和他交朋友。在大处坚持原则，小处则灵活处理，这正是王基铭作为一名出色指挥者的大将风度。1985年4月，化工一厂大芳烃装置试生产时，一台氧分析仪急需标准气体，外商在香港购货后无法运送上海，王基铭不将此视为份外事，亲自坐镇值班室，千方百计和上海、广州、深圳的外经贸、海关、中技公司打通渠道，不出一周货便安抵上海，使德方专家非常感动。德方总代表布朗先生辞行回国时说，我和王先生虽然为各自公司的利益争得面红耳赤，但在合作建设芳烃联合装置中，我们是真诚的伙伴。

回国后，布朗先生还把照片寄给王基铭。五年后，布朗夫妇来中国旅游，还专门看望了王基铭。

从1978年正式介入二期工程的装置选型与谈判设备采购，历经近6年，上海石化总厂终于如愿完成二级扩建项目，担当主力选手的王基铭在这6年的磨砺中，成长为石化行业杰出的专家。王基铭对这一段的工作做了一下总结，他认为，对外进口设备时，不仅要充分组织科研部门、工艺部门等专家做好前期的考察工作，而且要组织合同部门和法律部门做好对有关条款审定工作，特别是要从法律方面进行保护性的把关。大宗设备要在设备制造的中期，及时派员进行质量把关；小宗设备到达后，凡涉及到开箱检验，必须有外方人员在场，发现问题及时处理，或索赔或退货，把我方损失降到最低限度。

长达6年的对外谈判，王基铭感受最深的一点就是重大装备要力争国产化。

当时，引进石化总厂年产15000吨涤纶短纤维的抽丝装备便是最典型的例子。该设备是由140多台（套）单机组成的连续生产线，生产工艺复杂。主要设备必须确保连续工作八千小时不出故障，否则前后道工序都得被迫停车。世界上只有美国、西德、日本等几个国家造过这种设备。日本国内也只有一两条这样的大型生产线。

1979年，国家曾经打算花费5000万美元为上海石化引进两条生产线，另外同外商合作生产四条生产线。后来，在南京与外国人进行技术交流商谈时，外国人的要价出乎意料的高，而且关键技术又不肯公开或转让，因此整整谈判了三个月还是没有结果。问题最终，还是靠中国人自力更生、自行研制成功解决的。

但这件事却让王基铭彻底明白了一个道理，即我国的工业要是老靠引进，被别人牵住鼻子、卡住喉咙过日子，那将永远落后，永远受制于人。发展自己的民族工业应该学习和借鉴国外的先进经验，坚定不移地走自力更生的道路，才是最根本有效的办法。尤其是我们这样一个大国，经济规模比较大，国民经济各行业的发展离不开装备制造业的支持。没有一个强大的装备制造业，完全依赖引进、靠从外国买设备，不仅不能实现真正的现代化，而且会威胁国民经济的安全，强大的装备制造业是国家经济和国家安全的坚强后盾。

在后来的日子里，王基铭荣调中国石化总公司后，在重大装备国产化方面，做了许多艰苦的推进工作，很大程度上与这6年酸甜苦辣的感受不无关系。当然，这已经是后话了。

第八章

二期工程撒汗水

上海石化的二期工程是在国家经济整顿的大环境中，依靠其自身的不断努力，创造条件抢上的。其工程从立项到正式上马，历经三年时间。王基铭在二期工程中，舍家忘我，勇于奉献，团结和带领干部职工完成了二期工程中最关键的芳烃联合装置的工程建设和投料试车，为二期工程的胜利做出了突出的贡献。

历时4年多的二期工程建设中，为培养一支过硬的职工队伍，王基铭大力倡导对现代化企业管理理论和管理方法的学习，带出了一支作风顽强、技术过硬的团结战斗的职工队伍。

随后，在扬子石化总厂芳烃联合装置的恢复建设中，王基铭带领上海石化专家组的同志，顶住了外方的刁难，为国家节省了大笔的外汇。

第一节　一波三折的二期工程

上海石化一期工程顺利投产，实现了安全、稳定、持续的生产，一座现代化的大型企业神奇般地出现在美丽的杭州湾畔。但石化工程的指挥者们却在沉思，原油的利用率只有百分之二十六，其他都浪费了。无论如何，这都让人可惜。对一期工程作为燃料的常压重油进行深度加工，提高利用率，发展化纤事业，使上海成为全国的化纤基地，进一步解决人民的穿衣问题，便摆在面前。以此为思路，上海石化党委书记龚兆源主持编制了二期工程计划任务书，并于1978年10月15日，由国家计委正式批准。

好事多磨！1979年，党中央下达了“调整、改革、整顿、提高”八字方针。全国有二三十家企业或项目“调整”下马了。上海石化的二期工程也作“调整”，被列为“预备项目”。

“预备”，这两个字的意思再明白不过了，它意味着物资供应、物件运输、方案设计等等许许多多前期工程都要停下来。消息传来，上海石化厂上下全傻了，人们的心里焦急万分。

1980年年初，二期工程由“预备项目”改为“待定项目”。虽然往前挪了一小步，但最终的形势仍看不清楚，其命运也仍然未卜。对国家财政困难，上海石化充分体谅，主动将二期工程内容缩小，期待能在关键装置上进行突破。他们一面派人去北京汇报工作，据理力争；一面到处游说，不厌其烦地向来视察工作的国家计委、建委、纺织工业部的领导和参观的同行解释、宣传、说服、争取。

这天，国家建委副主任韩光来检查工作，深为干部、工人决心上二期的愿望所感动，回到宾馆问龚兆源，给你们十个亿，十亿包干，行不行？

原先决定是十六亿，现减到十亿，龚兆源还是答应了下来。剩下的资金缺口，上海石化准备与地方、企业通过自筹的方式解决。

阳春三月，春风拂拂，草木萌芽，万物争荣。3月里，国家建委通过上海市通知石化总厂，二期工程已由中央领导同志圈审，正式批准列入国家基建计划。

5月11日，上海市政府在外滩机关大厅里，为上海石化总厂二期工程正式上马而召开全市各局动员大会。会上决定成立二期工程领导小组，市委副书记、副市长陈锦华任组长，各委办主任或副主任为领导小组成员。下设指挥部，龚兆源任总指挥，指挥部成员是勘察设计、建筑安装、物资供应、交通运输和公用事业单位的负责人。真可谓是成龙配套。

王基铭参加了这个会议。按照二期工程的项目配套计划，王基铭领导的化工一厂，它的二期工程是建设一套从联邦德国引进的芳烃联合装置（包括国内配套），年产对二甲苯15万吨，是国家重点建设项目之一。它的上马和建成，将稳固并提升上海石化在国内同行业中的龙头地位。从内心来讲，王基铭将其已看作为一个建功立业的大好时机，心情之急迫只有他自己才说得明白。

“嗵”的一声巨响，又一次惊动了杭州湾。

这是二期工程打下了第一根奠基桩。时间是1980年7月1日，我们党59周岁的生日的这天。在彩旗招展、群情激昂的开工典礼上，龚兆源激动地宣布：二期工程的序幕拉开，战斗正式打响……

然而，四个月后，即这年的11月底，由于财政困难，国家不得不将上海石化的二期工程重新列为“待研究项目”。直到1981年，上海石化二期工程建设，才被正式批准续建。

从1978年到1981年，上海石化用了整整三年时间争取到了二期工程建设正式的上马。上马是好事儿，但毕竟迟了三年。再说，二期工程的装置更大，难度更高；对外合同已生效两年，引进设备已陆续到来，国内设计周期不得不大大压缩；许多与生产直接有关的项目，图纸供应不上；有些项目施工力量不足，工期相当紧迫。这些都已成了非常现实的问题，摆在了上海石化人的面前。

作为石化总厂生产流程上的“龙头厂”，直接为后续的化工、化纤、塑料厂提供原料。将要新上的芳烃联合装置规模大，装置单元复杂，工艺流程长，技术先进，自动化水平高，要建成必须冒很大的风险。国外的石化公司因为不敢冒这么大的风险而没建成过这样的联合装置，在国内自然更没有过。

现在，这副担子落在了王基铭的肩上。

第二节　拼搏：为了二期工程

在二期工程一百多个项目中，保证芳烃联合装置的顺利投产，是尤其让人关注的一个大项目。它的重要程度该怎样表述呢，由于牵扯到相关的化工学科的知识，套用大量的专业语言，势必会在阅读上出现“跳行”现象，我们不妨借用陈锦华的话来说明。

——在谈到芳烃联合装置时，陈锦华曾经这样说：倾家荡产也要保芳烃！

这句话在很大程度上已经道出了芳烃装置在上海石化二期工程中的地位，它由此注定此后的这一段会战，是一段夜与昼的拼搏，也是一段血与汗的拼搏。

1980年6月，芳烃联合装置施工现场刚刚铺开，便发生了一个插曲。

轰鸣的推土机在施工中推出了一枚废炸弹。很显然这个炸弹是战争时期偶然留下的，由于施工比较紧张，有人对那枚炸弹便表现的不以为然，认为这是战争偶然留下的。王基铭对这个现象却很重视。在20公顷的面积上，还有没有其他的炸弹，这个问题必须搞清楚、弄明白。工程误期可以追回来，但国家重点工程怎能建在埋有危险的土地上。他果断地叫停了工程施工，组织力量在全施工区域查找有无其他遗留的炸弹。

清查的结果更是惊人。这片茫茫海滩，曾是废弹引爆场，因海水受潮未被销毁的废弹多达2653枚，这是经过每平方米的反复勘查从埋藏在地下中寻找出来的，其中不少尚有引爆力。

虽是一个插曲，却令人心有余悸。一旦马虎过去，未来的芳烃装置投产后，炽热的高温将很有可能引爆炸弹，哪怕是引爆一枚炸弹，其后果就无法想象。

工程的进展也同样充满周折。工程进行到设备安装阶段重达520多吨的加氢裂化反应器从日本运来，浇筑该设备基础的水泥却无从着落，工程进度受到严重影响。王基铭及时取得总厂和兄弟厂的支持，发动群众，亲自带队在总厂范围内搜遍了每一个“角落”，一吨一吨地求援和收集，连仓库里的散包水泥也组织回收，终于聚沙成塔，收集了300多吨水泥，抢在设备到场前完工，保证了设备按期吊装。

芳烃联合装置有7900多根管线，焊口达50万余处，按规定需将其中五分之一焊口拍片进行指令鉴定。芳烃装置高温高压，易燃易爆容不得半点疏忽。为此王基铭亲自组织了评片组，逐道检验拍片。这时，有位评片员反映部分X片号码不同，但缺陷形状却相同。也许是假片？有人担心这件事捅上去，会影响与安装单位的关系。

怎么办？

这件事情的最终决定权便落到了王基铭这里。

王基铭没容商量便直截了当地说，工程建设高质量是目标，岂能把国家财产当儿戏！

这话说完，王基铭便立即组织技术部门进行复查，结果证明确是假片，并且所在部位又在高温高压的制氢炉上。

真险！

一个重大的质量隐患终于被消除，在场的许多人吓得直哆嗦。

却没就此罢休。王基铭大手一挥，要求对已完工的两万多个拍片部位全部进行检查，所有不合格的地方全部返工。

两万多个拍片啊，全部返工。不少人直吐舌头，别说一张一张的拍片，就是坐到那里数上两万个数，也能让人口干舌燥。有人便开玩笑地说，王基铭的心真狠！

王基铭说，该咬牙的地方必须咬牙，不狠心不行！

是的，王基铭的心真够狠的。

王基铭对工作能下狠手，对自己有时也狠得不近情理。

施工装置区里有着总长284公里的管道安装，王基铭知道，这是影响工程进度的关键。他运用系统统筹优化原则，亲自与德方和安装公司研究制定工作方案和施工步骤，落实施工力量，解决材料来源，组织了12万平方米管道保温大会战。4年来，在二期工程建设中，他熬过了多少个不眠之夜，度过了多少个风风雨雨现场指挥的日子，他的行动深深感动了广大职工。

第三节　学习：为现代化企业管理插翅

二期工程的所有设备，全是从国外进口，属于当时国际一流水平。一流水平的装置，就必须得有一流的职工队伍去操作、去管理。

为了把工程管理水平提高上去，四年多的二期工程建设中，王基铭首先抓了基础管理工作，调整了管理机构，理顺了纵横关系。王基铭认为，现代化的企业用现代化的办法来管理，这本身无可厚非，但有效的管理则是通过人才来实现的，人才就是一把金钥匙。

为此，王基铭提出了独树一帜的管理模式“两个轮子一根轴”。人们常常形容技术和管理是两个轮子，应该同步发展。王基铭则补充了用人才这根“轴子”连接轮子，并以此带动两个“轮子”。

这是多么确切而又形象的比喻。

为了培养一支过硬的人才队伍，王基铭采取了四条有效措施：

一是“广种薄收”。为了普及管理知识，王基铭主张购买管理书籍分发给全厂各级管理人员学习。有人不理解，认为效果不会很好，但王基铭却认为这是一项很值得的智力投资，即便有的干部拿了书不认真读，但只要有一半的干部读，或在遇到问题时去找解决方法，一旦学习风气形成，我们的目的就达到了。广种薄收，总会有开花结果的，这是一个很浅显的道理。

二是“引进嫁接”。从社会上请专家学者来传授现代化管理理论和方法。化工一厂在推进网络计划时，邀请了国家经委大连培训中心的教师来指导，并结合7号裂解炉工程实践，成功地将日本工程技术人员制定的网络计划压缩了70天，创出了外国专家誉之为“金山效率”的业绩。

三是“强制推行”。王基铭深有感触地认识到，多年来的落后管理使不少干部养成了惰性的、小生产者的管理习惯。消除这种痼疾，非来个“强制推行”不可。否则便无法冲破。唯有这样，新的管理思想和方法才有可能扎稳脚跟。事实证明，在建立全厂经济责任制、目标管理体系、应用计算机辅助管理和全面质量管理上，都体现了这种宣传引导和强制推行相结合方法的优越性。

四是“置换培训”。化工企业是连续化大生产，但干部知识急需更新，摆在王基铭面前的一个棘手问题是：一方面急需学习的同志处在一线管理的岗位上脱不出身来，另一方面，刚毕业的大学生实际能力较差，无法胜任关键性工作。王基铭结合自己从大学毕业踏上工作岗位时从操作工干起的工作经历，悟出了一个办法，叫“置换培训”，把刚进厂的大学生“下放”到生产第一线，熟悉生产工艺和管理，顶岗当见习班组长，而将原先的车间干部换下来，集中脱产进修学习，收到了一举两得的效果。

1984年10月，为了从管理中找到薄弱环节，寻找突破口，王基铭邀请上海市企协企业管理咨询公司来厂咨询诊断。王基铭说，尽管几年来，化工一厂在生产、经济效益上年年取得新成绩，但前进路上还存在着不少新障碍。为期两周的综合咨询中，共提出了76个问题以及70条改善意见和4个改善方案，撰写了14份专题咨询报告书。具体反映出了思想、组织、方法、手段和人才等五个方面的差距。在总结和查找差距的基础上，王基铭会同企管办工作人员，制定化工一厂发展规划和1985年的发展目标。他深信，企业的短期行为必须与长远目标结合起来，这才是一个卓越企业的标志。

在强化现代化管理方法上，王基铭带头“充电”。

八十年代初期，我国著名学者邓聚龙教授创建的“灰色系统理论”问世后，王基铭便对其给予了高度关注和研究。

所谓灰色系统是介于白色系统（信息完全明确的系统）和黑色系统（信息不完全明确的系统）之间，即指信息不够明确的系统而言。

王基铭认为，作为一个企业领导者，掌握灰色控制理论很有必要。在王基铭看来，一个问题，从宏观上分析信息可能是充分的，但深化到微观上就可能不够充分，尚有待完善。灰色系统控制的意义就在于由全局到局部，由粗线条到细分过程的控制，即由“白”转“灰”，两者是相互依存、相互转化的。企业在经营决策、目标管理、机构设置、目标优化、投入产出等方面，最佳目标当然应该是建立白色系统，但由于市场竞争、政策变化、产供销等方面的变化，往往无法建立清晰的白色系统，这就需要从实际出发，不断进行调查研究，以判断明白二者之间相互联系、相互影响、相互制约的关联度，从而为生产经营建设提供最佳的预测及决策方案。

根据这一理论，王基铭对化工一厂生产经营中出现的“零散”的现象，深入研究并思考其存在与发生的内在原因，尤其对生产经营发展起推动作用或阻碍作用的现象，进行研究和判断，以更好地指导生产经营建设的良性发展。他所推行的“广种薄收”、“引进嫁接”、“强制推行”和“置换培训”等管理措施，便是灰色控制理论在实际工作中的一个较好的尝试。

也正是这种形式丰富多样的人才培养措施，使化工一厂在后来的生产经营发展中，涌现出了一大批经营管理人才和岗位技术能手，有效地保证了企业的健康良性发展。

第四节　会战工地上的春节

建设芳烃联合装置期间，尽管王基铭家住石化新村，可是星期天在他家找不到他人，即便平时也是不到深夜十二点不回家，有时甚至睡在车间里。遇到在外面开几天会，回来后也先到厂里。王基铭说，不去看看，心里总不踏实。

那时，王基铭的大儿子患有严重的哮喘。每年五六月和冬季的十月十一月都要发作，一发作就一家子不安宁，有时还要送医院。这一年，大儿子第二次住进了医院，王基铭心里却惦记着厂里的事，他对妻子王国蓉说，没有特殊情况就不要打电话来。妻子不解地望着他。他说，我又不是医生。言下之意是，他去了也没有用。

妻子不言语了。

1984年夏天，王国蓉生第二个孩子时，工地上正是基建收尾高潮，王基铭连医院都没时间去。当同事听说他妻子生了孩子便向他道喜，王基铭竟连孩子是男是女都答不上。

好在王国蓉本人已经习惯了这些。

习惯了，对王基铭便少了抱怨，多了理解。

可有一样，王基铭对职工却关爱有加，始终把职工和他们的家属放在心上。1984年农历除夕，正是千家万户吃年夜饭的时刻，芳烃联合装置正在紧张地进行投料试车。在这之前，为了能准时顺利投料开车，王基铭和工人、技术人员连续奋战了半年多，好多人都瘦了下来。王基铭看着心疼，他想办法找关系买来了一批“十全大补膏”。大补膏，是八十年代初期风靡上海的一种比较紧俏的保健补品，当王基铭将大补膏送到每人手里让大家补身子时，大伙在感动之余还直纳闷，这是从哪儿买的呢，这个王厂长，真行！

说话时，这年的春节便来了。工程进度快、时间紧，春节里加班便势在必行。对这种情况，职工倒好说，大家都明白厂里会战的情形，但家人这里就不好办了，特别是许多家住市区的职工一连好几个月没回家，好不容易到了春节却又捞不着休息，连个安稳年也过不上，怨气便不可避免地爆发了，不少家属纷纷打电话来询问情况，有的夫妻和恋人甚至产生了不愉快的误会。

王基铭看在眼里急在心里，情急之下，便特地安排了一次家属茶话会。他派专人挨家挨户发出大红喜帖，又专门派出大巴士到市里，接来一百多位家属、恋人，让他们参观二期工程建设，家属们看到这般壮观的现代化大企业，看到亲人们拼搏的情景，激动得在茶话会上频频碰杯，纷纷发言，畅谈感受。夫妻间的误会消除了，恋人间的感情更深了，有的恋人激动地说，金山太迷人了，我也要求调过来。

说金山迷人，这里面蕴含着的，恐怕还是这里浓浓的人情味和创业干事的良好氛围吧。

1984年3月，二期工程芳烃联合装置经运转考核合格，完成交接验收。

至同年10月，二期工程成套引进装置的交接验收工作全部完成。

谈及二期工程，王基铭这样回忆道。

——二期工程中，我只是做了我应该作的工作。当时，参加二期和支援工程建设的单位遍及全国19个省市，施工高峰时，现场有一万五千多人，做出奉献和牺牲的，不单是参加芳烃联合装置建设的职工队伍，上海石化其他单位也都涌现出了许许多多感人的事迹。涤纶二厂自制“一万五”涤纶短纤维工艺成套设备的研制成功，在当年是受到国务院通电表彰的，涤纶二厂的厂长就是我的老领导张一飞。这个人不得了啊，干事业从不动摇，也从不泄气。

我很怀念那个年代。王基铭这样总结道。

1984年11月，王基铭走上上海石化总厂副厂长兼化工一厂厂长的工作岗位。

第五节　扬子石化“救火”

1985年初，扬子石化总厂芳烃联合装置恢复建设。需要交待的是，扬子石化的这套芳烃联合装置，原是和上海石化总厂二期扩建时同时上的那套芳烃装置，是同期从联邦德国鲁奇公司引进的。由于国民经济调整，1980年11月国家决定扬子乙烯工程停缓建设。当时考虑诸多因素，引进合同仍继续执行，对14.7万吨引进设备材料实行“接保检”（即将引进设备材料接运下来，保管起来，并进行开箱检验）。1982年4月，国家决定扬子乙烯工程恢复建设。经国家批准，扬子乙烯第一阶段工程于1984年6月1日正式开工建设。

从1986年四季度开始，二阶段工程陆续开始施工，其建设投资占整个扬子乙烯工程总投资的46.6%，与一阶段工程投资相差无几，但面临的困难却更加突出。由于一度停缓建，1981年开始交货时，国外总承包商联邦德国鲁奇公司提供的图纸、资料没有达到规定的深度，提供的设备也有缺陷，给恢复建设带来了相当大的困难。同时，装置的成套引进合同早已过期，经与外商谈判同意按延期建设考虑的修改合同也已过期，外国承包商声明不再承担合同规定的技术、经济责任。如若沿用过去引进装置建设的老办法，需要聘请一批外国专家，额外支付昂贵的费用。当时谈判中，外方报价就比上海石化实际支付的金额上涨了近三倍。

情况很快便报到了盛华仁那里。

盛华仁，2003年当选为第十届全国人大常委会副委员长，时任中国石化集团副总经理、党组副书记，分管中国石化集团工程建设工作。

死了张屠夫，就吃带毛猪？盛华仁火了。

为了顶住外商的刁难，节省外汇，盛华仁决定另起炉灶。为此，他专程来到扬子石化进行工作调研，形成了“以我为主，以外为辅”的工作思路。即，扬子乙烯二阶段工程的重头戏由中国人自己唱。针对大芳烃装置的材料缺陷问题，请国外有关专利商和制造商，包括国内设计、施工、生产厂和工程指挥部都参加进来，共同对总承包商提供的设计图纸和设备进行清查。此后，盛华仁亲赴美国和德国与总承包商及专利商、设备制造商等合作伙伴进行谈判，说明中国石化决定主要依靠自己的力量来完成扬子石化的二期工程。凭借中国石化雄厚的经济实力和良好的国际信誉，外国总承包商、4家专利商及100多家设备制造厂家，态度大都变得友好起来，对中方“以我为主”的建设方针表示理解和支持，同意派遣专家到工程现场提供技术服务。

根据扬子乙烯工程领导小组的会议决定，具体的分工是，上海石化总厂派遣赴扬子石化芳烃专家组，负责承担施工指导和投料试车指导，顶替部分外国专家。

这个节骨眼儿上，得派一员过得硬的悍将。盛华仁沉吟着，便想到了王基铭。对王基铭，盛华仁并不陌生，当初在拍板重上扬子石化芳烃联合装置时，谈到上海石化总厂上这套装置时的成功经验时，总经理陈锦华便兴致勃勃地提起过王基铭。中国石化总公司成立后，作为副总经理的盛华仁曾去上海石化总厂做过工作调研，那时便认识了王基铭。精明，强干，果断，是王基铭留给盛华仁最主要的印象。

专家组组长么，我看就由王基铭出任吧。盛华仁最后决定道。

热血男儿从来是“朝受命而夕饮冰”。1986年1月，王基铭接到中国石化总公司的指令后，于第一时间组成了一支70多人的专家组。虽然称之为“组”，却是一支阵容豪华的专家团，全部是当初参加了上海石化总厂芳烃装置全过程的技术内行，清一色的的高级工程师、工人技术操作能手。这支队伍出现在南京扬子石化总厂，听说带队的是上海石化总厂副厂长，当初担任中方总代表的王基铭时，联邦德国鲁奇公司的总代表便不由得紧张起来。

在鲁奇公司，王基铭算得上一个名人了。当初，中国上海石化总厂二期扩建工程中，因为设备问题，王基铭没少和他们打交道，并且这个交道一打就是5年多。5年多的时间里，鲁奇公司上上下下都知道，这个叫王基铭的中国人，可不是个善茬。

初次碰头会上，出乎对方意料的是，王基铭并没有表现出想象中的咄咄逼人，他彬彬有礼地和对方握手致意，同时告诉对方，此次率队过来，主要是推进扬子石化芳烃联合装置的恢复建设。在未来的芳烃装置的设备检查中，鲁奇公司应当按照约定，对查出的问题逐一进行整改。

鲁奇公司总代表紧盯着王基铭。继而，两个男人默默地相视着，半晌，对方终于点了点头。都说西方人推崇丛林法则，信奉强者至上，如此看来，这话多少有些不虚。

这之后，便是一段长达一年半的艰难工作。王基铭带领的中方专家组和扬子石化的同志放弃了节假日，全天候战斗在工地现场。按照人员精干、专业配套的原则，共设置了动设备、静设备、加热炉、电气、仪表、分析、焊接等专业小组，对芳烃装置的设计图纸、设备、材料、电器、仪表和各类配件，进行深层次的清查。不但查清了1981年、1982年开箱检验时未发现的问题，还提出数百条处理意见。同时，定期召开中德两方的业务碰头会，及时将查出的问题告之对方，责令对方按期整改。

事后，总承包商德国鲁奇公司专家来现场复审后连声说，修改无误，改得好！看来，中国的先生完全有能力解决这些图纸的差错。

为进一步发挥专家团队的作用，王基铭将自己带来的13个专业的26名顾问、50余名专家，根据工程建设进度和现场施工需要，分专业到现场开展技术咨询和施工技术指导，举办技术专题讲座，提供有关技术管理和建设经验。据初步统计，从1987年11月起，派遣技术专家467人次，工作3500个工日。

王基铭自己就更忙了。他是上海石化总厂副厂长，又同时担任着化工一厂厂长职务。化工一厂是上海石化总厂的龙头企业、主力单位，容不得出现半点问题。王基铭索性穿行在两地，上海、南京来回跑。每隔一周，王基铭便会在周五带车去南京，司机在路上飞一般地穿梭，王基铭则在后排的椅子上抓紧睡觉，想法把欠下的瞌睡补一下。到了周日晚，王基铭又带着车从南京往回赶。

1985年年底，上海市遭遇一场平常年份并不多见的寒流袭击，气温骤然降至零下六七度，设备的生产管线一度因低温而“管堵”，王基铭带领职工用“蒸汽扫把”来烘烤管线。所谓蒸汽扫把，即，将小口径的软胶皮管线捆绑在毛竹上，人则手举着毛竹站在地面上，用蒸汽刺管线，依靠胶皮管线中的蒸汽一点点化解距离地面四五米的设备管线中的结冰。这种手工具有个不好的地方是，举的时间长了，人的手臂就酸麻酸麻的，便需要将“扫把”夹在胳肢窝里，也因此用不了多长时间，随着管线中结冰的逐渐融化，毛竹和胶皮管线上的蒸汽也化成了水，一股股地顺着“扫把”流了下来，直至将厚厚的棉衣也淋湿。

现场的职工却没人叫苦，更没人叫累。职工们明白，王基铭就在他们的前面和大家一起干着，共产党的局级领导干部就在他们中间，寒风中每个人感受到的，却是一种难言的感动和震撼，正是在寒流到来的时刻，职工从王基铭的身上感受到了一个共产党员的崇高形象。

对王基铭的这种“不要命”的工作方式，体会最深的莫过于他的司机了。

司机名叫干文正。

在谈到王基铭的这一段工作经历时，用了“蛮拼的”这个词来进行概括。干文正说，从上海到南京，那时没有高速公路，一个单趟就是9个小时，车一开就不停下来，路上只简单地吃面包。最“厉害”的一次是，有一个阶段连续两三周都是忙到半夜两三点下班，第二天早上起来又准时去单位上班。

干文正说，可也怪了，那时我们却一点意见都没有，自己干的舒畅，家里的老婆也支持。有一次，王总无意间遇到我老婆，就赶紧上去一遍遍地道歉，反复说“对不起”，王总觉得我给他当司机后顾不上照顾家庭，才这样一遍遍地道歉。我老婆那个感动呀，以后对我的工作就更加支持了。

干文正说，其实我们当司机的，也就是耗费一下体力，不比王总，累人又累心。

应该说这是一句实话。每次回到南京的扬子石化总厂，王基铭便会在第一时间检查工程进度情况。召集联邦德国的鲁奇公司、扬子石化总厂参与芳烃联合装置的专家和干部，召开一个“两地三方”会议，重点是检查落实上次查出问题情况，确定有几项得到整改，还有几项没有整改，没有整改的原因何在。同时对新查出的问题进行归类，制定出新的整改期限。

用这种滚动整改方式，王基铭度过了一年半的时间，直到扬子石化总厂的这套芳烃联合装置顺利投料试车成功。

第九章

第三座丰碑

为完成上海石化总厂三期工程，使中国乙烯产量进入世界先进行列，在中国石化总公司和上海市政府的大力支持下，上海石化总厂以自筹资金自还的方式救活30万吨乙烯项目。王基铭临危受命出任总厂厂长，他积极关心群众，注重改善职工的生活条件，全面落实“五子工程”，团结带领全厂广大干部克服了一个又一个意想不到的困难，最终实现了30万吨乙烯装置的投料开车。

经过4个月的试运行，1990年4月正式投产。1990年4月16日，李鹏总理等国家领导莅临现场剪彩，正式投产。

1992年4月，上海石化总厂三期工程全面建成投产。

第一节　什么叫乙烯

行文至此，我们还是有必要正式介绍一下乙烯的概念，尽管这个词汇已在本书中出现过多次。

那么，什么叫乙烯呢？

乙烯是由两个碳原子和四个氢原子组成的化合物。两个碳原子之间以双键连接。

这段对乙烯的解释，是笔者在百度上查阅到的。因为它的生僻和艰涩，我们可以对这个词条的解释一掠而过。

同样是在百度上，接下来的这段话，便多少有些意思了，它或许能让我们了解到乙烯的重要价值和意义。

乙烯工业是石油化工产业的核心，乙烯的衍生产品占石化产品的75%以上，在国民经济中占有重要的地位。世界上将乙烯产量作为衡量一个国家石油化工发展水平的重要标志。

第二节　副总理的期望

1983年7月12日，中国石化总公司成立。

成立前的7月4日，中国石化总公司筹备小组正式召开第一次直属企业经理（厂长）会议。国务院的领导同志会见了全体与会代表，总理、副总理都到了。中国石化虽然成立在即，但无论怎样，和当时同级别的部委相比，还是一个不折不扣的小兄弟，尚未正式挂牌，国务院的领导便悉数到场，这个会议的规格便凸显出来了。

会议的气氛是热烈的，也是轻松的。几位领导在讲话中都强调了党中央、国务院对中国石化总公司寄予很大希望，要求中国石化总公司办成真正的经济实体。就是在这个会上，国务院副总理万里同志指出，中国的经济振兴要靠石油化工的振兴，人们生活的改善、人们的吃穿用住，在相当大的程度上要依靠石油化工提供原材料。人民生活靠什么？要靠石油化工搞上去。中国所有的行业都达到世界先进水平不可能，但是电子和石油化工一定要达到世界先进水平，管理要现代化。石油化工行业一定能同国际上的同行进行较量。

王基铭没有参加那次会议，会议的精神是后来的总厂干部大会上，厂长顾传训传达的。王基铭从中敏锐地注意到，上海石化总厂很快就会上大乙烯项目。

王基铭的判断很快就得到验证。1984年7月，王基铭参加了上海30万吨乙烯工程领导小组办公室在总厂召开第一次设计工作会议。那个会议确定，上海30万吨乙烯工程由上海石化总厂设计院负责总体设计，上海规划设计院负责区域规划设计及生活区扩建规划。同年9月，这个方案得到上海30万吨乙烯工程领导小组的批准。

1985年，上海石化总厂陆续编报了总体设计及设计任务书。

这期间，中国石化总经理陈锦华在推进30万吨乙烯项目的进展上起了关键性的作用。有一次，陈锦华到上海石化总厂考察期间，曾就30万吨乙烯上产问题，与王基铭等总厂的几位领导做过交流。期间便谈到1983年7月4号的那个中国石化第一次厂长经理会议上，万里副总理在会上要求中国石化要把乙烯产能搞上去，会议结束后，万里副总理没有即刻退场，而是利用这个间隙，抓紧找到首任中国石化总经理陈锦华，意犹未尽地叮咛道，到2000年中国的乙烯产量要赶上苏联。乙烯是石油化工的基础产品，是一个国家、一个企业发展水平的代表性指标。有了乙烯就可以做成各种合成材料。一个国家石油化工是不是发达，其标志就是它的乙烯产量。

那一次，万里向陈锦华提出了一个要求，即2000年要赶上苏联。回想中国当年，1983年苏联的乙烯产量是226.7万吨，而中国当年的产量才56万吨，只有苏联的四分之一。到2000年，中国的乙烯产量要赶上苏联，要整整地翻两番。需要说明的是，实际上，2000年，中国的乙烯产量是470万吨，而俄罗斯的乙烯产量则从226.7万吨下降到188.9万吨，只有中国产量的40%。然而在当年，提出乙烯产量赶上苏联，则显然是一个大胆而富有创意的提议。从这件事里，王基铭深深地感受到国家领导人对把乙烯产量搞上去的迫切之情。

1986年，经国务院正式批准，中国石化总公司授权上海石化总厂，代表中国石化总公司国际事业公司引进上海30万吨乙烯工程的主体装置。随后，王基铭作为建设厂家的化工一厂厂长，参加到技术谈判班子，完成了工艺技术和主要设备的谈判引进工作。

第三节　风云突变

上海石化总厂以30万吨乙烯上产为主要内容的三期工程，从1982年酝酿开展前期工作，直到1986年6月得到国务院批准，历经四年，终于跻身于国家“七五”期间的重点项目，但问题是那时候“七五”计划已经排完，国家5000亿元的固定资产投资已全部安排到位。这就是说，三期工程即便头上戴着“七五”重点项目的桂冠，却得不到一分钱的投资，国务院只给出了“利用外资”这一政策。剩下的30多亿元的建设资金，完全要靠自己筹措，这种情况在我国基本建设的历史上尚无先例。

1986年，时令已进入到了秋天。有一天，王基铭刚从南京扬子石化回到单位，便接到顾传训的电话，顾传训在电话里没说要议啥事儿，只是请王基铭去他那里一趟。王基铭去了以后，顾传训就把上30万吨乙烯项目的事情提了出来。顾传训说，上30万吨乙烯，现在争议较大，你是总厂副厂长，又兼着化工一厂的厂长，我想听听你的意见。

顾传训的话让王基铭感到了一种说不出的压力。从内心来讲，王基铭举双手赞成上海石化总厂扩大乙烯产能。那之前，燕山、大庆两个兄弟单位，已经成功地引进了30万吨乙烯装置，并且全部都开车成功。上海石化总厂如果能引进一套同样类型的装置，当然最好。只有这样，上海石化才能保住在国内石化工业的领先地位，否则就有落后的危险，但资金的问题怎么解决，这是一个大问题。

王基铭说，这是好事儿，但里面有许多困难要克服。三期工程事关重大，资金问题还没有着落，一下子还很难表态。

顾传训理解地点了点头说，这个题目的确有点大，你先消化一下，下一步我准备开个领导务虚会，到时候可以在会上畅所欲言。目前，不但总厂内部职工，即便班子内部也有不同意见，何去何从，我们需要在这个方面统一思想、消除杂音。

随后没多久，上海石化总厂果真就这一问题召开了一个务虚会。在这个会上，总厂领导层形成了两种意见，一种是反对，另一种则是赞成的声音。

反方的意见是，上30万吨乙烯项目，搞三期工程好倒是很好，只是钱的问题如果不能解决，即便勉强上马了，最后仍有可能中途下马，这个方面，国内是有前车之鉴的。南京扬子江北岸，扬子石化放置着无数个钢铁铸成的庞然大物，这便是从日本引进的第四套乙烯设备，由于拿不出钱来建设，就这样在风吹雨打中过了6年，最后遭受损失的不还是国家和人民么。

这显然是一个很严峻的实际问题。不错，国家的确给了“借钱”的权力，但有借就得有还，仅金山建设的30万吨乙烯工程的三套装置，就需资金近20亿元，整个工程配套完毕，需要30多个亿的资金。借用国外银团资金，也等于把自己投入了国际金融市场，一旦不能按期还本付息，严酷的“伦敦法”，就会使企业面临破产的危险。同时，自筹国家计划外物资，都是计划外议价的，光工程用的水泥就达24万吨，等于一座中型水泥厂两年的产量，各种钢材共需要10.5万吨，等于一座中型钢铁厂的年产量。这么多物资，到哪里去找?

正方的意见是，以30万吨乙烯项目为主要的内容的三期工程，不但应该上，并且是刻不容缓。党委书记周公侠是坚决的赞成派。周公侠说，我们这么大国家，只有100多万吨乙烯，现在国家每年花68.6亿美元买进485万吨乙烯合成材料，等于每年损失3套30万吨乙烯设备。真让人心痛！要是石化总厂6万人3年拼死拼活，能为民族工业建设走出一条靠企业自筹建设的新路，我们也认了……

王基铭是赞成派。王基铭算了一笔账，如果三期工程全部建成投产后，上海石化总厂每年将生产乙烯45万吨，合成纤维和切片40多万吨，塑料22万吨以及油品和基本化工原料100多万吨，总产值将达55亿元，年税利可达20亿元。不仅上海石化总厂将真正成为油化纤并举的完整的石油化工化纤综合基地，而且更可以改变上海轻纺工业60%的原料来自农产品、有机化工品48%的原料取自粮食的落后原料结构，促进上海经济的繁荣。

王基铭说，从这个角度讲，这显然是一个十分划算的项目。至于借钱，这不是个问题。这类似于借鸡生蛋，用他人的钱办自己的事儿，何乐而不为呢。现在的问题是，能否借到钱，我们从国内能筹措到多少钱，借国外财团多少钱才算合适，要把这个比例搞明白。至于那个“伦敦法”么，如果我们按时完工，及时点火投产，也难不了我们。况且，这个项目一旦放下不上，国家这个大盘子里，每年的损失又是多少，这笔账，周书记刚才也算到了。所以，我支持上这个项目。

王基铭说，风险当然有。干事业要是没有风险，那要我们这些人干吗？在成功和失败之中，只要有六成的希望，剩下的，通过努力能战胜风险、达到成功，就应该义无反顾地去干。

从这段话里，可以看出王基铭是做了充分准备的。有观点，有数据；既有企业小账，也有国家大账，更有战胜困难的勇气和决心。这番话，也让紧张沉闷的会议变得活跃和热烈起来。几个先前还持有异议的同志相互看了看，彼此点头。务虚会整整的开了一上午，最终形成的决议是，依靠自己的力量，不在国家的“大盘子”里吃饭，靠企业自己借钱来救活三期工程。至此，总厂决策层开始形成了一个充满力量的拳头。

关键时刻，大上海再次伸出了援手。

1986年冬天，王基铭和总厂在家的领导班子成员一道，参加了上海市各行各业支援30万吨乙烯工程的动员。这个会议是在锦江小礼堂召开的，当时的上海市市长江泽民亲自主持。那天的会上，江泽民的手臂上缠着白色纱布，在大家惊奇和关切的询问下，江泽民笑哈哈地说：我昨天出了车祸。俗话说，大难不死，必有后福。这福，我就托给30万吨乙烯工程了。只要你们把工程搞上去，我这次就算没白撞。

此言令王基铭为之动容。

1987年元旦如期而至。新年里，上海石化总厂第一期企业债券首次打进上海金融市场。原计划发行9000万元，结果却出人意料的卖掉1.3亿元。这显然是一个让人惊喜的结果，一切都似乎在向预料中的方向走去。

1989年3月江泽民同志视察上海石化

没错！

1987年5月10日，在打桩机的轰鸣声中，三期工程向地底嵌入第一根桩头，宣告正式开工。

第四节　执掌帅印

三期工程上马后，上海石化总厂从上海和江浙地区召集了近万的人马，掀起了一场轰轰烈烈的三期工程大会战。按照先期部署，金山建筑公司为土建施工单位，上海市工业设备安装公司、上海石化总厂安检公司为主要安装施工单位。1987年年底，常减压、空分装置，乙烯厂、铁路装卸区、金吴乙烯管线先后开工建设，施工全面展开。

资金匮乏的问题，便逐渐显现出来了。这种显现如果要给出一个渐变的过程，那么上马后的第二年，即1988年则尤为突出。特别是乙二醇、第一套聚丙烯装置，水厂扩建工程等配套项目的投入建设，使这种捉襟见肘显得尤其突出。作为资金匮乏的一个标志是，同样是发行债券，1987年上海石化总厂卖掉1个多亿，但好景不长，到了1988年的第二期，情形却变得一波三折，一个多月的时间里，只出售5000万元。

这一年的4月，总厂厂长顾传训被调往上海市，担任分管工业的副市长。顾传训，1965年毕业于华东化工学院，和王基铭不同的是，顾传训1953年便参加了工作，工作后自学了高中的全部课程，而后考入华东化工学院。这个人最早是化工二厂筹建负责人，参加过上海石化总厂一、二期工程建设。此人处事稳重老成，且极富事业心，在全厂干部职工中享有极高的声望，王基铭打心眼儿里尊重自己的这位校友，特别是进入总厂领导班子后，俩人的合作也极为默契。

顾传训荣升上海市副市长，是当时上海市市长朱镕基提议的。朱镕基对上海石化总厂的发展一直非常关注，也深为了解，十分欣赏顾传训的工作能力，为进一步推进大上海工业战线的快速发展，朱镕基将目光盯在了顾传训身上。这也说明上海石化总厂的发展，是被当时的上海市委、市政府所充分认可的。

顾传训荣升后，谁来执掌上海石化总厂的帅印，便成了全厂上下关注的一个焦点。倒不是这个位子有多么显赫，重要的是，谁坐到这个位子上，就意味着谁肩上的担子会陡然增加千钧重。帅印接过，能否攻城掠地、拔寨夺关，就让人倍加关注。

这种关注自然有其道理。细数一下上海石化总厂的建设经历，我们就不难发现，它的一期工程靠拨款，二期工程靠贷款，三期工程的钱靠借款！向谁借？向外国人借，向国内企业借！向老百姓借！30多亿元的建设资金完全要靠企业自己筹借，每天都有40万元的利息压在肩上。毕竟，靠借钱建设来救活一个工程，这一壮举在我国基本建设的历史上尚无先例，风险太大了。这种风险不单单事关个人的荣辱，更和国家利益紧密相关。

顾传训调离的任命宣布前，中国石化总公司的决策层就在为上海石化总厂寻求一个新的领军人物，尤其是眼下，这个企业还真的到了不可一日无“主”的程度，只是，这个人应该是谁呢？能否在危难之际挑起这副重担。中国石化总公司专门在职工中进行了摸底，随后便进行了关于对总厂厂长一职的摸底工作。

从组织部门的摸底情况看，上海石化总厂的干部职工多数都倾向于王基铭。

这个结果和陈锦华、盛华仁不谋而合。

王基铭，我看行！别看个头不高，人可是强大的很呐。陈锦华略带幽默地说，华仁啊，你发现没有，这个王基铭也是个开钢铁公司的，不管多大的压力，想压倒他，不好办！

俩人这么说着，便都笑了。

非常时刻，压力山大，陈锦华和盛华仁看重的，不单单是王基铭的专业学历，车间班组逐层递升的工作经历，以及主持过二期工程的成功实践，他们更看重的，是王基铭坚强如钢的意志，迎难而上的精神。在中国，要想做好做大一个企业，最需要的就是这种不可替代的意志和精神。

谈话是在北京中国石化总公司进行的。

有什么想法？陈锦华讲完总公司党组的决定后，便向王基铭这样问道。

应该说，这种人事安排让王基铭深感意外。按王基铭的想法，不过就是充当一下“绿叶”，现在真的将由自己来担任总厂厂长的职务，王基铭还是感到意外。

我没有思想准备，班子里的其他几个领导，论水平都比我高么，我愿意做好配合工作。王基铭实实在在地回答道。

同志们推荐了你，我有什么法子呢。至于思想准备么，这个不算什么——当初，我在上海市干常务副市长，也算顺风顺水了，哪知道，中央一句话，就把我调来搞石油化工了，我不也没有精神准备么。陈锦华微笑着对王基铭说，还是谈谈你的要求吧，按照常规，这可是伸手提要求的时候喽。

1988年5月王基铭担任上海石化总厂厂长

我先代理一段时间，如果不行，就自动让贤，上海石化总厂现在正处于一个关键的历史发展阶段，不能因人误事。王基铭提出了第一个要求。

可以，先代理一段时间。陈锦华点了点头，还有吗?

别的困难，我们都可以克服，只是，资金的问题……

这个问题别和我说，我的口袋里没有钱，一分钱也没有。陈锦华笑着摆了摆手说，我这里，只给政策，不给钱!

王基铭站了起来。那好，请总公司党组放心，我们一定会拿出背水一战的勇气，打胜这一仗!

1988年5月12日，中国石化总公司总经理陈锦华从北京飞来了。随同他飞来的，还有一纸中国石化总公司关于王基铭担任总厂代厂长的任命书。

第五节　破冰、破冰

日夜抢上的速度

那段时间，王基铭最关心的就是工期了。紧迫的工期，时时像警钟一样在王基铭的心中长鸣。工程提前一天竣工，可增加数百万元的产值，而倘若延迟，每天光利息就得付出40万元。这显然是一种沉重的压力，它最直接的症状就是，王基铭每天早上睁开眼睛，第一个反应就是——又来了一个40万。

这种情形让初登帅帐的王基铭意识到，只有进一步加快工程进度，才能起到真正的破冰作用。为解决工程建设进度问题，王基铭要求总厂严格执行网络计划，按控制网络节点安排施工，整个工程系统成百上千个工程节点（工程计划预定目标），必须等同于成百上千道十万火急的军令，催促着建设大军准点完成使命。为督促工程进度，王基铭索性把生产办和总调当做了自己的办公室，没白没黑的钉在那里，从原材料的供应到施工的现场组织、工程质量等，全部纳入自己的指挥系统，不管哪个环节，一旦出现问题，便随时处理解决。

尽管如此，王基铭还不满意。为解决工程建设速度慢、施工力量不足的困难，增调中国建筑工程总局第五工程局第三建筑工程公司等部分外省市和上海郊县施工队伍，使施工力量增至1.5万人。三期工程从此进入到了一个新高潮，金山工地也由此上演了一个个具有英雄主义色彩的感人壮举。

以乙烯中控室和压缩机厂房为例。这是王基铭重点关心的一个工程。这是乙烯装置的枢纽工程，为确保“3.28”开工锅炉点火，工程必须赶在1988年的11月5日前完成主体结构。可是承担建设的石化建筑公司9月15日才中途接收，这就意味着6个月的工作量要缩短在50天内完成。如果完不成，随后的一系列辅助工程就得因其而停工。为加快进度，王基铭多次去到这个工地，与公司的领导干部谈心交流做工作，王基铭恳切地对大家说，现在，你们是关键中的关键，拜托了，拜托大家了！

王基铭发自肺腑的诚恳之言，深深地感动了参战将士们。为了争取时间，现场200多名职工连续挑灯夜战，歇人不歇马，一段时间干下来，人累得眼睛发红，照样坚持工作，不少职工说，我在家里造房子也从未这么卖力过。经过45个日日夜夜的苦战，10月31日中控楼结顶，比节点提前了5天。

此类感人的例子还有很多。王基铭印象最深的，还有工地上一位叫沈明的普通员工。这位员工同样是以自己的奉献与牺牲感动了王基铭。

沈明，金山石化建筑公司职工，他和同伴曾使钢筋预制件的月产量达到创纪录的3600吨，却无暇顾及家中的3亩责任田。1988年的秋收时节，体弱多病的妻子来到单位里，哭着求他回去收麦，他只好在晚上11点加班下班后回家。披着月亮下地，凌晨又戴着星星出现在工地。这还是离家比较近的，家在外地的“半边户”职工，只好花钱雇人干自家的农活了。

石化建筑公司经理陈伯良回忆说，像这样家里雇人种田，损失100元至1000元的职工，有三四百人。在国家利益面前，工人阶级再一次真正组成了与国家和企业共命运的集体。

三期工程，像一个强大的坦克群，以势不可挡的力量稳步向前推进。

两个月之后的1988年7月，王基铭正式出任上海石化总厂厂长。

其任命书由国务院总理李鹏同志亲自签发。

亲抓“五子工程”

王基铭的“破冰之旅”不仅仅是抓生产。抓生产只是这其中的“一手”，另一手便是抓生活、强文化、重教育。应该说，抓生活历来是上海石化各届领导班子的一件头等大事。上海石化总厂在远离上海市区76公里的一片荒滩上建设，从一期工程开始，即坚持生活区与生产工程同步规划、配套建设的方针，为广大职工创造良好的生活环境。一期工程建成试生产时，四个居民新村、经一路商业街初步建成，学校、医院、邮电、公交等市政设施建成投用，一期生活区初具规模。与二期工程同步建设的生活区，其住宅、商业、金融、邮电、文化教育、卫生等各行各业相应扩建。为有效地管理日益发展的社会生活小区，在政府部门的帮助下，上海石化总厂在厂区建立了带有部分政府职能的总厂地区办事处，以及公安、司法、检察、工商行政、物价、财税、民政等机构。

王基铭走上厂长领导岗位后，总结自己20多年的工作历程，深感一个企业要想留住人、留住心，让一个庞大的职工队伍产生强大的凝聚力，仅仅是抓生活还远远不够。生活要抓，文化和教育更应该搞上去，上海、北京这样的大都市，为什么令人向往，原因固然很多，但更重要的是，那里优越的文化氛围和良好的教育条件，则是其中不容忽视的因素。将金山、将上海石化建设成一个“小上海”、“小北京”，让职工从心底真正地爱金山、爱总厂，才是留住人才、凝聚人心的最好的办法。王基铭决定，生活、文化、教育，必须三管齐下，齐头并进，从五个方面来落实，王基铭将其概括为“五子工程”，即：房子、车子、娘子、孩子、票子。这也是抓生产的同时，王基铭亲自主管的一件大事。

抓房子。三期工程投建时，生活区以城市生活小区的标准规划建设，其规模进一步扩大。1993年5月，上海石化总厂生活区已扩大到近2平方公里，建成了包括有高层住宅组成的24个新村，住户达22353户，设立了150个商业服务网点。

抓车子，即抓交通解决出门难的问题。这项工作从老厂长顾传训那儿就开始上手了，王基铭上任后，针对职工“出门难”的问题，继续组织专门力量和资金，八方协调，百般求人，最终建立了1个铁路客运、近10条郊区、省际的长途公交线路（含过境线路）、8条厂区公交线路组成的陆路客运网。

创造条件解决职工“找娘子”难的问题。王基铭通过老同学何洁珠（时任上海妇联副主任）的关系，协调联系上海的纺织厂、崇明农场等女青年众多的单位，搭鹊桥、搞联谊，一对对青年男女喜结良缘。

抓孩子——着力解决职工子女的入托及办学问题。拨出专项资金，顾传训首先在上海石化总厂创办了上海华东师范大学第三附中，创办后的第三附中全是清一色的上海市具有丰富教学经验的教师，教师的奖金包括教师住宅楼，都达到上海市最好水平。后又成立了上海师大二附中。华师大三附中及上师大二附中开办以来，其升学率一直位居上海市一流中学水平，成为上海市中学名校，受到职工群众的好评。上海石化的幼儿教育也取得了稳步发展的喜人局面。

到1992年，上海石化共有幼儿园12所，总占地面积1.75万平方米。有8所幼儿园达到二级幼儿园水平。

抓票子。王基铭上任后，对下属企业根据经济效益发放年终综合奖，职工各类奖金从1986—1990年，平均每年递增27%。1991年，对未实行全员经济责任制的单位，试行目标管理考核，结合考核结果确定发放标准。1992年起，在原经济责任制的基础上，对全厂A类装置综合进行考核，每月评分一次，评出金、银、铜牌奖。1992年，总厂职工年人均收入比上年增加1倍。

与此同时，还完善了报纸、电视、工人文化宫、影剧院、少年宫、公园、体育场等文化体育设施；健全了由金融、保险、邮电、海关、商检、边防等单位组成的外单位驻厂服务系统。这些举措从根本上彻底改变了职工“宁要市区一张床，不要金山一套房”的心态。上海石化总厂不仅成为一个大型联合企业，同时也建成了一座拥有10余万人口的、现代化的石化新城。

第六节　众志成城

严峻的考验竟接踵而来。

1989年的春天里，30万吨乙烯工程陷入到最困难的时刻。流动资金没了，账面上只剩下7000元；材料没了，聚丙烯、乙二醇工地停工待料；工程已进行到一半，北京会议又传来消息，乙烯工程再度引起争议。

最先感受到阵阵寒意的当然是金山的决策层。

2月16日，上海石化总厂召开全厂基建会议。

王基铭走到前面的话筒前。台下的干部们发现，他们的厂长，再不是从前那个神采奕奕的有着无穷精力的壮汉子，凝重的神色让他的表情显得极其肃穆。

同志们！王基铭低缓地开口了。30万吨乙烯工程，从1987年5月开工，到今天很快就两年了。加上我们此前的准备工作，这个工程已经在我们的手上整整做了8年的工作。这8年里，全厂干部职工吃了不少苦，受了不少累，为的是什么，为的就是我们这个民族、我们这个国家，为的就是让中国的老百姓有饭吃、有衣穿，为的就是圆一个强国梦。现在，大家看见了，再有一年时间，30万吨乙烯工程就能出效益了。在座的，都是来自各单位的党员干部，你们或许已经知道，我们现在没有钱了，我们已经没了起码的建设资金。我不想隐瞒大家。的确，我们真的没有钱了。

大厅里静悄悄的，每个人都能听见自己的呼吸。

王基铭的声音开始变得越来越大，洪亮的声音回响在小礼堂的四面八方。同志们，我们这个30万吨的乙烯工程，打个比方吧，先前它还是一只嗷嗷待哺的小鸡，现如今我们已经将它养大了。我们这个母鸡，现在蛋已经在屁股底下能摸到了，这节骨眼上，再一刀抹了脖子，该有多可惜啊！

说到这里，王基铭激昂地举起手臂，大声喊道，我王基铭哪怕就是卖掉家里4大件，也要把乙烯工程搞上去！

一番话，震动了在座的400名干部。掌声骤然响起。

几天后，两个脖子上系着红领巾的小女孩大着胆子走进了厂长办公室，她们向王基铭行了少先队队礼，随即从包里小心翼翼地捧出一个白色的塑料袋，稚声稚气地说：王伯伯，听说30万吨乙烯这只母鸡没米吃，我们石化四小的全体红领巾，献上503.85元压岁钱和零用钱，给母鸡喂把米，让它快点生下蛋。王基铭心头一热，浑身震颤起来。从那以后，王基铭只要一提起金山的小朋友，便会本能地涌出眼泪。

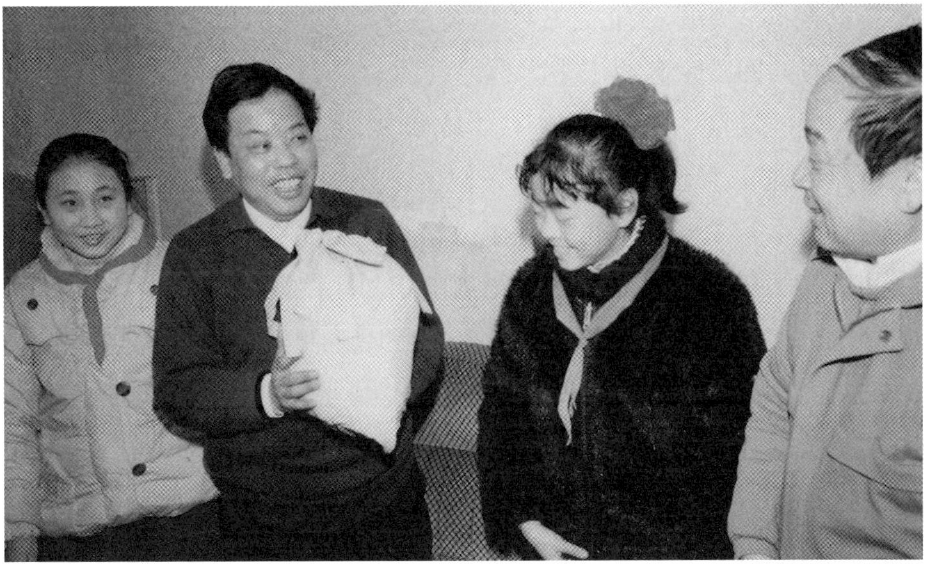

1989年2月上海石化四小的学生向总厂三期工程献爱心

紧接着，退休老干部把家中多年的积蓄寄来了，有的职工把献血的营养费也送来了。公安干警、科技人员，甚至连待业青年也纷纷解囊相助，一个月内就筹集到1200万元。1200万元只占所需资金的1.5%，但是它所表达的对石化事业的忠诚与支持，却是无法估价的!

乙烯工地上，施工力量不足。维纶厂电气车间几名党员致信总厂党委，倡议每天下班后到乙烯工地参加义务劳动。从4月份起，共产党员、共青团员、机关干部、幼儿园老师、大中专学生、医院护士纷纷带上安全帽，组成了支前大军。

1989年5月19日，正值动乱之际，外面有人在游行，王基铭却在石化总厂召开有1800多名干部参加的决战30万吨乙烯誓师大会，成立了政治思想、生产准备、物资供应、生活服务四个指挥部。王基铭本人出任总指挥。同时抽调精干人员，组建由副厂长王观泽任总指挥的13人开车指挥部，下辖开车办公室和二线班子；炼化部、乙烯厂、化工二厂、塑料厂相应建立由经理或厂长任指挥的二级开车指挥机构。全厂上下摆开了背水一战，不获全胜决不收兵的阵势!

这期间，由于受北京政治风波的影响，上海市内的交通受阻，回沪休假的四千余名职工千方百计赶回总厂，坚持生产。6月4日，北京发生“动乱”。一名日本技术人员一边带着耳机收听电台新闻，一边惊讶地问工地上的工人：你们国家发生了这么大的事，难道你们一点也不知道吗？一位安装工人答道，我们工人的天职是在工地上，把30万吨乙烯搞上去就是最大的事。

几天之间，工地上100多名外国技术人员一下子全部被紧急召回了。困难面前，石化总厂的干部工人没有被困难吓倒，他们在外国专家撤走后，更加忘我拼搏。3个月后，外国专家回到现场一看，他们惊叹了：想不到我们走了，你们的工程进度反而加快了。只可惜，我们今年没吃上你们的中国粽子。

第七节　走上前台的新人

如同施放卫星火箭升空一样，乙烯工程的最终考验是装置开车拿出合格产品。怎样才能确保开车一次成功呢？王基铭把这个任务交给了乙烯厂厂长戎光道。

戎光道，1956年出生。1973年入厂，始终奋战在生产第一线，历任上海石化总厂化工一厂副厂长、乙烯厂副厂长、厂长。戎光道热爱学习，勤于钻研，他从操作工、班长、车间主任干起，经过多年的生产实践，成长为一名具有丰富经验的一线生产专家。参加完上海石化乙烯一期、二期工程后，便跟着王基铭去到扬子石化，为扬子石化乙烯装置的最终开车做出了显著的贡献。

尽管如此，对戎光道出任乙烯开车总指挥还是有不少人捏着一把汗。在当时，戎光道只有33岁，33岁的年龄能否担起这样一副担子，这种怀疑就显得非常自然了。王基铭把开车总指挥的重任交给戎光道，除了戎光道丰富的现场工作经验，更重要的是戎光道身上所表现出的强烈的责任心和事业心。为了支持戎光道的工作，王基铭特地将厂里的总工程师委派到乙烯工地现场，做技术上的双重把关。

年轻的戎光道自然也深知王基铭的用心。领命后，便带着车间主任吴曙敏、乙烯车间助工刘谷平，硕士研究生陆儒泉等年轻知识分子开始了对乙烯装置开车方案的技术攻关。

翻开世界记录，在同类装置和有乙烯开车条件下，新加坡最快38小时，西方鲁姆斯开车专利，最快的也要24小时。上海石化总厂的乙烯开车需要几个小时呢？王基铭给出的指令是，开车能够保证不出事故，开出质量就可以了。他希望大家不要赶时间，只要能开起来就行。

所谓“开车时间”，即化工原材料投入装置后，见到合格产品的时间。

在上海石化总厂，王基铭的话可谓是一言九鼎，他的指令就如同军令，但这次王基铭并没有给开车限定一个具体的时间。大家明白，关键时刻，他们的厂长不愿造成太大的压力。但这样却反而激发起了职工们的斗志。

乙烯车间助工刘谷平提出了一个大胆的倒开车方案，希望能充分利用老厂优势，在正式投料之前先让各种物料提前到位，提前暴露矛盾，并可及时捉漏，发现隐患。这种开法国内尚无先例。日本东洋公司开车总代表星井皱紧了眉头倾听完这个粗眉毛青年的发言，却不相信一个30来岁的中国青年技术员能创出奇迹。他立即不容置疑地否定了。刘谷平的发言却引起了戎光道和中方技术人员的重视。会后，他们立即组织力量对刘谷平的提议进行论证和分析。

随后的当天晚上，戎光道便去到总厂“内招”，将这一方案向王基铭进行汇报。听完汇报，王基铭沉思了一下说，搞化工项目，我的意见是，前期工程要充分，建设过程要抓紧，投料试车要安稳。但现在我们既然把点火试车时间早先便定了下来，上上下下也在为这个时间一直搞会战，拖上三天两天虽然算不得什么，影响却不好。大家为按时点火试车出主意想办法，这很可贵。这个方案，原则上我是支持的。干吧，成功了，成绩是大家的；出了问题，我负全责！

王基铭如此的担当，让大家非常感动。为了做到万无一失，经得起理论和实践的考验，各路大军搞起了“地下”攻坚战。每天晚上，刘谷平和青年技术员陆儒泉两人回家把孩子哄睡后，就跑到集体宿舍研究起来，常常干到凌晨二、三点。陆儒泉家楼下住着一个车行的小老板，他看到小陆每天忙忙碌碌，眼熬得通红，还以为他缺钱用，在搞第二职业，就劝他到车行帮忙，一天20元。陆儒泉憨厚地笑了，连忙摇摇手。他说出来小老板也不会相信的：他们要攻克的是一个世界技术“堡垒”。

1989年12月上海石化决战“九〇.二”开车誓师大会

1989年12月10日，30万吨乙烯装置投料开车的日子终于来到了。国内外注视着，石化总公司、上海市领导关心着，10万金山人更是激动而又焦灼。人们视线的焦点，从四面八方聚向上海石化总总厂新生的乙烯厂指挥现场，上海市朱镕基市长来了，总公司盛华仁副总经理一下飞机便直抵指挥部……

1989年12月朱镕基同志视察上海石化工地

11日清晨5时45分，乙烯装置点火开车成功。乙烯厂沸腾了！仅用16小时15分钟，乙烯装置产出了合格产品，同时创造了国内外同类型装置开车最好水平。石化“王子”诞生了！星井先生高兴地蹦到刘谷平面前，像祝贺世界冠军一样。几天几夜没合眼的员工们，都情不自禁地扭过头，男的女的，老的少的，个个泪流满面。

1990年4月1日，《人民日报》在头版显著位置，以大幅的版面发表了上海石化职工江达、郭凤霞的长篇纪实《现代化不是从天上掉下来的》，作为党报的《人民日报》能在头版位置以半个版面的篇幅，发表一篇来自工厂作者的长篇纪实文章，恐怕是不多见的。我们能否这样说，上世纪八十年代末期的上海石化的职工们，正是凭着中国工人阶级主人翁的精神，创造了一个个中国当代工业史上最令人骄傲的奇迹。

答案显然是不言而喻的。

1989年12月盛华仁同志（左三）在上海石化会战工地现场办公（右二为王基铭）

第八节　总理的祝贺

1990年4月16日，30万吨乙烯装置经过4个月的试生产，终于正式投产。

16日，30万吨乙烯投产庆典在上海石化总厂举行。国务院总理李鹏、副总理邹家华、全国人大常委会副委员长彭冲、全国政协副主席谷牧、中央顾问委员会常委康世恩、中共上海市委书记、市长朱镕基、中国石化总公司总经理陈锦华等领导21人，外宾159人出席庆典。

王基铭站在欢迎的人群里，当总理和其他领导健步走来时，王基铭快步迎了上去。

总理你好，我是王基铭！

1990年4月李鹏总理视察上海石化

李鹏总理紧紧地握着王基铭的手，风趣十足地说，基铭同志你好啊，我是早闻其名呐，没见其人，便知其名了。

总理的话让王基铭感到非常荣耀。

随后，王基铭被李鹏请进自己的车上，与总理一道前行。

在这个庆典上，国务院专门发来了贺电。李鹏欣然剪彩并发表了热情洋溢的讲话。在讲话中，李鹏对30万吨乙烯工程的建成，使得上海石化总厂乙烯的生产能力达到了45万吨，成为我们国家在乙烯生产技术最先进、规模最大的企业表示祝贺。针对上海石化总厂利用部分外资，引进部分国外的先进技术的情况，李鹏高兴地说，这个工程的建成投产，既是自力更生的产物，也是改革开放的产物。他希望上海石化总厂“在今后的生产运行过程中，能够加强维护，加强管理，实现稳定生产、安全生产，为国家提供更多更好的石油化工产品，弘扬金山精神，为发展中国的石油化工实业做出新的贡献。”

会场上，李鹏总理的讲话多次被热烈的掌声所打断。

李鹏的这个讲话在上海石化总厂干部职工中，同样引起了非常热烈的反响。一个大国总理，能在百忙之中抽出宝贵的时间，从北京来到上海，来到自己的企业，令职工们感到骄傲和欣慰。

对此，王基铭有着非常强烈的感受。就在同年的9月19日，上海石化总厂召开了五届二次职代会，就是在那个会上，王基铭作“全厂总动员，奋战一百天，为全面完成年度各项任务而奋斗”的报告。在此之前，王基铭还担心连续的高强度工作，会让已是满负荷工作的职工产生厌战情绪，但事实却恰好相反，那次的会战出色地完成了原定的会战任务。1991年，上海石化总厂完成工业总产值36.97亿元，实现利税13.26亿元，全面完成国家下达的生产任务。

1992年4月，随着高压聚乙烯装置试车完成，30万吨乙烯工程一阶段和完善配套项目全部投入试生产，为工程早出效益奠定了基础。至同年12月，试生产运行日趋稳定，产量质量不断提高，除高压聚乙烯装置外，其余6套装置均已完成单项考核验收。它意味着上海石化总厂三期工程全面建成投产。

至此，一座座巍峨的装置像巨人般屹立在杭州湾畔，一个愈加强大的企业屹立在东海之滨。有人曾向王基铭提议，说应该建一座碑，一个个刻下建设者们的姓和名，以示后人；还有人提议应该为他们写一本传记，或拍一部电影。

王基铭没答应。

在王基铭看来，这应该是上海石化总厂的一个新开端，未来的道路还很长很长。

第十章

打造中国第一家走出国门的改制企业

30万吨乙烯工程胜利投产后，针对上海石化面临的新问题，王基铭积极探索企业发展的新路子，带领上海石化总厂在股份制的改造中摸索前行，使上海石化总厂在艰苦努力后，成为改革开放后中国第一批国企股份制改制企业，上海石化总厂成为第一个走出国门，在“三地”同时上市的股份制企业，为上世纪九十年代的国企改革探索出了一条成功之路。

第一节　审时度势寻求突围

当许多人还沉浸在喜庆和欢乐中的时候，王基铭已开始为上海石化总厂未来的发展谋划更长远的规划了。

上海石化1990年建成的三期工程，救活了闲置七年的我国第五套30万吨乙烯装置，使国家在金山的固定资产从48亿元上升到100多亿元，翻了一番，也使我国的乙烯产量上升到世界第八位，跻身世界石油化工大国的行列。但同时带来的后果是，上海石化总厂因此背上了沉重的债务包袱，尽管上交的利税排名上海市第一位，企业真正的盈利却不尽人意，这就意味着上海石化总厂，其未来的发展是缺少后劲的。

对这种状况，作为总厂厂长的王基铭自然看得非常清楚。王基铭注意到，通过股份制改制上市来筹措企业发展资金，应该是一个不错的路子。1991年，陈锦华（时任国家体改办主任）来上海石化总厂进行工作调研时，王基铭就曾对陈锦华建议，要求搞股份制改制试点。

王基铭之所以提这么个建议是有自己的根据。党的十一届三中全会后，股份制的组织形式首先在乡镇企业中出现，为解决创业资金短缺开拓了路子。1984年4月，国家体改委召开城市经济体制改革工作座谈会，肯定了一些企业“职工投资入股”的做法，各地股份制试点陆续展开。1989年12月，时任上海市委书记兼市长的朱镕基召开市委常委扩大会议，决定筹建上海股票交易所。朱镕基曾经把这件事情当面向邓小平汇报。在得到邓小平的支持后，1990年12月19日，上海证券交易所宣告成立，成为新中国第一家证券交易所。次年里，深圳证券交易所也正式成立。

期间，陈锦华已于1990年9月调任国家经济体制改革委员会主任。见王基铭这样说，陈锦华沉吟了一下说，暂时先缓一下吧，目前社会上对股份制争议大，这里又是国企，国家对这方面的政策还没有形成一个明确的意见。

尽管这样说，但陈锦华毕竟了解上海石化总厂的难处，作为当年中国资深的经济权威，他从内心是赞同的，便没有把话说死。

1991年10月陈锦华同志（右二）视察上海石化

陈锦华说，这个事，我放到心里想着吧，你们也可以在这个方面先做一点基础性的准备工作。

这么说，实际上就等于留了一个活口。

1991年的1月19日，邓小平来到深圳，在与市委书记李灏谈话中，他就证券、股市问题发表了看法。他说，证券、股市，这些东西究竟好不好，有没有危险，是不是资本主义独有的东西，社会主义能不能用？允许看，但要坚决地试。看对了，搞一两年。对了，放开；错了，纠正，关了就是。关，也可以快关，也可以慢关，也可以留一点尾巴。怕什么！坚持这种态度就不要紧，就不会犯大错误。总之，社会主义要赢得与资本主义相比较的优势，就必须大胆吸收和借鉴人类社会创造的一切文明成果，吸收和借鉴当今世界各国包括资本主义发达国家的一切符合现代化生产规律的先进经营方式、管理方法。

邓小平的这段讲话，终结了关于股份制性质的争论，也让时刻为上海石化走出困境而殚精竭虑的王基铭眼睛一亮。

1992年1月下旬，上海石化总厂召开五届五次职代会，在这个会上，王基铭作了题为《立足固本强基，转换经营机制，推进技术进步，开拓性地把我厂事业推向新阶段》的工作报告。在这个报告里，王基铭释放出了一个明确的信号，那就是要在上海石化总厂对经营机制进行强力转换。

一个多月后，这个信号得以验证。3月10日，上海石化总厂随即便成立了以王基铭为组长，党委书记王名实、副厂长周耕农为副组长的深化企业改革领导小组，并设置了十大课题组，其中的一个课题便是“股份制”研究。

为取得上海市委、市政府的支持，王基铭首先找到副市长徐匡迪汇报了自己的想法，希望能得到徐匡迪的支持。徐匡迪说，国有企业特别是像上海石化这样的大型企业，能不能搞股份制改造，中国目前还没有先例，最终的决定权包括上海市恐怕都没有权力决定。徐匡迪最后表示，可以在适当的时候，把上海石化的这个思路传递给朱镕基副总理。

20世纪90年代初期，股份制在国人的心中还是一个十分陌生的概念，有许多人甚至直接把这个词儿和资本主义联系在一起，似乎股份制天生就是资本主义社会的东西，对股份制谈“股”色变。股份制课题组的成员便向王基铭建议，从上海市请专家来总厂上课，对股份制这个概念做一点普及性的传播。

王基铭同意了。

随后，上海石化便请来了市委政研室、证券公司以及创办不久的证券报的同志前来讲课，听课的学员则是上海石化处级以上包括总厂的领导。这一次的讲课，从思想上对上海石化管理层的领导干部产生了强烈的震动，也是一次解放思想、转变观念的总动员。它首先从领导干部的内心深处，一举扫清了股份制改革所存在的障碍。4月8日，受王基铭的委托，总厂副厂长周耕农带人走访中国证券市场研究设计中心，咨询上海石化进行股份制改革的有关事宜。

1992年4月29日，国务院副总理朱镕基会见香港联合交易所主席李业广，明确表示要选择十家左右国有大中型企业到香港上市。

随后的5月3日，王基铭率领上海石化大型工作汇报组进京，就总厂生产经营与企业改革的难点和实行股份制改革的设想先后向国家体改委等国务院有关部委和中国石化总公司作汇报。

王基铭将其视作为进京赴考。

第二节　进京赴考

王基铭很看重这次的汇报。

他明白，这个汇报事关重大，是一次真正的“面试”，一旦砸了锅，被国家领导部门认为改制时机不成熟，上海石化总厂则很有可能就此打住，日后再推进股份制的改制工作，便不是延迟一年半载的事儿了。为顺利地完成这个汇报，王基铭动了真格的。除留下一个管生产的常务副厂长王观泽以及一个分管经营的副厂长辜昌基、分管基建的副厂长张一飞，其他领导连同相关处室的主力人员全部进京，集中精力抓好攻关工作。

进京前，王基铭先后和陈锦华、盛华仁专门做了电话汇报。陈锦华肯定道，上海石化的思路很好，现在，国内对股份制反对的声音，自邓小平南巡之后，已没了大的杂音，可以往前做进一步的推进。基铭呀，这次是个大考，放下包袱，安心上阵吧。

陈锦华在电话里大声地鼓励道。

盛华仁也表示支持。盛华仁的意思是，只要未来的上海石化总厂，仍留在中国石化总公司的方阵里，中国石化将尽力支持上海石化总厂完成改制工作。

进京没多久，“大考”便来临了。地点是国家体改委的会议室，考官除了国家体改委的主要班子成员，还有国务院财政部、国家计委等部长级领导。除了大批的高官，会场上还来了许多抓新闻的国家媒体记者。炮筒般的长镜头，让整个会场显出一种异样的紧张气氛。

尊敬的各位领导、同志们：

现在我把上海石化总厂的情况向大家作个汇报……从1972年建厂到1992年的20年间，上海石化累计实现利税147亿元，为国家提供了大量的有效供给，为国民经济的发展做出了重要贡献。

——但是我们现在遇到了困难。特别是在自筹资金建设的第三期工程投产后，企业规模跨上了一个大台阶，同时也背上了沉重的债务负担。至1992年年底，企业欠外债4.7亿美元，企业债券13.5亿元人民币，其他内资债务30多亿元人民币，合计负债70多亿元，企业资产负债率高达75.4%。为偿还到期债务，企业只得发行新债还旧债，先后共发行了8期企业债券，而债券的平均年利率为12.35%，远超过了企业的投资收益率，使本来国家和企业应得的效益，以利息形式转移到了银行和社会。

会议室里静悄悄的。

所有人的表情开始变得冷峻起来。

——以上是经营状况。同时，上海石化总厂还是一家集生产、生活服务、社区管理为一体的联合企业，是“企业办社会”的一个典型……承担着整个石化地区约10万人的政府性、社会性职能，使上海石化的社会负担日益加重。随着企业和社区规模不断扩大，属于政府和社会职能的开支，每年递增20%左右。加上管理体制的原因，企业缺乏经营自主权和内部激励机制，企业留利仅是企业创造利润的4.33%，根本无法实现自我积累、自我发展，严重制约了企业的发展后劲。

王基铭说到这里，内心和所有的与会者一样变得沉重起来。他抬起头恳切地说，我们必须改制，只有改制，只有改革，我们的企业才能重新卸掉包袱、轻装上阵，才能为国家作出新的更大的贡献。请各位领导支持我们吧。支持我们，就是支持上海石化，就是支持重负中渴望图为的国企，我们需要你们的支持！

这么说着，王基铭便感到自己的眼睛湿润了。

一个分外严肃的会议，在这个时刻变得充满了人情味儿。

浓郁的人情味儿里，还有着一种说不出的悲壮。

在场所有的人，无论是共和国的高官，还是新闻界的“无冕之王”，大家从王基铭这里感受到的，是一个共产党员对国企发自内心的爱戴之情。

众多的感动者里，便有来自新华社的记者吴复民。

6月6日，吴复民在新华社《国内动态清样》第1402期，发表题为《上海石化总厂为国有资产增值50多亿却咽下苦果，唯有进行股份制改革才能尽快摆脱困境》的文章。

国务院副总理朱镕基在该文章下批示：金山要求进行股份制改革的理由，新华社的《国内动态清样》已经写得很清楚、很充分，我们的态度是两个字——赞成。

国务院副总理邹家华批示：上海石化总厂进行股份制试点是一件大事，一定要搞得规范。

绿灯亮起！

1990年4月邹家华同志在上海石化现场办公

国务院副总理邹家华同志在上海石化题词

第三节　摸索前行

1992年6月6日，上海石化总厂向中国石化总公司提出股份制改制申请，恳请将上海石化总厂列为国家体改委的股份制企业试点。事隔6天后的6月12日，中国石化总公司审查了上海石化总厂的可行性报告后，向国家体改委申请将上海石化总厂列为国家股份制试点企业。

又过了一周，趁上海石化总厂召开建厂20周年庆祝大会之机，国家体改委主任陈锦华来到了总厂。在会上，陈锦华对上海石化20年的发展历程给予了高度的评价，对未来的股份制改制持予肯定和支持，但对改制的具体做法，陈锦华在会上并没有做过多的阐述，而是在下来后单独同王基铭就此做了专题的商议。

商议的地点是在原总厂办公楼，时间是在庆祝大会的当天晚上。王基铭简单地陈述完改制的准备工作后，请求老领导能进一步创造条件，帮助促成此事。陈锦华没有明确表态，但那个晚上的陈锦华情绪比较高涨，这让王基铭多少有些放心。

陈锦华将话题的重点放在了对改制工作中存在的矛盾和问题上。王基铭坦诚地对陈锦华说，目前最大的困难是，国内尚没有国营企业的股份制改革案例，没有现成的经验可以参照，我们担心这方面力量的欠缺，会影响改制的推进步伐。

考虑到自己稍微的出言不慎，可能会影响锦华同志的态度，王基铭在讲述矛盾和问题时，谈得有些小心翼翼。

陈锦华却没有太当回事儿。陈锦华说，我这边（体改委）来了几个年轻人，都是从国外回来的专家，学的就是经济管理，对股份制有所了解，可以让他们过来一起看看，也算加强一下你们这边的力量。

陈锦华向王基铭推荐的几个海归，其中便有后来在中国证券界知名的权威人士李青原、高西庆、聂庆平、王东明等，只不过在当年，这几个人还仅是初出茅庐的毛头小伙儿。当初学成回国后，暂时在体改委就职，关于股份制改革，几个人也没有什么经验。好在年轻，年轻人精力旺盛，建功心切。到了上海石化总厂，用了不太长的时间，便初步掌握了上海石化的经营状况、企业诉求，同时结合国际案例拿出了一个试行性的方案。

在这个方案里，他们提出了一个建议，即将上海石化的企业债务当成股份进行发行，同时建议未来改制后的上海石化，应是一个国家持股最大的一方，以此来确保国家主导的企业地位。

在王基铭看来，有了这两个建议，就等于帮自己破解了最关键的重大难题。

原来，王基铭最操心的就是企业的债务以及未来上海石化归属权的问题。

更令王基铭欣慰的是，这个方案受到了国家体改委的重视，并最终采纳。

8月12日，国家体改委等六部委形成了《关于将上海石化总厂改组为股份制企业试点的批复》。在该批复中，提出了上海石化股份制改制的16条意见，明确了上海石化以何种方式成立股份公司；初步确定了股票发行的额度、种类及上市地；明确了资产投入的原则，非资产、服务性资产的剥离和管理；投入资产的评估、人事管理等有关政策及各项审批程序。

1992年9月，国务院批准上海石化等9家企业为首批规范化股份制改制试点企业。

第四节　瞄准“境外上市”

王基铭盯着的更大目标是，未来的上海石化总厂要通过股份制改造，不但在国内上市，还必须走出去，与国际上市公司在国际市场竞争中平起平坐，力争把上海石化总厂打造成一个乘风破浪的远洋巨轮。

这个想法得到了刘鸿儒的支持。刘鸿儒坦率地说，要搞，就搞大点，不但要在国内上市，更应该去国际上上市，把国外的钱拿回来才是。

刘鸿儒，上世纪五十年代的留苏学子。1957年11月17日，毛泽东率代表团到莫斯科同苏联领导人谈判后，就来到莫斯科大学礼堂与中国的留学生代表见面。毛主席那段著名的“世界是你们的，也是我们的，但是归根结底是你们的。你们青年人朝气蓬勃，好像早晨八九点钟的太阳，希望寄托在你们身上，青年人应具备两点，一是朝气蓬勃，二是谦虚谨慎。”的教导，就是对以刘鸿儒为代表的研究生们说的。1991年，刘鸿儒时任国家体改委副主任，是陈锦华的副手，1992年之后担任中国证券监督管理委

1993年6月中国证监会主席刘鸿儒同志在上海石化考察

员会首任主席。

刘鸿儒的话展示出此人不凡的胸襟和魄力。

说来也巧，这个话说出来没多久，香港联交所便伸出了橄榄枝，表示出了欢迎上海石化到香港上市的意愿。好倒是个好事，但去大陆以外的地方上市，在整个中国都还没有这样的先例。为此，国家计委专门在香港搞了一个研讨班，主题便是怎样去境外上市。王基铭带领上海石化总厂的四位同志前往香港参加研讨班的学习，这是一个比较系统的关于股份制改制的理论培训，也是一个具有“速成”性质的培训。

学习归来，王基铭开始起了自己的运作。

为做好前期的准备工作，王基铭决定“打扫厅堂迎接客人”。

打扫厅堂，就是在上海石化总厂内部先行开展自我资产清查，这也是进行资产评估的前提。固定资产超过100亿元的上海石化总厂，从1992年7月就开始全厂动员，整整花了3个多月的时间，全面清查资产，按生产、辅助、科研、设计、教育、管理、事业、工会、房产、社会等11个系统分类汇总。清查结果分别登记造册，全部输入计算机系统。无形资产、土地、房产、固定资产目录、各生产装置竣工决算等资料也一应俱全，为“客人”的到来，——专业评估机构进行资产评估提供了良好的条件。

1992年的10月22日，对王基铭同样是一个具有重要历史意义的不平凡的日子。

——王基铭作为中国共产党第十四次全国代表大会的代表，赴京出席大会。

月底，国家体改委会同12个部委办局组成的规范化股份制企业试点联络组，来到上海石化总厂指导股份制改制工作。围绕“规范”二字，国务院有关部门对上海石化总厂做了认真的检查，一致认为该厂在前期的股份制改制工作的推进上，具有一定的规范性、典型性、样板性和示范性。11月22日，国家体改委在上海石化总厂召开全国股份制规范化试点企业工作现场会，到会的代表是中国首批参与改制的九家重点企业，王基铭代表上海石化总厂在会上汇报了总厂股份制试点工作情况。

国家体改委把全国股份制规范化试点企业工作现场会放到上海石化，并让王基铭做专题发言，这自然是因为上海石化的股份制改制工作处于领先地位，是对上海石化总厂股份制改制前期工作的肯定和认可。但王基铭将这个会议当作了一次进一步转变上海石化全体干部职工思想观念的一个良机，他请国有资产管理、土地管理、财务税收、金融证券、审计会计等方方面面的专家，给全厂中层以上干部讲课，尽快熟悉和掌握各种新的专业知识。同时，在金山电视台和厂报《新金山报》等传媒上刊登介绍股份制的文章，系统地普及股份制ABC。这次大规模的面上培训和造势，为上海石化总厂进一步统一思想起到了一个非常重要的作用。

接下来，按照股份制改造的有关要求，上海石化总厂便进入到了选择会计师、承销商和评估师的工作程序中。在此之前，上海石化总厂进行股份制改制的消息已被境内外众多机构所得知，不少机构纷纷要求参与合作，因为这不仅是一笔有钱可赚的大买卖，也能大大提高这些机构的知名度。一时间，上海石化有关部门的电话铃声不绝于耳，有些境外机构还千方百计打听企业实力派人物的行踪，个别的甚至许诺安排其子女出国等，企图借此做成生意。这种情况当即引起了王基铭的高度警觉。

王基铭为此专门召开班子会议，严肃要求班子成员要在企业发展的关键时刻管住自己，不能因为个人的蝇头小利，丧失立场，出卖灵魂，损害公司的整体利益。王基铭强调，一旦发现此类干部特别是领导班子中的败类，则从重从严处分，绝不姑息和手软。总厂领导班子最终形成了“提高透明度，坚持公开化”的招标工作原则。

事过多年，上海市前经委副主任、原上海石化总厂主管经营的副厂长辜昌基在谈到这件事的时候，用动情的口吻追忆道：基铭老总带队伍抓班子，能下狠手，尤其是在抓廉政建设上能不讲情面。说实话，我们现在最感激他的就是这个，这才是真正的爱护干部。

根据“提高透明度，坚持公开化”的原则，1992年10月，在国家体改委、人民银行主持下，上海石化总厂邀请上海的申银、万国、海通、国泰4家证券公司同时投标，请他们分别提交发行建议的方案。在选择境外承销商时，接触了十多家，最终向其中符合条件的6家发出投标申请。

在这个过程里，王基铭有着自己的独到的原则。他特地要求，凡是来到上海石化的机构，必须能与上海石化总厂的企业形象、地位相称，标准只能高，不能低，更不能降低要求。上海石化总厂根据王基铭的指示，在选择工作中依次制定出了不同的规范标准。

选择会计师方面，上海石化总厂根据王基铭的要求，制定出了八条标准来严格要求对方。进入上海石化的会计师行，在协助中国企业的上市中有成功的经验，可为本企业上市审计提供智力保证；提供的建议书具有实际操作性，符合中国的国情、厂情；在石油化工专业方面具有一定的专业经验等条件。

选择法律顾问方面，上海石化同国内2家律师事务所和4家境外律师行接触，听取各方面的意见和建议，并请他们分别报来项目建议书；同样，选择评估师方面，香港联交所要求有境外评估师参与资产评估。为此，上海石化同3家具备同级别评估能力的海外评估机构接触，请他们报出有关日程、内容、方法、合作态度、语言能力等内容的建议书，从中选定一家国际性评估公司与国内评估机构合作评估。

经过招标与反复权衡，上海石化总厂正式聘请万国证券公司和美国美林证券公司分别为即将成立的上海石油化工股份有限公司股票上市发行的国内、国际主承销商。聘请由香港毕马威（华振）会计事务所牵头进行业绩审计，毕马威会计事务所为核数师兼申报会计师。聘请北京海问律师事务所和香港高特律师事务所分别为股票发行人的中国和境外法律顾问。聘请中国经济与法律咨询公司和美国评值公司为资产评估师。

这批人到上海石化不为别的，只有一个使命，那就是专门来搞资产评估、业绩审计、盈利预测、股票发行上市。作为准备改制的企业，这些工作是股份制改造必须进行的前期工作，合理合法的资产评估、准确可靠的审计核查、科学成功地发行上市，直接关系到股份制企业规范化试点的成败。

这是1992年的11月底。

1992年11月陪同国家经贸委主任王忠禹同志视察上海石化

第五节　翻出“家底”晒太阳

11月的月底，以毕马威（华振）会计事务所为核心的70多位中外会计师进驻现场，分成12个组，到各分厂进行全面的对账、查账工作，同时对1990~1992年3年的账目按股份制会计制度要求进行转换。这样，由申报上市会计师签署提交的财务数据，真实地反映上市公司最少为期三年的经营业绩和后三年的盈利预测，郑重地提供给承销商。

这群人驻在厂里长达100多天，几乎把上海石化的“家底”来了个兜底翻。企业除了技术秘密，从1991年起，前三年的经营状况全部暴露无遗，无密可“保”。与此相比，以往的一切“大检查”都显得“黯然失色”，尽管上海石化人都已做了充分的思想准备，但此情此景还是有了一种“被剥去衣服”的感觉。

一位香港会计师想挑点毛病，清晨5点钟和两位同行赶到化工二厂翻查账目。他指着库存一栏，要求马上到仓库去实地检查。记录上写着“500张砂皮”，他一张一张点数，点到最后，一张不多，一张不少，正好500，这才罢休。有些零件用牛皮纸包装，100只一封，以往都是一封一封计数，香港会计师在抽查范围内硬是拆了封一只一只点数。

另有一位香港会计师在炼化部查账，晚上9点钟爬到储罐顶上去查看储量记录，然后和值班人员的记录进行对照。钢材也不是一堆一堆估数，而是逐一用磅秤称重量。

境外的会计师还进行“跟踪管理”。如果报表上有10件货物的记录，领走5件，他们要查领料凭据，再到领料部门追查使用结果，追查多余的货物是否返回仓库等。

几乎每位会计师都想出了种种抽查和突击对账的办法。在100多天里，他们抽阅的账目足以装满两个20平方米的房间。境外这些专业人员这样做，是因为对自己核查后出具的证明负有法律责任。上海石化严密的基础管理经得起检查，令境外人员口服心服。然而，上海石化的一些职工在感情上却不大舒服，有某种失落感，感到“出了钱找麻烦”。

实际上，这是上海石化人经受的一次激烈的思想冲撞，也是一次严格的考验。

首先是企业角色的“换位”。长期以来，企业对生产业绩的评价是“以我为主”，只接受上级的审查。而实行股份制改造，企业首先要变成接受审核的对象，所有的评估、审计、预测、募股设计，都由社会的专业机构确认，企业只能老老实实当“配角”；在股票上市以后，企业的经营业绩更不能自己说了算，都要由社会机构出具证明。

这也是企业经营心态的一次根本转轨，是变“关门经营”为向社会公开、透明。上市公司要定期向社会公布财务和经营状况、资产负债率情况、利润分配和投资决策等。企业从改制的那天起，就要牢固树立一个观念：自己的一举一动，包括企业领导人的动向，都要置于千百万股民众目睽睽之下，接受社会和股民的监督及制约。没有这种勇气，就不能搞股份制。

作为上海石化的带头人，王基铭对这些原是做了充分的思想准备。当境内外专业人士蜂拥而至时，王基铭将石化总厂最好的金山宾馆腾出来，全部包给这些人居住，自己则在最不起眼的宾馆会议室旁边找了一间房子住下来。评估工作做了100多天，王基铭在那里也住了100多天。王基铭这么做，就是为了第一时间掌握每天的评估工作动向，协调评估工作顺利开展。与此同时，王基铭将全厂100多个财经大学毕业生和基层年轻的财会人员组织起来，让他们一对一地拜境内外专业会计师为师，与他们一起对账，边学边干。

但到了后来，包括王基铭本人也开始头上冒汗了。

这是1993年1月，境内外的股票主承销商、法律顾问和评估师相继进厂，他们也带来了严格按上市规则、上市要求办事的严谨作风。上海石化总厂同这些国际上著名的证券机构联手开展股份制改制和股票的上市工作，对后来的中国企业和证券业走向世界、建立规范化的股票发行一级市场，带来了不可估量的影响。从某种意义上讲，这是上海石化股份制改造所带来的另一个意料之外的收获。

境外股票主承销商美林证券公司和法律顾问在掌握了大量的资料一次次地考察企业的生产装置之后，向上海石化总厂提出了138个问题，要求每个问题都有明确的答复、批文、合同或有效证明。

138个问题，便是138道特殊考题，而考生则是王基铭。

这些“考题”里，其中便有这么一道题。这道题指出，上海石化总厂“劳动生产率不高，人太多”，按照国际惯例，这道题的通常解法便是企业进行裁员，但上海石化总厂能这么做吗？

王基铭的心颤抖了。

石化总厂的这些职工从1972年开始，便从大都市来到了金山这片土地上，头顶蓝天，脚踩荒滩，睡“猪公馆”，住“破车棚”，用青春和汗水让荒滩变成了一座美丽的石化城，裁员无论从哪个方面讲，于情于理都让人难以接受。

再说了，这么好的一支队伍，一分为二，离开了企业，职工们未来的生活会因此受到重大影响吗？王基铭心里没底，而现实又是客观和严峻的，如果不减少非生产人员，不实行剥离，十几万金山人都围着56套生产装置这口“大锅”吃饭，以上海石化总厂眼下的实际情形看，即便上市也未必会有大的发展，毕竟，没有一个股东会选择一个负债率高、盈利能力后劲不足的企业。也因此，要想进一步推进企业的发展，就必须也只能按照国际惯例进行企业重组，只有通过企业重组，建造一批新船，组建“联合舰队”，才能达到较高的资本利润率。

为了上海石化总厂的发展，大不了我王基铭和剥离出去的职工一起去到社会上进行二次创业。王基铭咬咬牙告诫自己。

这么想，便实际上已下定了最后的决心。

第六节　山重水复“已”无路

剥离社会人员，需要得到上海市的支持。企业办社会在90年代之前的计划经济时期是中国社会的一种极为普遍的现象，上海石化自建设以来，为方便和改善职工生活，经过20年的努力，已建设成一个标准的样式齐全、门类多样的石化现代化小城，从文教卫生到公检法税收，从道路交通到城镇管理，是一个典型的无所不有的小社会。人说上海石化“除了飞机场、火葬场样样都有”，这话在从前是一种自豪，但要实现与企业的剥离就绝非那么简单了。

企业重组恰似一场脱胎换骨的大手术。企业将二十年发展的各个历史阶段所积淀下来的不合理的资本结构、资源配置、利益结构，进行一次大的调整。在计划经济体制下备受保护的上海石化职工开始觉醒，人人感受到了市场经济竞争的压力和风浪。享受惯“大福利”的上海石化职工，现在要自己买房住，要支付与上海市区接轨而高出以往许多倍的煤电水费，少不了埋怨。尽管大家平时也埋怨“平均主义、大锅饭”，但真正要把“大锅饭”端掉，让大家“分灶吃饭”，就牵肠挂肚，产生了“剪不断理还乱”的痛苦。人们追求“背靠大树好乘凉”的“安全感”，而少了商品经济要求的竞争意识和危机感。据王基铭的司机干文正回忆，那个时期，自己下班后去到职工澡堂洗澡，听到的最多的便是职工对这种大锅饭被打破后的不满。这种不满到了最后，就免不了受到个别人的牢骚甚至辱骂，辱骂的对象最后便全部集中到了王基铭这里。

王基铭对此其实早有耳闻。他所能做的，就是利用各种场合和机会，大会小会的宣传股份制，反复地给大家讲厂情、谈未来，鼓励大家要向前看。不少职工慢慢地便也冷静了下来。是的呀，既然企业要搞股份制，要同国际接轨，怎么可能住房和煤电水费同上海市不接轨呢？股份制改革便成了深化企业各项配套改革的契机。

许多时候，王基铭可以忍受属下职工因一时的不解而对自己产生的不满、牢骚甚至谩骂，但却难以忍受改制过程中来自上面的阻力。1993年春节过后，社区剥离移交工作还没有最终敲定，中国石化总公司会同国家发改委、体改委、中国证券监督管理委员会一起，去上海市政府商议有关上海石化的社区剥离移交工作。

前往上海市政府的，有中国石化副总经理李毅中，中国证监会主席刘鸿儒、国家体改委副主任洪虎，以及国家体改委的李小雪、中国证券业会的聂庆平。洪虎、李小雪、聂庆平三人，皆出身显赫、来历不凡。洪虎、聂庆平二人的父亲分别是开国将帅洪学智、聂荣臻，而李小雪的父亲则是党内元老李雪峰。

王基铭作为当事单位的代表，一同前往。

那天的面谈却并不顺利。

出面会见李毅中一行的，是当时上海市的主要领导黄菊。

听完来意，黄菊没容商量，便对社区等辅助产业的剥离一口回绝。

黄菊说得倒也实在。黄菊说，你们是国有特大型企业，随便就把几万人交给地方政府，我们怎么养活？要养活也可以，你们得拿钱出来。

也许是觉得话说得有些重，黄菊将口吻适当地放缓了一下继续说，上海石化不是有职工对改制持保留态度的么，既然这样，可以暂时先退回去么，至少再放缓一下，慎重稳妥为好。

黄菊的话令在场人员大吃一惊，面面相觑，不由得纳闷，心里却都明白，黄菊之所以这样讲，显然不是无的放矢，应该是从什么渠道了解到上海石化的部分情况。

事后才慢慢得知，黄菊有个亲戚当时在上海石化职工医院就职。事实上，这个亲戚反映的意见，恰好代表了当时部分职工对企业的一种难舍之情。

语气虽然放缓了，但继续商谈的大门实际上已经关闭了。

商谈无果，几个人便打道回府。

来到下榻的上海大厦宾馆，情绪却糟的厉害，一干人拉着脸坐在房间里，谁也不愿开口。

“怎么能就这样退回去呢？我们现在越来越清楚，世上有很多种力量是可以借用的，既然可以借用，为什么就不用呢？”沉默中王基铭首先开口了。

“这个情况我看有必要尽快上报总理。”洪虎提议道。

这是一个颇有分寸的负责任的提议。上海石化总厂是国务院公布的第一批九家股份制试点企业之一，也是九家企业里规模最大的国有企业，上海石化如果不能上市，未来的国企股份制改造就等于在很大的程度上夭折，作为国家体改委副主任的洪虎，当然有必要在第一时间将情况上报给国务院主要领导。

洪虎的建议得到了大家的支持。

随后，李小雪根据大家的意见，起草了一个情况反映。由于写的比较急迫，字迹显得比较潦草，《新金山报》记者郭凤霞一字一句地读给打字员，再由打字员敲打出来。郭凤霞此番前往，原本是准备在第一时间抢抓新闻，却没想到成了临时秘书。

当晚，李毅中、刘鸿儒、洪虎三位部级领导郑重地在“情况反映”上签上自己的名字，然后当场将信封做了封口。

两天后，北京，国务院副总理朱镕基亲自出面协调此事。

至此，上海市终于敞开了大门。

宽厚老成的中国石化总公司总经理盛华仁倒是比较理解黄菊的心情，也体谅上海方面的难处。因此，尽管上海方面答应接收，盛华仁还是从爱护的角度提出了折中方案，即，在生产辅助系统的剥离上，可以先缓冲一下，不妨先成立一个“金山实业公司”，将生产

朱镕基同志在上海石化

辅助系统的职工全部纳入到这个里面去，金山实业公司暂由中石化代管，一方面可以解决走向市场后存在的矛盾和问题，另一方面也算是扶上马走一程。为此，盛华仁决定，代管期间，每年由中石化出资1.7个亿，扶持金山实业公司的发展。

王基铭对这个决策十分感动。从心底里明白盛华仁的苦心，作为搞企业的领导，谁都对自己的职工有着难以言说的深厚感情，这个建议毫无疑问是一个更加负责任，也更具感情色彩的决策。

有这个决策在先，王基铭力主将上海石化总厂所持有的大量股票、有价证券以及近一半的土地给了金山实业公司。这些股票和证券原是上海石化准备用作将来发展的基金，现在全部都给了金山实业公司，而土地在上海寸土寸金的九十年代，更是弥足珍贵。

王基铭对班子成员动情地说，上海石化总厂一旦完成股份制改造，好歹还有成套的现代化生产装备，而我们这些被剥离出去的职工、多年来陪着石化共成长，他们就要去闯荡社会、闯荡市场了，我们尽自己的能力给他们一些帮助，这难道不应该么。

王基铭入情入理的提议最终得到了班子的通过。随后，在新成立的金山实业公司中，王基铭兼任董事长，他到底还是兑现了和大家工作在一起的想法。

第七节　香港有“客”来

春天里，上海石化总厂的股份制改造已进入倒计时阶段。

1993年4月中旬，香港联交所组织董事及股东代表前往上海石化总厂进行考察，这次考察实际上是对上海石化能否进入香港股市，所做的一个最后“表决”。由于前期已有了翻江倒海般的调查，上海石化各方面的经营状况已经有了一个非常详尽的书面上的东西，这次的考察其实也就是一个参观性质，本身看起来多少倒有些走过场。

尽管如此，也不尽然。毕竟就香港方面来讲，这是一个眼见为实的过程。正如我们平常所说的，100个鞠躬鞠了99下，但缺了最后的一“哆嗦”，也同样会功败垂成。

因此，这次的现场实地考察同样具有非常重要的意义。

简单而不失隆重的欢迎仪式后，王基铭向香港客人介绍了上海石化总厂的有关情况。上海石化的厂史及现状，对王基铭来说已烂熟于心，但今番相对香港客人，王基铭并没有过多地把时间花费在对厂史的介绍上。王基铭认为，自己的发言重点，应该是在有限的时间里，尽可能多地展现上海石化强大的企业实力，至于建厂之初的“头顶晴天、脚踩荒滩”，应该是放在对内部职工的教育上，放在同国内同行的相互激励相互鞭策上。和从前所大不同的还有神情和语言口吻，面对上级领导和兄弟单位，王基铭表现出的是一种谦虚和尊敬，出口的语言则是平和的、真诚的，但这个场合上，王基铭在绅士般的彬彬有礼中，表现出的则是一种自信和骄傲。他以舒缓的毋庸置疑的语调，展示着上海石化总厂强大的企业实力和未来辽阔的发展愿景。这显然是一种说服力，是一个具有世界先进水平的企业含而不露的沉着大气，是含蓄的更是不动声色的，却又充满了难以撼动的霸气。

次日，王基铭和上海石化的主要领导陪着客人去到了海边，登上了一个早已停候在那里的游轮上。

这是一个不大的游轮。

游轮是上海石化接待处为了迎接这次的考察，专门从上海市航务部门租借的。以游轮做交通工具，巧妙地把对工厂的参观寓于海上的游览中，这在国内恐怕都属首次，但也从中显示出上海人性格的细腻及做事精致缜密的特点。

随后的参观中，这个具有创意的安排果然收到了极好的效果。

清晨，春天的金山卫海面上，微风吹拂下，海面上荡漾着一袭袭轻波。视野的尽头是冉冉升起的太阳，绚丽的朝霞映在辽阔的海面上，像仙女剪下的红绸，把大海装点得格外美丽。天空也显得极为高远、明净。偶尔有海鸟从空中掠过，洁白的翅膀，动听的鸟鸣，让人的心胸也变得开阔起来。

船开动了。

客人们纷纷去到甲板上，船舱内外飘荡着舒缓的音乐。

在流动的音乐声中，慢慢的，上海石化总厂的全景便像一幅长长的被卷起的画作，一点点地展现在大家的视线里，随着巨幅画面的渐次打开，香港来的客人们便逐渐地被吸引住了。

瞧，这就是我们的石化总厂！

随行的上海石化接待处处长孙向英遥指着岸边的厂景，轻声地说了这么一句。

从现场效果看，这句话无疑于一个恰到好处的提醒，话音刚落，一阵港味十足的略带夸张的惊呼声便响了起来。

当年，上海石化总厂便是在金山卫荒漠的海滩上，依靠人工围堤造出厂址的，整个上海石化总厂后期的建设，也基本上是沿着十多公里的漫长海岸线展开的。一座座银色的炼塔，一个个成片的储油罐，连同飞架的管廊、整齐的楼群，静静地矗立着，像一幅生动的贴画镶嵌在高远的蓝天下，便让人不由得连声赞叹起来。

应该说这种赞叹是由衷的发自内心的。上世纪九十年代初期，改革的春风已吹遍祖国的大江南北，但实事求是地讲，尚未回归的香港人尽管自以为见多识广，但对中国大陆的了解仍显得比较肤浅。这种大规模的具有世界一流技术和生产工艺的炼化企业，别说在亚洲，就是在全世界也不多见。也因此，当一座现代化的石化工业基地出现在他们的面前时，连连的惊叹声就不足为奇了。更有香港来的大股东直言不讳地说，我们真没想到啊，大陆有这么“厉害”的企业，先前我们还以为内地很穷，没有什么拿得出手的东西，现在来看，真的开眼了。未来要是购买这种企业的股份，我们的投资就绝对会有丰厚的回报。

面对一声声的掩饰不住的感慨，王基铭冲孙向英微笑了一下，目光里满是赞许和肯定。

香港股票市场随后便向上海石化敞开了大门。

第八节　柳暗花明“进”新春

1993年5月21日，国务院国土管理局核准，批准上海石化所在土地作价人民币5亿元，使用权50年。6月15日，美国美林等证券公司和有关投资银行考察上海石化，并与上海石化商讨了股票国际推销事宜。次日，国务院国有资产管理局发文，同意上海石化总厂的资产折股40亿股国家资本，入股上海石化股份有限公司。

1993年6月上海石油化工股份公司成立新闻发布会现场

1993年6月23日，这是上海石化总厂开启历史新纪元的一个日子。就是这一天，上海市工商行政管理局受理上海石化总厂变更登记，将其分立为上海石油化工股份有限公司和中国石化上海金山实业公司。

6月28日，国务院副秘书长何春霖、国家体改委副主任洪虎和中国石化总公司总经理盛华仁与中共上海市委、市政府商定了上海石油化工股份有限公司募股事宜，为上海石化股份制改造完成了最后的准备。

6月29日，上海石油化工股份有限公司、中国石化上海金山实业公司召开创立大会。国务院对外经济贸易部部长吴仪、上海市副市长徐匡迪、中国石化总公司总经理盛华仁等出席大会。

需要说明的是，上海石化总厂尽管是中国第一批规范化股份制试点改制企业，从创立日期上看，仍比青岛啤酒厂晚了半步，属于中国第二家上市企业。和青啤有所不同的是，上海石化总厂是第一家同时在上海、香港及纽约上市的中国企业，从这个意义上讲，上

1993年6月上海石油化工股份有限公司成立大会

海石化总厂是当时中国第一家走出国门、走向世界的企业，仍不失第一的含金量。

对6月29日的情景，《上海石油化工总厂志》做了如下记载：

> 同日，上海石油化工股份有限公司董事会成立。董事会由执行董事王基铭、王名实、王观泽、辜昌基、吴亦新、周耘农、瞿国华，非执行董事张一飞、沈光照、王永寿、王锡荣、蒋宝兴、顾传训、陈敏恒、何斐组成。王基铭任董事长兼总经理和公司法人代表。
>
> 同日，国家体改委批准上海石油化工股份有限公司股东会以特别决议形式通过的《上海石油化工股份有限公司章程》。
>
> 同日，上海石油化工总厂终止。

第九节 长风破浪会有时

长风破浪会有时，直挂云帆济沧海。

这是诗人李白的句子。这两句诗表现了诗人对前途充满乐观的豪迈气概和对理想的执着追求。

上海石化总厂更名为上海石油化工股份有限公司后，上海石油化工股份有限公司同时在上海、香港、纽约上市，使上海石化成为世界认可的国际上市公司，成为纽约证交所上市的1700多个国际上市公司中的一员。同时，上海石化股票在香港上市，填补了香港联交所成立以来无原材料大工业股票的空白，为以后内地大企业在香港上市奠定了基础。随着股份制改制上市，使上海石化从国内外资本市场筹集到了发展所需的巨额资金，改善了资本结构，形成了自我发展的新机制，企业发展步入了良性循环。1993~1997年，公司共筹集资金折合人民币56.17亿元，资产负债率从改制前的75.4%降至37.2%。尤其是法定公积金、法定公益金、任意公积金、未分配利润等一笔笔资金的积累，大大改善了公司的资本结构，减轻了企业的债务负担，并为公司实施重大技术改造、进行资本扩张准备了充足的资金。

从国际市场一手便募得资金50多亿，这在新中国的建设史上同样未有先例，时任国务院副总理的朱镕基听闻这一喜讯后，高兴地称赞道，王基铭同志做了一个厂长所能做的全部的奉献，为国企的改革事业立了新功。

股份制改制以来，上海石化在引进、消化、吸收世界石油化工工业先进科技成果的基础上，不断加快技术进步和技术改造步伐，先后建成了以70万吨乙烯改造为龙头的四期工程、以结构调整为主线的五期工程，公司乙烯、腈纶等产品的年产量连续数年保持全国第一，实现了生产规模、技术水平、产品质量、销售收入、综合实力等方面持续跨越。特别是以炼油改造和技术进步项目为主题的六期工程启动，进一步开启了上海石化建设“国内领先、世界一流”炼化企业的新航程。

上海石化总厂股票上市，王基铭为职工做了一件好事，即，分离出去的原上海石化非生产系统的人员，和上市的上海石油化工股份有限公司的职工，同样可以购得等额的首期发行的股票。这类股票对上市企业来说，实际上是原始股的股票。按照当时的政策，只有上市公司职工可购买，每位职工可购买3000股，每股值人民币3元。为此，王基铭坚持要让剥离人员和改制上市的职工一道持有“原始股”，对这个问题，一度有人想不通，他们认为，既然改制了，就应该按改制后的“新办法”来实行，没有必要搞这样的优惠做法。

王基铭不这样认为。王基铭说，这是特殊时期对特殊人群实行的一个特殊办法。

所谓特殊时期、特殊人群，即上海石化刚刚一分为二，剥离出去的员工虽然已不再属于上市企业，但这群人经历了上海石化的建设历程，他们的人生和上海石化一直联系在一起，有着割不断的千丝万缕的联系。企业上市了，这部分人起码在这个阶段里，应该享受到企业改革和发展的红利，马上就“翻脸”不认人，纯粹按照市场经济一套去做，会造成队伍不稳定，甚至生产受影响，所以要坚持平等对待。因此，改制后的上海石化股份有限公司在这个阶段让剥离出去的职工和大家一起购买发行上市的原始股票，是必要的，也是应该的。

王基铭讲这话的时候很动感情。话里话外，透着一种难舍难离的兄弟情感。

随着上海石化总厂的终止，剥离出去的单位逐步振奋精神，来面对脱离母体后如何生存与发展的课题。汽车运输公司是上海市运输行业大户，拥有车辆占全市第二位，过去“窝”在总厂，100万吨陆上运输能力发挥不足40%。分离出去后，他们主动找市场，成立出租汽车服务公司，参与上海运输市场的竞争，短短的几个月里，客车利用率翻了一番，开出了金山到上海、到亭林、到浦东等几十条专线。金山实业公司分离仅三年，便依靠自身的盈利能力，拿出1个多亿元的资金，在上海浦东开发区里购置了大片的闲置地皮，为未来的发展迎来了一个良好的开局。

1996年，随着金山实业公司的不断发展，这个被分离出去的企业最终引起了上海市的关注。金山县，先前是上海市发展较为缓慢的一个县，随着上海石化金山实业公司的不断发展，上海市便有了接收金山实业公司，并以上海石化原有的卫生医疗、文化教育等资源，拉动金山发展的思路。上海石化经过20年的发展，旗下的金山实业公司，除石化产品生产经营外，还有完整健全的学校、医院、商业、服务业、公检法、俱乐部、电影院、运输场、海堤管理所等等，各类资源和管理水平，在上海各区县都位于前茅，这也是当年上海石化职工能安心扎根金山的一个重要原因。上海市对此也看得非常明白，在上海市人民政府和中国石化总公司支持下，做出了撤县建区的决策，很大程度上是因为上海石化配套的社区建设及强大的发展能力，能有效拉动金山县经济建设的快速发展。

从此，金山实业公司顺利融入到大上海的怀抱里，开始了新的发展旅程。

第十一章

强力推进石油化工国产化装备建设

1994年，王基铭出任中国石化副总经理。上任后，王基铭首先大力强化中国石化重大装备国产化的推进工作。他以大庆石化乙烯裂解装置为起点，从乙烯裂解压缩机的国产化入手，全方位取得突破性进展，为振兴民族装备制造业做出了突出的贡献。

为推进炼油装备的国产化，王基铭鼓励并支持中国一重（中国第一重型机械厂）加强科技攻关，实现了大型锻焊结构反应器国产化；支持中国二重对加氢反应器制造技术的攻关，对攻关的重点和难点提供有力的技术支持；无锡压缩机股份公司的加工设计能力得到了大幅度提升；杭州杭氧股份公司从名不见经传的企业，一跃而成国内化工设备制造界的明星企业；石化集团公司所属的炼油化工设备制造单位，也在参与装备国产化攻关中快速发展壮大。

第一节　新的平台

1994年是个特殊的年份。

这年的二月，王基铭奉调北京担任中国石化总公司副总经理、党组成员。

由于王基铭兼任上海石化股份有限公司董事长和总经理，工作一时难以脱身，王基铭实际是在1994年12月免去上海石化股份公司总经理职务，于次年的1995年年初赴京到总公司工作。

按照总公司党组分工，王基铭负责基本建设、技术改造和物资管理工作。

第二节　亟待突破的重大装备国产化

重大装备的国产化，是积压在王基铭心头已久的一个心病。

王基铭在上海石化长达22年的工作历程中，经历了上海石化一、二、三期的工程建设，特别是二、三期工程中，昂贵的设备引进以及引进中被外国人卡脖子的惨痛经历，让王基铭对装备制造的国产化一直萦绕在心上，他明白，这个问题不解决，中国石化工业的发展就会处处受制于人。

在70年代之前，我国石油化工规模小、技术落后。中国第一套乙烯装置于1962年在兰州石化诞生，年产能5000吨，仅为同期美国乙烯产能的四百分之一，而且全部乙烯装备都需要进口。

从1973年起，中国在乙烯装备制造方面连续遭遇重大挫折。先是原国家计委决定建造11万吨乙烯装置，结果关键部件要么不能按时完成，要么存在质量问题，国产化装备的推进处于搁浅状态。

70年代后期建成投产引进的北京燕山30万吨乙烯和上海、辽阳、天津、重庆4套合成纤维和南京烷基苯，以及13套以油气为原料的大型尿素项目，标志着我国石化工业真正进入现代化发展时期。然而，燕山石化标志性的第一套30万吨乙烯装置，全套进口，连螺栓都是进口的。

为改变这种被动局面，70年代中期建设我国第一套燕山30万吨大型乙烯工程时，国内有关部门曾组织一批科研、设计、制造技术人员利用设备安装间隙，对主要设备进行了现场测绘和试制工作，目标是为大庆1979年建设的大庆30万吨乙烯工程提供国产装备，以结束成套引进的被动局面。特别是在上海石化筹备上三期工程时，由于资金的严重短缺，王基铭和同事还专门就乙烯工程的成套装置能否搞一点部分国产化的问题，做过专门的调研和论证。但由于以乙烯装置为代表的现代石化工业对设备制造技术要求很高，受当时国内制造业技术水平、装备能力的限制，再加上利用外资必须购买贷款国设备的限制，这个目标还是没能实现，乙烯成套设备仍然由国外引进。

可以说，正是在上述情况下，1983年中国石化总公司一成立就高度关注引进设备的国产化工作，从此开始了我国石化重大装备国产化的奋斗历程。

1983年7月，国务院下达《关于抓紧研制重大技术装备的决定》后，30万吨乙烯成套设备被列为国家10个重大装备研制项目之一。在各部门的支持、配合、协助下，石化总公司从1984年开始，陆续对涵盖炼油、化工、化纤和化肥主要装置的关键设备国产化工作进行了调查研究，完成了23套装置的重大国产化可行性研究报告的编制工作，并组织了专家论证。在原机械工业部和石化总公司共同组织下，对全国可以承担石化重大装备研制的制造企业进行了大规模调研，确定了一批有能力的研制单位。在研制工作中，制造企业看到了自己在设备设计和制造上同国外先进水平的差距，纷纷引进计算软件、加工装备、检验技术，或同国外合作来提高自己的研发水平，攻克了一个个难关，使不少重大关键设备立足国内。

1987年，国家乙烯领导小组决定将成套装备分解为裂解气压缩机等6个部分进行攻关。这样到1988年，第一个中国人自己的乙烯关键设备——万吨级裂解气压缩机试制成功。

尽管迈出的只是一小步，但还是让石化人信心倍增。

1989年年底，列入国家第一批重大装备国产化的310台套的关键设备，尽管取得很大进展，但当时由于国内70年代引进的5套30万吨乙烯工程建成时间不长，引进的都是国外技术，国内对生产工艺

王基铭在上海石化乙烯改造项目现场

和重大装备不熟悉，另外当时我国机械工业的研发能力还不高，所以80年代除石化总公司在乙烯裂解炉方面取得重要成果外，国内对乙烯重大装备国产化很难有突破，只能做一些调研、论证、规划工作。

进入90年代初，由于第一批引进的乙烯项目需要技术改造和扩建，国内对乙烯生产工艺及其设备也有了较深的了解，特别是前10年炼油重大装备国产化攻关积累的经验，提升了石化装备制造业的水平，因此，石化总公司决定加快实施乙烯重大项目的国产化。

1991年10月23日，朱镕基副总理在听取国务院重大技术装备领导小组办公室工作汇报后，明确要求"重大办"要赶快抓乙烯设备的国产化，不然堵不住大量进口。按照国务院领导的指示精神，石化总公司在燕山30万吨乙烯扩能至45万吨的改造工程中，积极推进重大设备的国产化。根据工程建设的实际情况，除乙烯裂解工艺和主要设备仍然从国外引进外，14万吨聚乙烯装置的工艺技术和主要设备均实行国产化。

这些关键设备研制成功，节省了工程的投资。1994年9月该装置投料试车成功。据统计，整个燕山乙烯改造工程的技术和装备国产化率达到75.3%。

燕山乙烯改造工程的国产化进展，打破了引进装置关键设备的神秘感，给中石化重大设备国产化树立了信心。王基铭由此认识到，乙烯装置重大关键设备的国产化实施条件已逐步成熟，这便使得王基铭在推进重大装备国产化上，有了一个相对成熟的、能够把握的正确方向。

第三节　从乙烯裂解装置国产化入手

1997年，大庆石化实施30万吨乙烯改扩建至48万吨工程，王基铭决定对乙烯裂解装置的重大关键设备——“三机”中的“两机”，即裂解气压缩机、丙烯压缩机实施国产化。

说到裂解气压缩机和丙烯压缩机，就得把话题往远处延伸一下。

我们知道，中国是全球第一服装大国，也是轻工业的大国。合成纤维是制造服装的基础原材料，譬如涤纶、腈纶、锦纶，现代服装业以它们为原料，才能制成大衣、运动服、衬衫、T恤……。合成树脂、聚乙烯、聚丙烯等则是轻工、食品包装、建材的重要原料。

合成树脂、合成纤维原料来自原油中的石脑油到乙烯、丙烯等的转变：石脑油被投入到乙烯裂解装置，被分解为多种气体，这个过程被称为“裂解”。

其中一种气体丙烯，进入丙烯压缩机、在零下40摄氏度的环境下再分离，而乙烯进入可以提供零下102摄氏度低温的乙烯压缩机，然后再分离。

这一系列过程最终得到的乙烯、丙烯、C4、C5等，可以通过“聚合”等化学反应，用来制造合成树脂、合成纤维、合成橡胶等产品。

因为用途广泛，乙烯装置生产的延伸产品在全部石化产品中的比例超过75%。

因此，裂解气压缩机、乙烯压缩机、丙烯压缩机，组成乙烯装置的“三机”机组，称为乙烯装置的心脏。

裂解气压缩机和丙烯压缩机两个机组，在整个乙烯裂解装置中，差不多占了15%的设备投资。拿下压缩机的国产化制造，可以说，解决了该装置设备国产化的最关键的问题。压缩机属于乙烯装置的心脏，在国内属技术“禁区”，而乙烯裂解装置又是乙烯工程的龙头装置，如果裂解气压缩机研制不成功，将会影响整个乙烯工程的投产运行。

“三机”在1995年之前，国内使用的18套压缩机全是进口。而此前，负责研制压缩机的沈阳鼓风机厂并没有制造过裂解气压缩机。

沈阳鼓风机厂到底有没有制造能力，为这个问题，王基铭召集国内权威专家，会同国家机械部、沈阳鼓风机厂等单位，召开了多次研讨会和质量论证会，对此问题进行反复研讨。

沈阳鼓风机厂，是一家建厂于1934年的老企业。

1982年，这个厂为镇海52万吨尿素装置研制出CO_2离心压缩机，这是沈鼓引进技术后生产的第一台离心压缩机，也是我国第一台国产化大型离心压缩机，沈鼓由此开始了大型离心压缩机国产化的历史。1989年，他们又为镇海石化研制出我国第一套80万吨/年加氢裂化装置用BCL407/A氢压机，达到国外同类产品水平。1994年，这个厂还为四川天然气化工厂30万吨/年合成氨装置研制出空气压缩机、天然气压缩机和氨冷冻压缩机。为52万吨/年尿素装置研制的CO_2离心压缩机，主要性能指标达到国际同类产品先进水平。

从制造能力上讲，这家工厂是我国机械制造业里的一张“王牌”，有着过硬的技术工艺及制造能力。

经过一次次反复的分析论证，大家认为，就目前来看，尽管此前我国引进的都是国外技术，但国内对该设备的生产工艺已基本掌握，制造研发能力也较前有了大的提高，基本具备了独立制造的能力。

当时大庆石化正值进行48万吨乙烯装置扩能改造，对裂解气压缩机要不要国产化存在很大争议。作为使用厂家的大庆石化总厂，对此持的是怀疑态度。从使用方的角度来考虑，使用国外进口的成熟设备，安全风险小，出问题的概率低。他们这样想也是无可非议的，更何况乙烯装置投料试车一次成本非常高，一旦有问题，整个生产线就得全面停工。这就是为什么乙烯装置压缩机这么多年不能国产化的一个重要原因。

王基铭在这个问题上有自己的想法，他认为裂解气压缩机国产化的条件已基本具备，如果退却了，又不知要到何年何月才能国产化，因此当时没做丝毫的让步。

王基铭自己对此是有着更深的考虑。20世纪90年代中期，东北老工业基地经济衰退，大批企业出现开工不足、人员大量下岗。

沈阳鼓风机厂同样面临着这种工作量严重不足的局面。

最后的决策会议是在大庆召开的。参加会议有一机部孙昌基副部长、隋永滨司长等领导。按照研究的意见，大庆石化30万吨乙烯改扩建至48万吨的工程，其核心设备将由国内制造业厂家承担研制任务。在会上，大庆石化的一位分管领导对此做意见保留。他倒也没做过多的客套，而是以不放心的口吻，直接对此发问道，用国产化设备，将来出了问题，这个责任我们担不起，谁来担？

会议的气氛因这句话，瞬间就变得紧张起来。要知道，这里的每一句话、每一个决策，都是要记录存档的，将来一旦出了问题，可是真的要负责任甚至吃官司的。

王基铭听完此话，“啪”的一拍桌子，怒气冲冲地站了起来，神色凛然地大声说道，我王基铭是党的高级干部，是中国石化的高级干部，一旦出了问题，我承担，吃官司我去！

我把我的乌纱帽押在这里，把所有的家当也一起押上！

洪亮的嗓音响彻在气氛严肃紧张的会议室里。

坦诚的话语感动了在场的所有人，也感动了包括大庆石化的那位负责人。

参加会议的沈阳鼓风机厂的厂长刘玄当场就湿润了眼睛。

下来后，刘玄紧紧地握着王基铭的手激动地说，基铭老总，尽管我人微言轻，但我还是要斗胆地代表东北人民，代表沈阳鼓风机厂向你表示感谢。请放心吧，我们沈鼓即便砸锅卖铁，也一定要造出这台“争气机”，为祖国争光效力！

回沈阳后，沈阳鼓风机厂的全体员工以背水一战、破釜沉舟的勇气，把自己的家产、工资与设计研制的项目捆在一起，这就意味着，一旦研制失败，则干部职工的家产、工资就也随即沉没。

企业最危难的时刻，中国工人阶级以国家利益为重大无畏地选择了挺身而出！

第四节　上下同心：“三机”国产化实现根本突破

为强化国产化攻关的过程控制，确保质量，王基铭多次召开“诸葛亮会”，与沈阳鼓风机厂形成了如下质量监控措施。一是围绕研制项目成立专家小组，对攻关方案进行严格论证，确保技术指标先进、生产工艺路线合理。二是成立联合攻关小组，开展攻关立项、设计审查、制造、产品验收等各环节的跟踪协调，保证研制项目按照计划进行。三是充分发挥监理单位的监督职能，确保攻关质量。四是建立国产化项目季报和重点项目监造周报制度。五是组建现场服务组，跟踪协调重大装备国产化项目的安装调试和运行情况。六是设备投入应用后，抓好后期的评价工作，不断完善，提高国产化装备的质量水平，要力争通过以上措施，确保沈阳鼓风机厂在其研制国产设备中，能切实保证其产品性能达到国际先进水平。

这是一个周密的近乎完美的措施方案！

后来的研制过程证明了该方案的高度科学性和可操作性。90年代后期，这个方案中的相关措施，经过进一步的多次实践，已成为中国石化在重大设备国产化推进过程中屡试不爽的工作程序。2013年，中国石化集团成立30周年之际，该操作方案作为经典案例，被收入《中国石化“决策”》一书。

在石化总公司的大力支持下，裂解气压缩机最终被沈阳鼓风机厂研制成功。

与此同时，配套的国产化汽轮机也由杭州汽轮机厂研制成功。

丙烯压缩机组的压缩机由沈阳鼓风机厂和德国德马格公司合作设计和制造，汽轮机由杭州汽轮机厂制造。两个机组自1999年研制成功并投产以来，各项工艺性能达到了设计要求，控制系统先进可靠，运行平稳，保证了安全、稳定、长周期运行，主要技术性能指标达到了国际先进水平。单台国产压缩机的价格与同期引进价格相比，节约人民币3000万元，裂解气压缩机组和丙烯压缩机组的国产化，打开了乙烯关键设备国产化的禁区，为我国乙烯大型化建设提供了先进适用的装备，打破了国外垄断。

沈鼓集团作为国内压缩机龙头企业，自大庆乙烯改扩建工程后，通过不断开展石化用各种压缩机的国产化攻关，具备了设计、制造成套石化大型离心式压缩机的能力和业绩，提供了国内炼油化工装置绝大部分的压缩机组，并成为世界上少数几家可以制造百万吨级乙烯装置用大型压缩机的企业。自“八五”以来共制造石化用压缩机500余台，创造价值60多亿元。

这里插个小故事，沈鼓取得重大突破后，国外一家著名压缩机厂商十分嫉妒，他们觊觎沈鼓，打算用重金买下沈鼓。他们明白，

2007年4月出席天津石化与沈鼓集团100万吨乙烯设备合同签字仪式

一旦买下了沈鼓，未来的中国机械制造业就有染指的可能。当时迹象表明，国外企业财团已经开始在这方面展开行动，面对这种局面，国内制造业有识之士也开始大声呼吁，并将其精确地定义为“斩首行动”。

斩首，多么形象的比喻啊。

要知道，在当年，的确有不少国产民族品牌因资金短缺，无力开发新产品，最终被外资重金购买，灭掉中国民族品牌。由此来看，支持沈阳鼓风机厂，不单单是推进大型装备的国产化建设了，从某种意义上讲，这也是对民族工业的一种强力支持。

最终沈鼓得到了陈锦华（时任政协副主席）以及当时的国家计委主任曾培炎的大力支持。沈鼓才平息了这场风波。

更重要的是，沈鼓集团以此为契机，锻炼了队伍，培养了人才。一批八十年代和九十年代的年轻技术人员，在这场“争气”中脱颖而出，走到国内装备制造业的前台，成为一批具有国际水平的拔尖技术人才。

姜妍，便是其中的代表者之一。1997年姜妍大学毕业进厂时，正是沈鼓生产经营最困难的阶段，那时，沈阳街头回响着的《从头再来》的歌声，正是那个年代企业职工最真实也最悲惨的写照。实际上，当时的沈鼓的确已有工人离岗的现象发生，即便留下的，也只能每月勉强维持工资。当王基铭一锤定音地喊出"我用党员干部的乌纱帽和全部家当作抵押"的呐喊时，深受震撼的姜妍没有选择离开单位"从头再来"，而是和对象一起留了下来，和企业一起求生存谋发展，并在后来的技术攻关中做出了突出的贡献。

中华人民共和国成立65周年之际，新华网与《瞭望东方周刊》联合推出大型报道《致敬！国家工程师》，向读者介绍十个代表"中国创造"的重大技术装备制造项目以及它们的核心团队。姜妍和她的团队，作为沈鼓的企业形象代表，以"国家工程师"的名义，站在了全国人民面前。

重大装备制造，事关国家命脉、国家安全。在这个领域默默付出的人们，当得起"国家工程师"之名。毕竟，他们专注的，是代表国家核心制造能力的大国重器；他们的事业，撑起国民经济的脊梁。但我们必须指出，在这群"国家工程师"的后面，一批像王基铭这样的具有担当精神的领导干部，更值得学习，也更值得致敬！

这一点，我们不是没有前车之鉴。只要看看时下的大街上，中国的马路竟然成了世界"车展"。目前中国的汽车零部件行业，小到轮胎、玻璃、雨刮，大到天窗、发动机、变速箱，几乎全被清一色的外资企业把持着。跨国汽车公司一直标榜的国产化率的提高，是通过采购外资零部件公司在华分厂的产品来实现的；而自主品牌们一直吹捧的零部件配套国际化，也逐渐将中国自主零部件企业打入冷宫。

将汽车制造业与石化重大装备国产化相比，二者之间的差距便一目了然了。好吧，就算是二者行业不同，不具备可比性；就算是存在国情因素、历史因素等等之类的问题，与我们的亚洲近邻伊朗总算可以进行对比吧。同样是乙烯装备，虽然伊朗拥有丰富的石油和天然气资源，是中东地区仅次于沙特的第二大石化生产国，但在西方制裁之下，一直无法使用大型乙烯装置来获得利润更高的石化产品。

这个例子是不是更有说服力呢？

因此，我们真的有必要向那些为了党和国家利益而勇于担当的同志致敬！

应该提到的是，沈鼓从大庆乙烯工程开始，和王基铭建立了较深的感情。有那么几年，每到深秋，东北的高粱米成熟了，沈鼓集团还专门用小袋寄来精致的东北高粱米，以朴素的方式表达企业对王基铭在国产化装备上的大力支持。

从大庆乙烯项目开始，在王基铭的主持下，中国石化在实践中真正确立了自己在国产化装备推进上的工作原则。即，凡国内已引进制造技术并已经过关的设备，在确保质量、工期和价格合理的前提下，一律立足于国内制造；国内制造暂时有困难的设备，要支持机械制造“技贸结合”，与国外制造厂商合作生产；国内制造无把握的少量关键设备经过审批可以进口，以确保在继续引进国外先进技术的同时加速国产化进程。

1995年5月王基铭在广州石化现场办公

按照这一原则，“十五”期间，一批重大装备研制成功，如大型PLA装置的结晶器、钛管换热器、回转干燥器、20万吨苯乙烯装置脱氢反应器、20万吨聚丙烯装置环管反应器和大型迷宫压缩机、20万吨聚酯装置酯化反应器和缩聚反应器、30万吨化肥装置大型气化炉、48万立方米空分装置工艺设计及其设备国产化，使中国石化重大装备国产化上了一个新台阶。

此后，在上海石化70万吨和茂名石化100万吨乙烯改扩建项目中，王基铭成功组织实施了30万吨级和60万吨级乙烯裂解气压缩机组的国产化。经过不断的努力，今天的中国已成为世界上第五个可以制造百万吨级乙烯“三机”的国家。

在谈及这段往事时，时任中国石化物资装备部副主任的王玉台同志说——

> 大型装备的国产化推进是比较难的。这个里面，主要的原因就是一个技术成熟度的问题，我们在国产化装备的制造上起步还是比较晚的么，或多或少的能不存在问题吗？因此，一些企业的领导就不愿意冒风险。
>
> 大庆那边上国产化“三机”，王总是拍了桌子的。2004年到了茂名，搞60万吨级乙烯裂解气压缩机组的国产化，当时，我就在王总的手下干，同样阻力很大，王总很严厉地批示：国产化，只要讲认真，我们就能做好。
>
> 事实也的确如此。
>
> 我在王基铭老总手下干了5年，从他那里，不单是我，我们那个团队都汲取了一种实实在在的为国分忧、争气的精神。

此言不虚！

2010年年初，PX装置中的大型板壳式换热器曾长期由法国Packnox公司垄断，在福建、金陵项目中，该公司报价高，交货期长，而且没有协商余地，在谈判中我方处于不利境地。王玉台主任果断拍板，由甘肃蓝科石化高新装备股份公司与中国石化联合研发大型板壳式换热器。在中国石化决定进行国产化攻关的第二天，法国公司的态度即发生变化，主动表示可以降价14%，并承诺缩短三分之一的交货时间。王玉台说，晚了，我们要搞国产化论证。此后，中国石化和蓝科公司通力合作，于2011年解决了超大型板壳式换热机在设计、制造、安装、运行等方面的关键技术难题。目前，蓝科高新在大型板壳式换热器的国内市场占有率达到70%，并已有产品出口到国外，打破了国外厂商的垄断地位。

王基铭的爱国风骨，为新的中国石化人所继承并发扬。

王玉台饱含真情地评价说，中国石化成立30多年来，历届领导对重大装备国产化都非常重视，按阶段划分，从陈锦华到盛华仁，由于受科技研究水平及机械研发能力的限制，这个阶段里，基本是“先吸收、后改造”。真正取得关键性突破的，还是在王基铭时期，王基铭分管该项工作后，由抓“三机”国产化开始，最终实现了根本性的质变。到今天，中国石化乙烯及下游装置的装备国产化率已达到80%，战略性的转变，则是从那时开始的。

王玉台由此得出一个结论。他说，从这个意义上讲，王基铭当是中国石化重大装备国产化的奠基人，起码是奠基人之一。

第五节　炼油装置重大装备国产化成效卓著

对我国炼油业的生产及工艺设备现状，王基铭并不陌生。

上海高桥8年，刚刚参加工作的王基铭，便是在炼油厂里度过的。

炼油装备的国产化工作起步比较早。

在20世纪60年代开展炼油工业“五朵金花”科技攻关中，新型催化裂化和重整装置的自主设计与建设，新型催化裂化装置必需的微球催化剂和关键设备滑阀的国产化，便是其中突出的实例。

70年代后期开始，为了发展深度加工技术和提高油品质量，降低能耗，适应炼厂技术改造的需要，炼油工业成套引进了加氢裂化、重油催化裂化、连续催化重整等一批先进生产装置，相应提出了有关重大设备的国产化任务，并在“七五”和“八五”期间，取得了一定的成效，王基铭任中国石化集团副总经理后，在这方面做了进一步持续的推动。

中国一重在与中国石化的国产化合作中，通过对加氢反应器的国产化，已经成为世界级加氢设备制造基地。

1989年制造出第一台国产加氢反应器，王基铭到任后，鼓励并支持中国一重在加氢反应器的冶炼、锻造、焊接、检验等制造技术上继续攀登新的高峰。2006年，中国一重制造出世界上最重的2040吨加氢反应器。

期间，在主持茂名石化200万吨重油加氢裂化（VRDS）、齐鲁石化140万吨加氢裂化项目建设时，王基铭率先提出了大型锻焊结构反应器国产化。

当时国内未制造过千吨级反应器，制造、运输难度都很大。经过研究、制造及运输方案的反复论证后，王基铭果断决策反应器国产化。这批重大设备的研制成功提升了我国同类设备制造水平，使我国在短期内进入国际先进行列。目前的中国一重已成功打入国际市场，每年加氢反应器合同都有近10%是国外订单，标志着我国加氢反应器制造水平达到世界先进水平。由于加氢反应器的研制成功，为核工业的发展奠定了基础，促进了中国核工业的发展。

中国二重的成长发展更是与中国石化重大装备国产化工作有着密切的关系。2003年，中国石化确定建设海南洋浦炼油厂。

炼化项目确定后，王基铭亲自拍板，海南炼化项目7台临氢高压设备和加氢反应器的攻关工作交给二重，同时还派出中国石化专家对攻关的重点和难点提供了有力的技术支持。通过该项目，二重掌握了临氢高压设备和加氢反应器的全套制造技术，为二重生产大型锻焊加氢反应器打下了坚实的基础。

随后，二重先后为中国石化提供了上百台关键核心设备。目前二重的产能已从当初年产5000吨重型容器发展到现今年产25000吨的能力，成为排名第二的国内锻焊容器制造厂。

无锡压缩机股份公司一直积极参与中国石化重大装备国产化攻关工作。该公司依托中国石化进行了大型三列、四列迷宫密封压缩机等新产品的国产化攻关，取得了巨大成效，迷宫机达到了国际先进水平，替代了进口产品。公司的加工设计能力得到了大幅度提升，国内市场占有率提高到50%左右。

杭州杭氧股份公司90年代之前还是一家名不见经传的企业。自90年代开始研发大型成套乙烯冷箱，特别是在王基铭到任中国石化副总经理后，全力支持该厂依托中国石化二轮扩容改造项目，进行多项国产化攻关，其加工设计能力得到了极大提升。目前已研制出了最大处理能力达到年产100万吨的乙烯装备的冷箱。大型国产化乙烯冷箱在多个乙烯新建和改扩建工程中得到了产业化应用，为国家和用户节约投资10亿~15亿元。自2000年以来，国内乙烯冷箱全部为杭氧设计和制造。

石化集团公司所属的炼油化工设备制造单位，也在参与壮大装备国产化攻关中快速发展壮大。最突出的是南京化工公司的化工机械厂，20世纪初，该厂曾研制成功4大尿素关键设备，李鹏总理亲自签发国务院嘉奖令。90年代中期，配合聚酯生产技术的国产化，自主研制成功聚酯成套关键设备，成为我国聚酯成套设备国产化的生产商，先后为国内外企业生产聚酯成套关键设备近百套，其中10套已出口海外。该厂还积极开展了其他石油化工重大设备研制，其制造的柴油、渣油、蜡油、润滑油等加氢精制大型反应器，陆续用于新一轮油品升级改造项目，全面替代进口，节省了项目投资，缩短了交付周期。近两年又承担了直径达8米的环氧乙烷反应器等大型石化设备制造任务，成为石化集团内部推进重大设备国产化的骨干力量。

中国石化重大装备国产化工作取得的成绩，得到了国务院领导和发改委等部门的充分肯定。国家发改委多次对中国石化的重大装备国产化工作提出表扬，充分肯定了中国石化为振兴民族装备制造业、保障国家经济安全和石化工业快速发展中做出的重大贡献。

2006年6月，在国务院召开的振兴装备制造业工作会议上，中国石化受到表扬，并作为振兴民族装备制造业的先进代表在大会上介绍重大装备国产化成功经验。

这是一种高度的肯定和认可。

这里面有几代人不懈的追求，更有王基铭所付出的心血和努力。

2016年，王基铭被评为“中国能源装备终身成就人物”，其获奖理由是：

石油化工重大装备国产化是节省投资、降低成本、振兴民族工业的重要举措。王基铭院士组织大型关键设备技术攻关，不断进行工艺技术改造，全力推进石油化工重大装备国产化。在长期的石化工程建设实践中，王院士提出了适合我国炼油化工工程建设的管理理念、方法和模式。在他的主持下，我国实现了国产裂解气压缩机、丙烯和乙烯压缩机、加

“中国能源装备终身成就人物”奖杯

氢反应器等重大石化装备的首次工业应用，大型装备国产化不断取得突破开创了国内成套技术进入当代世界先进行列的局面，彻底改变了炼油和石化项目建设的关键设备长期依赖进口的局面，为提高我国石油化工装备国产化水平做出了突出贡献。

第六节　赛科：兼任董事长

严格地说，这应是一个补充的小节，只对王基铭在推进重大装备国产化方面做一个小小的补充。

1995年10月，中国石化、上海市和浙江省经过讨论，一致同意依托上海石化建设60万吨/年乙烯工程，带动上海市、浙江省、高桥石化的发展，具体在金山上海石化、漕泾地区、高桥石化和浙江白沙湾这四个地方选址。

按照这一原则，1996年1月，中国石化、上海市和浙江省三方联合成立上海石化60万吨/年乙烯工程前期工作领导小组。于3月上报国家计委，申请建设上海石化60万吨/年乙烯工程。当时，中国石化正在致力于建设世界级、高科技、有竞争力的大型石油化工联合企业，积极思考通过与国外大型石油化工公司合资合作的形式，引进最先进和最具特色的专有技术，以先进技术来提升传统产业，调整中国乙烯工业结构。同时，以此吸引大量外资，加速中国石化工业的发展，提高国内企业的经营管理水平，加快与世界水平接轨的步伐，参与国际竞争。经过中外双方的商谈，英国石油公司及其所属BP化工有限公司（合称BP集团）与上海石化的合资项目从丙烯腈装置转变为上海石化60万吨/年乙烯工程项目。

1996年10月21日，中国石化、上海石化与英国BP集团在北京人民大会堂签署了在上海金山建设大型石油化工项目的合资意向书，包括65万吨/年乙烯裂解装置及部分下游衍生物装置。联合项目组于1997年7月完成合资项目建议书编制并上报国家计委。

1999年10月，该项目建议书得到国家计委的批准。10月20日，中国石化和BP在英国伦敦签署了在上海合资建设世界规模乙烯裂解及下游加工装置联合开展可行性研究协议。双方经过进一步的论证、优化，提出两点重要建议：一，将乙烯装置的建设规模由原来的65万吨/年改为90万吨/年，并相应调整下游配套装置；二，建设地点由原毗邻上海石化的浙江省平湖县白沙湾地区改为上海化学工业区。

1999年12月10日，上海石化60万吨乙烯工程第五次领导小组会议作出决定，将金山、漕泾、高桥和白沙湾的四点布置改为集中在上海化学工业区建设。因此，浙江省正式退出该项目。2000年3月上报调整方案后，同年6月国家计委批准了调整方案，同意乙烯裂解装置生产能力调整为90万吨/年，建设地点由白沙湾改为上海化学工业区，中外双方的股比为50∶50。

2001年3月6日，中国石化、上海石化和BP完成上海乙烯项目的可行性研究，三方在上海乙烯裂解和衍生物一体化装置联合可行性研究报告上签字。随即，正式将可行性研究报告上报国家计委审批。8月28日，国家计委转发了国务院对中国石化、上海石化和BP化工合资建设上海90万吨乙烯工程可行性研究报告的批复，批文为："国家计委关于审批中外合资上海90万吨/年乙烯工程可行性研究报告的请示"。因此，工程名称为"中外合资上海90万吨/年乙烯工程"。

中外合资上海90万吨/年乙烯工程项目是当时世界上单线产能最大的乙烯装置之一。其余的8套装置也均达到世界级规模：60万吨/年聚乙烯装置、50万吨/年苯乙烯装置、50万吨/年芳烃抽提装置、30万吨/年聚苯乙烯装置、26万吨/年丙烯腈装置、25万吨/年聚丙烯装置、9万吨/年丁二烯装置和28万吨/年硫黄回收装置，以及辅助工程和公用工程等设施。

2001年9月13日，国家对外贸易经济合作部正式批准中国石化、上海石化和BP化工共同投资设立合资公司，并颁发批准证书。10月29日，合资公司获得由上海市工商局颁发的营业执照，上海赛科石油化工有限责任公司正式成立。2001年12月10日，上海赛科成立庆典在北京人民大会堂隆重举行，时任全国政协副主席陈锦华、全国人大常委会副委员长盛华仁共同为赛科公司成立揭牌。

时任中国石化总裁王基铭兼任第一任董事长。

2002年3月28日，上海赛科90万吨乙烯工程在上海化学工业区举行隆重的破土动工仪式。时任中共中央政治局委员、上海市委书记黄菊启动信号，打桩机打下了第一根基桩。以此为标志，上海赛科90万吨乙烯工程正式进入开工建设阶段。

2004年12月30日，上海赛科顺利实现90万吨/年乙烯工程机械完工的重要节点。次年1月15日，第一套生产装置——聚丙烯装置投料试生产一次成功。随后，其他装置陆续投料试车成功。

2005年3月与BP公司首席执行官布朗先生（前排左二）视察赛科石化公司

这里，专门记述赛科90万吨/年乙烯装置六台大塔国产化的过程——

六台大塔是长周期特大非标设备，它们分别是：急冷油塔；急冷水塔；丙烯精馏塔1#；丙烯精馏塔2#；乙烯精馏塔；脱乙烷塔。

名　称	尺寸（直径X高度）/米	重量/吨
急冷油塔T1401	10.650X52.895	724.25
急冷水塔T1501	10.200X46.680	515.92
丙烯精馏塔1#T4801	6.000X46.000	430.00
丙烯精馏塔2#T4802	7.000X94.150	968.00
乙烯精馏塔T4201	4.800X94.597	500.00
脱乙烷塔T4001	4.200X52.684	256.20

六台大塔是乙烯工艺设备中重要的组成部分。乙烯原料从乙烯裂解炉高温分解后，需要降温和对各组分进行分离，乙烯精馏塔就是把乙烯产品提纯的，丙烯精馏塔就是提纯丙烯的，急冷塔是对组分降温的。这几个塔是必不可少的工艺环节，直接影响产品的质量和收率。

考虑到国外制造带来的风险和不确定因素，王基铭坚持这六台大塔要在中国制造，而外方坚持要在韩国制造。王基铭认为，这六台大塔如果放在韩国制造，存在很大风险。首先是海运，这么大的塔只能放在甲板上，有海上运输风险，并要交很大一笔保险费。到了上海港，这么大设备要从大甲板上吊下来，只能用大力神船的水上吊机。卸船等也是一笔大费用。到漕泾码头，必须码头上装有大吊机，如果赛科公司要使用，就必须要赛科投资。另外运输过程中，过桥要有桥梁加固费，破坏两边树木要有树木赔偿费，压坏道路要付道路赔偿费等。总之，费用、风险和各类不确定性都很大。

由于BP方担心国内制造厂能力和经验不足，一直坚持在海外制造。

为此，王基铭多次与外方高层面对面地商谈，说明在国内制造的成本、时间和风险控制等好处。最后一次他参加世界石油大会，利用在美国休斯敦转机的机会，与BP高层进行会晤，试图借机进行说服工作。

艰苦地谈判到离飞机起飞一个小时，BP方还不同意。

当时王基铭决绝地说，如果六台大塔在国内制造出问题，我以人格担保！

王基铭说，你们可以先考察中国制造厂家，可以派人督造，要相信中国的制造能力决不比韩国差。这六台大塔必须由中国制造。我是董事长，我决定了！

BP方至此才不得不同意由国内制造。

这时离登机只有一刻钟的时间。

最终的结果当然已无悬念。

——六台大塔最终在上海石化机械制造公司制作。此间，中方积极协调六台大塔的制造过程，并且专门派人到厂家进行监造，对设计条件、制作工艺和半成品等进行监督和检查。王基铭本人也不断对此予以关注，鼓励中国制造厂家要为中国争光，为中国制造业争气。

最后，六台国产大塔成功地应用到赛科乙烯装置。

第十二章

以先进工程建设理念掀起中国石化基本建设新高潮

王基铭到中国石化后，正值总公司“八五”十大重点工程建设高潮，面临资金短缺等诸多困难，在党组和盛华仁总经理的领导下，王基铭组织中国石化工程建设战线的广大干部和职工，顶住压力，振奋精神，知难而进，以科学的工程建设理念，组织全系统职工胜利完成了茂名乙烯、天津乙烯、广州乙烯、乌鲁木齐大化肥、九江化肥、宁夏化肥、燕山乙烯改造、镇海炼油改造、辽阳化纤二期工程、大连西太平洋炼油工程等重点工程建设和投料试车一次成功。

接着，王基铭对“九五”工程组织了前期准备、开展了设计清查、压缩投资。在石化总公司党组的领导下，认真反思“八五”基建的经验和教训，坚决克服重复建设，改革“大而全”、“小而全”的体制和机制，确立了固定资产投资“四个为主”的指导思想和“四有”的项目决策原则。

“九五”重点工程项目天津化纤、辽阳化纤、石家庄己内酰胺工程投资大幅压缩，幅度达30%~40%，取得了显著成效。

第一节　副总理的记忆

80年代初期，国外石油炼制及化工业已在探索如何在扩大生产能力的同时，避免盲目铺设新摊子。在这个方面，王基铭算是最早的思考及践行者了。

1986年，王基铭便开始思考在炼油化工流程产业中，摸索采用先进技术消除企业发展的瓶颈，通过技术改造，在原有装置基础上，扩大生产能力、增加新品种、提高产品质量的途径，力争以低投入、高产出，实现中国石化经济增长方式的根本性转变，为推动企业技术进步、探索又好又省又快发展石油化工的成功之路做出更大的贡献。上海石化11.5万吨乙烯改扩建到15万吨，便是这一科学理念运用到生产建设中的的杰出例证。

毫无疑问，这是一个成功的处子秀。

1990年10月，国务院副总理朱镕基看到燕山石化乙烯改扩建方案的汇报材料，对这个材料提出的搞技术改造的方案给予了充分的认可和肯定。朱镕基在事后的讲话中提到，对乙烯的建设问题，他早就有过能否走技术改造的路子增加产能的考虑。

朱镕基说，这个东西，当年的上海石化，王基铭他们搞得很成功嘛。

朱镕基还说，他在上海任职时，对上海石化总厂11.5万吨乙烯装置通过技术改造生产能力提高到15万吨，印象非常深刻。燕山石化可以搞，国内其他的石化公司都可以搞嘛。

实际上，王基铭上任中国石化副总经理后，恰好便赶上了燕山乙烯由30万吨提高到45万吨的技术改造工程，他主持完成了燕山乙烯的技改工程。工程总投资控制在28亿元以内，工期不到28个月，与同期建设的广州15万吨乙烯相比，投资节省一半，工期缩短二分之一。

第二节　燕山乙烯改造：老树发新枝

燕山乙烯30万吨装置不仅是国内第一套30万吨乙烯装置，还是世界上第一套以轻柴油为原料的的大型乙烯装置。1972年12月与日本东洋工程公司签订引进合同，1973年6月破土兴建，1976年5月投产。

王基铭视察生产现场

由于当时柴油裂解制乙烯的技术尚有缺陷，这套装置投产后物耗、能耗高，长期达不到设计能力。从20世纪80年代起，燕山石化为了改变装置的“先天不足”，实施了以完善配套、节能降耗、提高质量为目的的装置技术改造，并对裂解炉等设备实施重大节能改造，收到了提高产量、减少耗能的效果，1988年实现了装置全面达标。

但随着国际乙烯工业技术的发展，到80年代末，这套装置原有的优势逐渐削弱。一是技术相对落后；二是设备日趋老化；三是原料单一，而且国内市场的柴油需求迅速增长，乙烯装置用优质的柴油组分做原料的路线明显不合理；四是与国际先进水平相比，规模效益落后；五是产品结构、产品质量与市场不相适应，一些国内急需的产品不能够生产，仍要大量进口。而当时国际石化工业正朝着大型化、一体化、规模化方向发展。

鉴于这种情况，燕山30万吨乙烯装置如果不在规模和效益上加快发展，就没有发展后劲，而且会面临淘汰的困局，唯一的选择是闯出一条企业内涵发展的道路。最好的办法就是利用燕山石化具有的科技、管理、人才等多方面的优势，以及多年来对乙烯装置生产实践的经验，对装置进行“脱瓶颈”技术改造。这种依托老企业、老装置搞技术改造，将30万吨乙烯装置改扩建到45万吨的方案，进入到90年代后，初步确定下来。

燕山乙烯装置改造方案最后确定在原30万吨乙烯装置旁边增建3台新型裂解炉和裂解气急冷压缩系统，压缩的裂解气并入原有的分离系统，原装置的精馏塔群一律不重建，只更换内部构件，并把常规仪表更换成计算机控制。整个工程主要包括6个单项：30万吨乙烯装置改扩建为45万吨，新建14万吨低压聚乙烯装置，在已有的11.5万吨聚丙烯装置上新建一条4万吨的生产线，新建处理能力为每小时700立方米的污水前处理装置和每小时2500立方米的污水处理场，扩建22千伏供电工程，完善动力储运设施。

改扩建技术方案确定后，王基铭把主要精力用到了后期的抓工程进度、抓控制投资、抓工程质量等三个方面上。工程进度上打破常规，超前行动，各项工作交叉进行。同时严密组织、科学施工。用倒计时的办法编制出《总体统筹控制计划》，实行目标管理。在统筹计划中，列出土建、设备安装等8个主要控制点，要求各单位各部门必须确保整点到达，凡是拖延工期的，经济上要处罚，严重的要更换队伍。抓工程投资就是要做到投资不超过概算。要求财务部门和物资供应部门早期介入，确保资金到位和材料供应。财务部门提前介入，不仅有利于资金筹措，而且有利于资金控制。为保证概算合理性，在编制中国石化聚乙烯装置概算时，一共派出12名概算人员和5个专业的工程技术人员到扬子石化公司进行现场实测，据实统计工程量，从而保证了概算的科学性、准确性，为实行投资包干打下了良好的基础。

抓工程质量是王基铭重中之重的一项工作。乙烯装置是石油化工的龙头装置，如果改造后不能一次投料成功，或投料后不能安全稳定地运转下去，将会使化工系统30多套装置全部停车待料，一天要影响300多万元产值。因此这一项目最大的风险是工程质量。王基铭主要采取了“三级控制法”对质量实行把关。第一级是中国石化总公司质量监督总站的宏观控制；第二级是燕山石化的质量控制，由各项目组进行质量管理，燕化质监站实行质量监督，执行停检点制度；第三级是施工单位内部的质量管理，燕山质监站对施工单位实行质量监督。

在开车过程中，将施工、设计、物资供应、生产单位和中国石化系统兄弟单位来支援的专家组和开车队组织在一起，起到了优势互补的作用。为了使装置投产做到开得起、联得上、稳得住，按照“稳扎稳打、步步为营”的原则，开工步骤一个不能少、开工程序必须循序推进，一个工作阶段总结一次，把问题解决在开车之前。在开车顺序上先外围后主体，在有条件的情况下，先下游后上游。即先将公用工程开正常后再开生产装置。生产装置先开乙烯老区，后开后续加工装置，待老区生产正常后再开乙烯新区。聚丙烯装置建设速度提前，就利用原有丙烯于1994年7月先投料，暴露问题，进行整改。

燕山石化30万吨乙烯改扩建工程于1994年9月27日开车成功，生产出低压聚乙烯合格产品，施工工期27个月零18天，比两年半的目标提前两个月完工，比28个月的控制工期提前13天；总投资27.22亿元，比28亿元概算节省7800万元，实现了一次开车成功，技术、装备国产化达到75.3%。与新建同等规模装置相比，投资节省一半，工期缩短一半，效益提高一倍。经过改造，乙烯生产能力由30万吨提高到45万吨，合成材料生产能力由45万吨提高到65万吨，有机化工原料由100万吨提高到140万吨。燕化当年各项经济效益指标全部刷新历史最好水平，创造了建设速度、工程质量、投资控制、施工组织和国产化率的新水平。

1994年10月28日，朱镕基亲临燕山石化，在听取改扩建工程建设情况汇报后，他高度评价这一工程胜利建成的意义，认为这项改扩建工程在建设思想、建设模式、建设方法上，有了创造性的发展，为国民经济的发展做出了重要贡献，其意义远远超过了增加15

万吨乙烯生产能力和新增的一些经济效益。依托老企业、依靠技术改造，走内涵为主的发展道路，符合世界石化工业发展规律和我国石化企业实际，对全国工业企业的发展具有普遍意义，值得在全国推广。

1995年年底，燕山石化乙烯改扩建工程通过国家验收。以此为标志，中国石化走出了一条以内涵为主的，通过技术改造消除“瓶颈”制约的发展模式。从这以后，王基铭在其他四大乙烯中积极推广燕山石化经验，先后主持进行了两轮技术改造，使大庆、扬子、齐鲁、上海等4套30万吨乙烯装置陆续改造到40～45万吨和60～70万吨。这种通过内涵为主、技术改造加快中国乙烯工业发展的方式，体现了党中央提出的“发展要有新思路”，实现了“真正转到以提高经济效益为中心的轨道上来”，促进了中国石化工业整体技术水平的提高和实力的增强，加快了乙烯工业国产化、大型化、现代化进程，丰富了探索中国新型工业化道路的实践经验。

1995年以后，王基铭继续贯彻石化总公司“大型、先进、系列、集约”的发展战略，在第二期乙烯改扩建工程中采用一系列新工艺、新技术，又将燕山乙烯45万吨乙烯改扩建为71万吨。项目于2000年3月15日破土动工；2001年10月建成试运，11月13日生产出合格产品，设备国产化率达到90%以上。整个工程历时32个月，投资比国家批准的34.55亿元有节余，投资、建设和技术水平比第一轮改造又有新的提高。

第三节　镇海炼化：旧貌换新颜

1993年，根据国家“九五”期间要在沿海重点建设镇海、茂名等几个千万吨级的中东含硫原油加工基地，以适应经济发展需要的规划，镇海炼化开始研究在800万吨炼油能力基础上再扩建800万吨中东含硫原油加工能力，形成1600万吨炼油厂的具体方案。当年编制的规划方案是依托老厂新建一个包括12套装置的基本独立的年产800万吨的炼油厂，测算总投资109亿元。

1995年，镇海炼化按照“消除瓶颈，内涵为主”的发展思路，决定将109亿元的扩建改造方案进行重大调整，依靠技术改造消除现有生产装置“瓶颈”、提高生产装置技术含量，使之更科学也更节省建设资金。

这个思路得到了王基铭的大力支持。

王基铭指出，新建项目要在动工之前，要在“磨刀”上下功夫，做到更加科学和稳妥，特别是在资金使用上，要在不突破概算的前提下，争取更多的节省资金。

新方案对加工油种和装置构成作了调整，适当改变建设次序。在半年多的时间里，方案总流程改进了100余次，具体改造方案不断提出，又不断被更好的方案所取代，结果总投资从109亿元降到98亿元，降低了11亿元，而且主要经济指标均优于原方案。优化后的方案，于1995年10月4日得到国家计委的立项批复。

这个方案受到了李人俊、盛华仁等领导的高度赞赏。1995年12月24日，在石化总公司第13次经理（厂长）会议上，李人俊提出，要把消除“瓶颈”攻坚作为贯彻两个根本性转变的中心工作来抓，要像镇海炼化那样，先把现有装置进行挖潜，用滚动建设的办法，扩大到1200万吨，再扩大到1600万吨。

1996年1月10日，国务院在《参阅文件》上印发了李人俊的这个讲话。2月12日，江泽民做出“可否对这类问题再收集归纳一下，配合一定事例，发一个文件”的批示。

3月6日，中国石化总公司党组在《关于传达学习江泽民同志重要批示的情况报告》中提出，要在具体工作中贯彻中央领导同志的批示精神，走内涵为主的发展道路。这是从总部的角度第一次正式把镇海炼化作为炼油技术改造的典型，来推动和指导面上的工作。

此后，王基铭多次到镇海炼化实地调研，进一步进行科学优化。1996年年初，经过反复优化调整和测算论证，镇海炼化又提出了一个只新建4套装置和改造7套装置，最终新增800万吨中东含硫原油加工能力，总投资只有68亿元的第三方案。这个方案更加注重消除制约整个系统发挥效用的“瓶颈”，依靠新技术、新工艺、新材料，以最少的投资完成对“瓶颈”的改造，其中许多装置的改造在国内都是没有先例的。

该方案提出后，王基铭委托以中国工程院院士侯芙生、袁晴棠等为首的中国石化专家，对其进行了认真论证。经论证，认为这个方案同已经比较理想的第二方案相比，新建装置数量减少了三分之二，主要依靠老装置改造扩建，结果总投资减少30%，节省了土地占用，而且做到增产不增人，产品质量和环保水平也有提高。

主要体现在五个方面得到了优化。一是优化了投资效益。新建装置由原来的12套减少到4套，投资从98亿元降低到68亿元；投资利润率从12.52%上升到17.65%；土地少占用近500亩；装置定员减少500人；可比生产成本下降约5%。二是优化了产品结构。增加了国内市场短缺的航空煤油和柴油的产量，柴汽比从1.66∶1提高到1.76∶1；柴油加航煤的总量与汽油的比例达到2.46∶1；轻油收率77.6%。三是优化了产品质量。淘汰了70号汽油，汽油全部达到90号标准，并全部无铅化；柴油全部为一级品以上。四是优化了环境，充分考虑了环保措施建设。五是优化了原油构成。年加工中东含硫原油的总能力达到1300万吨，比原方案增加了100万吨。

1996年8月，国务院总理办公会通过了镇海炼化经过多次优化的改扩建方案，同年9月国家计委批准了这一项目的可行性研究报告，并列入国家“九五”重点工程。

1997年2月12日，石化总公司发出《关于学习、推广镇海炼化股份有限公司实行两个根本性转变，推进企业全面进步经验的决定》，并印发了总公司调查组题为《石化企业实行两个转变的先进典型》的调查报告，要求在全系统大力宣传、学习、推广镇海炼化的经验。

中央领导同志也充分肯定镇海炼化的经验，要求中宣部集中宣传。1997年2月16日，中央电视台《新闻联播》、《焦点访谈》和中央人民广播电台播出镇海炼化公司实现两个根本性转变、推动企业全面进步的经验。2月17日，人民日报、人民日报海外版、新华社每日电讯、解放军报、北京日报、解放日报、文汇报均刊发新华社、人民日报的统发稿。人民日报发表评论员文章《勇于推进两个转变的典型》。光明日报、经济日报、工人日报、科技日报、中国青年报、北京青年报等也刊发报道。

面对巨大的荣誉，作为石化总公司的分管领导，王基铭始终保持着一份难能的冷静。1997年6月21日，王基铭再次率领有关部门负责人就镇海炼化扩建800万吨的炼油工程等建设问题进行现场办公。

1997年9月28日，镇海炼化扩建800万吨炼油工程举行奠基仪式。从此，镇海炼化炼油改扩建工程进入具体实施阶段。

以技术改造为主消除“瓶颈”制约的直接效果，是镇海炼化实现了跨越式发展，跻身世界炼油企业百强之列。2000年完成改扩建第一步工程，炼油年加工能力达到1200万吨，跨入了千万吨级炼厂的行列，当年原油加工量在国内率先突破1000万吨；2003年完成改扩建第二步项目，原油综合加工能力提高到1600万吨。在此基础上，又实施了完善2000万吨/年炼油综合加工能力等项目，2010年实现了由1600万吨到2000万吨的跨越，技术、质量、环保水平进一步提高。从此镇海炼化跻身世界特大型炼油企业行列。

第四节　众化工企业：千帆竞发，百舸争流

在总结经验的基础上，王基铭进一步提出工程建设要坚持“四个为主”的原则，即，工程建设以技术改造为主，技术改造以提高技术含量为主，基本建设和技术改造以国产化为主，资金来源以自有资金为主。并依此指导和推动我国炼油化工工程建设，组织全系统职工相继完成了一批国内油化纤改扩建工程，胜利完成了茂名乙烯、天津乙烯、广州乙烯、乌鲁木齐大化肥、九江化肥、宁夏化肥、燕山乙烯改造、镇海炼油改造、辽阳化纤二期工程、大连西太平洋炼油工程等重点工程建设和投料试车一次成功，为我国千万吨级炼油和百万吨级乙烯基地建设奠定了坚实基础。

此间，王基铭注重将技术开发与重大石化工程建设相结合，组织开发成功一系列成套技术并在一批当代世界级石化工程中得到应用。

一是大型乙烯技术。针对我国石化技术特别是乙烯成套技术长期依赖进口的局面，他决策采用自主开发的乙烯技术成功地实现了天津等三套中型乙烯的扩能改造，年经济效益24亿元，并为开发大型乙烯成套技术奠定了基础。

二是大型聚丙烯成套技术。他决策将聚丙烯成套技术开发和新建生产装置捆在一起攻关，解决了环管反应器开发和设计、国产催化剂开发及应用等一系列难题，采用国产技术先后建成了8套7万~10万吨/年的生产装置，每年创造利润约16亿元。在此基础上，他又决

策开发20万吨第二代成套技术，组织攻克了聚合反应器放大、聚合技术改进、制备高性能产品牌号等一系列难关，在上海石化建成了第一套20万吨/年聚丙烯装置，使我国成为世界上少数拥有20万吨以上规模聚丙烯成套技术的国家之一。之后，茂名石化30万吨聚丙烯装置的投产，更使我国成为国际领先水平的国家。

三是率先在当代世界级石化工程中使用国内自主开发的成套技术。在合资建设的60万吨扬巴乙烯、90万吨赛科乙烯和福建炼油和乙烯一体化工程中，他力主采用具有自主知识产权的国产化技术和联合开发的技术，其中扬巴工程采用了芳烃抽提技术；赛科工程采用了芳烃抽提和大型裂解炉技术，福建工程采用了5套自主开发的技术、2套合作开发的技术，标志我国自主开发的石化成套技术在国际技术市场已占有一席之地，为国家赢得了荣誉。

第十三章

创立适用于我国炼油化工工程建设的管理模式

赛科公司成立后，引进的大批石化建设项目，为工程建设带来了先进的工程项目管理理念和方法，也促进了工程建设管理体制改革，为工程项目管理创新奠定了基础。原有中国惯用的业主自营管理模式越来越不适应石化工程项目建设，而外方BP坚持采用“PMC+EPC”管理模式，在工程实施中也日益暴露出矛盾，而且越来越突出。

针对出现的这些问题。王基铭勇于探索，大胆创新，运用当代先进工程管理理论，特别是以系统论为指导，分析研究现阶段石化工程建设项目管理模式的优势和不足，总结我国过去几十年石化工程建设的经验与教训，结合石化行业发展的特点，通过反复探索，提出并创立了适用于我国石化工程建设的“IPMT+EPC+工程监理”工程项目管理模式，在上海赛科90万吨/年乙烯工程中首次应用成功，并在中国石化重大工程建设中得到广泛应用。

“IPMT+EPC+工程监理”工程项目管理模式，是王基铭认真总结大量石油化工工程项目建设管理经验，将国外先进的工程项目管理理论与中国石化工程建设实践相结合，创立的适用于石化重大工程项目管理的新的建设管理模式。其中，IPMT（Integrated Project Management Team）是指项目一体化管理组，EPC（Engineering Procurement Construction）是指设计、采购、施工工程总承包。

中国石化采用这种新的工程项目管理模式，建设了上海赛科90万吨/年乙烯、青岛1000万吨/年炼油和海南800万吨/年炼油等许多大型石化项目，优化了工程组织，确保了工程安全，提高了工程质量，减少了工程投资，加快了工程进度，有力推动了中国石化又好又快发展。

第一节　创立“IPMT+EPC+工程监理”项目管理模式的背景

石化工程建设项目属于资源、资金、技术高度密集型项目，具有技术复杂、涉及专业多、关联范围广、集成程度高、质量要求高、工程投资大、建造周期长等特点。工程建设项目管理是一项复杂的系统工程，其管理水平的高低，直接决定投资效益、项目成败和企业持续有效发展。少投入、多产出、快建设、高质量、保投产始终是工程项目建设中必须要解决好的重大命题。工程项目管理模式是工程建设项目管理的核心问题，是实施HSE、质量、进度、费用和合同执行等方面有效控制和管理的基础。

2001年，作为中国石化主管工程建设的副总经理王基铭运用当代先进工程管理理论，特别是以系统论为指导，分析研究现阶段石化工程建设项目管理模式的优势和不足，总结我国过去几十年石化工程建设的经验与教训，结合石化行业发展的特点，通过反复探索，提出并创立了适用于我国石化工程建设的“IPMT+EPC+工程监理”项目管理模式，并在上海赛科90万吨/年乙烯工程中首次应用成功。创立“IPMT+EPC+工程监理”项目管理模式的背景如下：

（1）原有的业主自营管理模式越来越不适应石化工程项目建设。

20世纪60年代以后，我国重大石化工程项目建设基本采用业主自营管理模式。但是，随着石化工程项目建设规模不断扩大，这种模式显得越来越不适应。王基铭认为，这种不适应，主要表现在以下三个方面：一是业主直接委托设计单位、施工企业和监理单位开展工程设计、施工建设和工程监理。由业主组织机构直接行使对项目的管理。业主既是投资主体，又是项目的管理主体，承担了项目的所有风险。二是工程建设各个阶段、各个部分之间的界面管理工作量大而复杂，业主组织机构需要较庞大的管理机构和较多的专业人员、管理人员。三是因项目管理工作量大，对项目管理人员的素质，特别是对项目管理领导者的素质要求高，而业主内部往往很难做到这一点，导致项目管理出现混乱局面。四是工程项目建成后，项目管理人员存在“转岗分流”的后顾之忧，造成工程管理队伍不稳定，难以培养和形成高素质的专业工程管理队伍。

显然，这种管理模式已不适应我国石化工程建设项目管理。

（2）推行工程建设管理体制改革，为工程项目管理创新奠定基础。

1984年，中国石化总公司开始试点建设工程总承包，北京石化工程公司和洛阳石化工程公司作为试点单位，先后开展了燕山6万吨/年苯乙烯、5万吨/年聚苯乙烯、洛阳炼油厂500万吨/年炼油一期工程和扬州石油化工厂等项目的工程总承包。为了推进工程建设管理体制的改革，总公司逐步推行了项目法人制、建设监理制、工程承包制、招标投标制，大力推进工厂设计模式改革。在试点的基础上，总公司扩大并完善了工程总承包建设模式。北京石化工程公司在长岭、福建、武汉、九江聚丙烯等项目的总承包取得了很好的效果，在全国工程建设行业引起了较大反响。为了保证石化项目的设计和施工质量，总公司还组织编制了一系列技术和管理标准规范，对保证工程建设质量和安全发挥了重要作用。这都为工程建设项目管理规范化和工程项目管理创新奠定了良好的基础。

（3）引进的大批石化建设项目，为工程建设带来了先进的工程项目管理理念和方法。

20世纪70年代以后，我国开始引进一批现代化的石油化工生产装置，一批国际大型工程公司进入中国开展工程设计和工程承包，同时也带来了先进的项目管理理念和方法。当时，在工程项目的可行性研究完成后，普遍采用国外通行的PMC+EPC的项目管理模式，对大型石化工程建设项目进行管理。PMC（Project Management Contractor）是指项目管理承包，由业主通过合同聘请管理承包商作为业主的代表，对工程进行全面管理，并对EPC承包商进行管理和协调。EPC工程承包商按照与业主的合同约定，全面执行工程设计、采购、施工及试运行服务等工作。该管理模式的优点是承包商提供专业化管理，与业主共担工程风险，为业主分担绝大部分的项目管理工作。缺点是管理成本费用高；业主的自主性差，对PMC依赖性高，易出现“以包代管”的风险；采用“成本+酬金”的合同方式，易使PMC承包公司及其执行人员存在着借故“拖延进度的可能性”。

（4）上海赛科90万吨/年乙烯工程，推动了中国石化工程项目建设管理模式的创新。

2001年，中国石化决定与BP公司合资在上海建设赛科90万吨/年乙烯工程（中外双方各占50%股比）。该项目建设初期，外方坚持采用“PMC+EPC”管理模式，但实施中暴露出的矛盾十分突出。一是把整套工程合同分成专利合同、基础设计合同、技术服务协议、EPC或EP+C等四个开口合同分段进行签署，以致专利商、工程承包商漫天要价，商务谈判旷日持久。二是组织管理上，有关各方各行其是，很难进行过程协调。三是外方承包商从自身的经济利益出发，不惜大幅增加成本和延长工期，而中国石化则坚持在确保安全质量的前提下，严格控制成本，加快进度，以致双方矛盾十分尖锐。四是外方照搬照抄国外标准，国产化工作难以推进。这些问题和矛盾使工程运转陷入了内部是项目业主中外双方争论不休、外部是业主与承包商无休止谈判的“两个怪圈”，严重制约了工程进展，中外双方的优势都不能有效发挥，中方的合法权益得不到有效维护。

针对出现的这些问题，王基铭代表中方与BP高层反复沟通，摆事实讲道理，以理服人，最终双方一致同意采用王基铭提出的结合中国国情的新的管理模式，即“IPMT+EPC+工程监理”工程项目管理模式。

第二节　“IPMT+EPC+工程监理”工程项目管理模式的架构

“IPMT+EPC+工程监理”工程项目管理模式，主要是在项目管理层组织设立了一体化项目管理组IPMT（Integrated Project Management Team）。该管理组是由业主方组织并授权的项目管理机构，代表业主对工程的整体规划、项目定义、工程招标、投料试车、考核验收进行全面管理；选择项目前期咨询商、EPC承包商和监理承包商，并对其工作进行管理与协调。一体化项目管理组由IPMT主任组和IPMT项目管理部组成。

针对整个工程项目，“IPMT+EPC+工程监理”工程项目管理模式的管理架构如下：

一是设立了工程项目管理的三层组织架构。第一层是决策层，由IPMT主任组成员组成，授权决策项目建设的重大及关键问题；第二层是管理层，是由矩阵方式构成的IPMT项目管理部成员组成，主要承担除EPC内部管理、工程监理内部管理以外的其他项目管理工作；第三层是执行层，由EPC承包商、监理承包商和项目前期咨询商组成，执行具体的工程管理与建设任务，见图1。

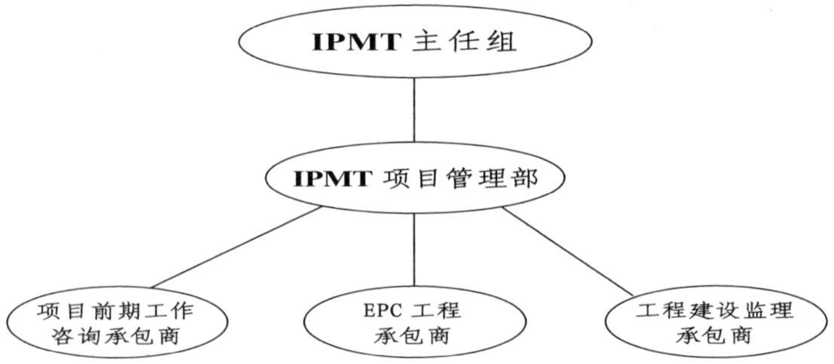

图1“IPMT+PMC+工程监理”工程项目管理模式的组织架构

二是建立了IPMT项目管理部的矩阵式架构。项目管理部由中外双方管理人员和有关专业人员组成。由中方人员任项目分部经理，发挥主导作用。纵向以项目管理为主，横向以专业管理为主，纵横交叉形式矩阵式管理架构，见图2。

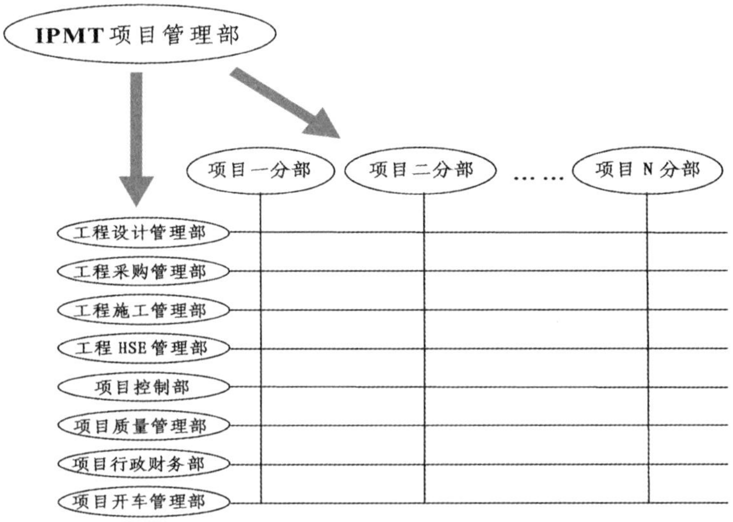

图2　IPMT项目管理部组织架构图

三是采用合同约束加过程协调的管理机制。既严格跟踪监督合同执行，发挥合同约束作用，又加强工程建设全过程的协调管理。实施定期和不定期相结合的调度会议制度，防止过程失控。

四是慎重选择EPC工程承包商和监理承包商，充分发挥承包商的作用。中外双方组成招标委员会，严格执行招投标制度，“公开、公平、公正”选择工程承包商和监理商。中国石化要求EPC工程承包商按照图3的组织架构与IPMT项目管理部的架构相配套，要求监理承包商设置总监理工程师、各专业监理工程师对EPC工程承包商的设计采购施工等阶段的质量、进度、费用等方面进行过程监督，从而实现了项目管理层和项目执行层的专业技术及管理相衔接，接口明晰顺畅。

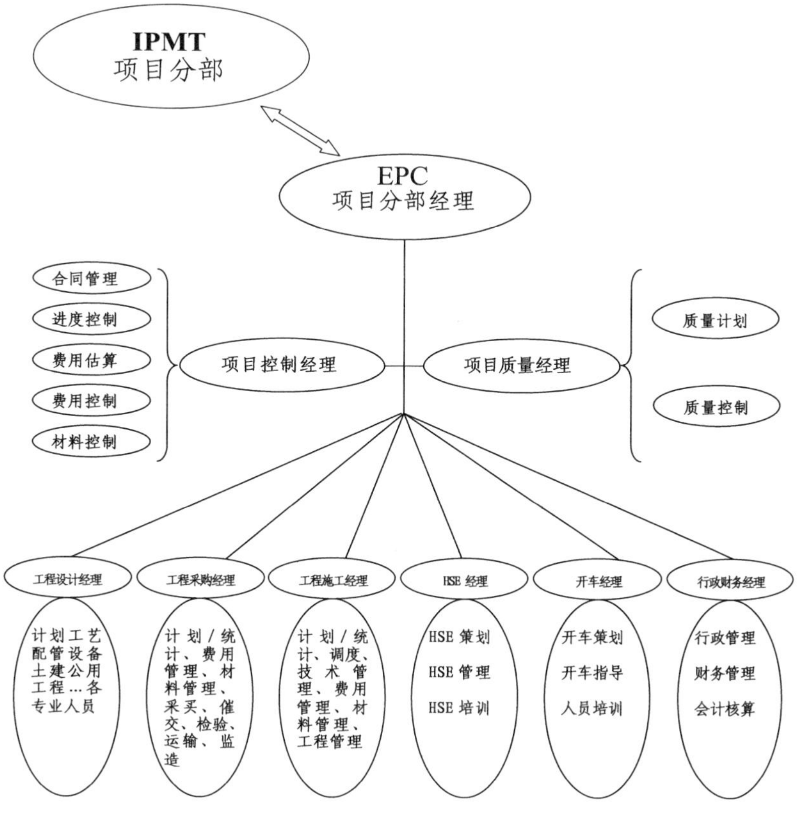

图3　EPC项目的组织架构

第三节 “IPMT+EPC+工程监理”工程项目管理模式的应用效果

中国石化于2000年和2001年分别与德国巴斯夫公司和英国BP公司合资合作，在南京建设扬巴60万吨/乙烯工程和在上海建设赛科90万吨/年乙烯工程。扬巴工程采用了“PMC+EPC”工程项目管理模式，赛科工程最终采用了“IPMT+EPC+工程监理”工程项目管理模式。两个工程相继于2005年3月、5月建成投产，并通过了验收考核、竣工决算。两个项目实施结果见表1。

表1 扬巴和赛科两个重大石化工程实施结果比较

项 目	扬巴工程	赛科工程
工程管理模式	PMC+EPC	IPMT+EPC+工程监理
乙烯规模/（万吨/年）	60	90
总体批复项目总投资/亿元	208.28	222.59
实际发生投资/亿元	204.78	198.59
节省投资/亿元	3.5	24
建设周期/月	36	26
投产工期/月	5	3
PMC或IPMT管理成本/亿元	10.8	7.5
工程质量	一次投料试车成功	一次投料试车成功
工程HSE（现场连续安全人工时）	1700万	1700多万
合同履约	投产时仍在索赔	投产后已关闭

两项工程相比，在总投资、工程内容、现场条件、合资方整体水平、施工队伍等基本条件极其类似的条件下，采用“IPMT+EPC+

工程监理”工程项目管理模式多节省投资20.5亿元，其中仅IPMT比PMC的管理成本就节约了3.3亿元，缩短工期10个月，投产后合同全部关闭，整个工程进入商业运行。

鉴于该工程项目管理模式在赛科工程的应用成功，中国石化将该管理模式推广应用于海南800万吨/年炼油、茂名100万吨/年乙烯扩建、青岛1000万吨/年炼油、天津100万吨/年乙烯、镇海100万吨/年乙烯和广州1000万吨/年炼油改造等重大工程建设项目，都取得了很好成效。其中，海南炼油项目使中国石化的集团化优势得到更加充分的发挥，业主单位、总承包单位、监理单位及施工单位分别在统筹协调、设计、现场管理上得到了优势互补，实现了在设备材料涨价情况下的“投资、进度、质量、HSE、合同”五大控制目标，投资控制在批复概算之内并有节余，项目建设实际施工工期22个月，比正常工期缩短了三分之一时间；茂名乙烯扩建项目按时按质完成了建设任务，使茂名石化成为我国首家达到100万吨/年乙烯生产能力的石化基地；广州炼油改造项目充分发挥了EPC优势，强化了内部协调与配合，做到了设计、采购和施工合理深度交叉，有效缩减了建设周期，创下国内同类型装置建设周期最短的纪录。

第四节 “IPMT+EPC+工程监理”工程项目管理模式的启示

三十多年来，中国石化完成了一系列大型石化工程项目建设，积累了丰富的工程管理经验。实践证明，王基铭率先创新提出的“IPMT+EPC+工程监理”工程项目管理模式是成功的，有很强生命力，也符合中国石化大型工程建设实际。目前，“IPMT+EPC+工程监理”工程项目管理模式已成为中国石化工程建设首选的一种先进工程项目管理模式。从“IPMT+EPC+工程监理”工程项目管理模式的创新和实践中，可以得到如下启示：

（1）党组高度重视推动了石化工程建设项目管理创新模式的推广应用。

石化重大工程建设项目具有资源、资金、技术高度密集，界面复杂、专业及管理跨度大、建设周期长、项目相关方众多等特点，因此，中国石化党组一直强调要加强工程建设项目科学管理工作。党组认为，王基铭的“IPMT+EPC+工程监理”工程项目管理模式，在上海赛科90万吨/年乙烯工程项目建设中的成功应用，有效地优化了工程组织，确保了工程安全，减少了工程投资，加快了工程进度，提高了工程质量，是非常适用中国石化重大工程项目管理的新的工程项目建设管理模式，给予了高度重视，并积极在海南800万吨/年炼油、青岛1000万吨/年炼油、天津100万吨/年乙烯和镇海100万吨/年乙烯等重大工程中进行推广应用。

（2）“IPMT+EPC+工程监理”工程项目管理模式是现阶段比较适合中国石化工程建设的一种先进管理模式。

“IPMT+EPC+工程监理”工程项目管理模式，是在项目管理模式上的探索与创新。该模式的创新点是：减少了支付PMC承包商高额的项目管理成本；针对承包商合同意识淡薄的现状，实施合同约束加过程协调的管理机制，防止了“以包代管”容易出现的过程失控；聘请EPC工程承包商，避免了业主自营管理模式业主承担的大量而复杂的界面管理工作，使IPMT项目管理部人员数量大大减少；鉴于当时国内外EPC承包商、施工分包商和制造分包商质量自我约束机制不健全的现状，汲取业主自营管理模式的监理机制，引入被国内建设业普遍接受的监理承包商。该管理模式是现阶段比较适用中国石化工程项目以及炼化工程项目的一种先进合理的项目管理模式，未来根据情况变化和发展需要，以及信息化融合，还可进一步创新完善。

总之，近年来，随着科学技术的不断进步，中国石化建设的石化工程项目规模越来越大，工程内容、功能越来越复杂，技术要求越来越高，项目管理正朝着专业化方向发展。工程项目管理模式与实施方式作用也越来越重要，能体现资源优化配置、各方优势互补的“IPMT+EPC+工程监理”工程项目管理模式，正越来越成为中国石化工程建设项目管理首选的一种先进管理模式，将会在石化大型工程建设中得到进一步广泛使用。

第十四章

参与并组织中国最大的国企改革

2000年10月，中国石化成功地整体上市，它标志着我国石化工业对外开放进入了产权融合的新的历史时期。这也是中国石化工业发展史上前所未有的一次内涵深刻的重大变革，具有深远的意义和影响。

第一节 渐已成熟的改制背景

自1992年邓小平视察南方的讲话，肯定了股份制和股票市场之后，实行股份制改革和股票上市，成为企业改革的热门话题。1997年，江泽民总书记在十五大政治报告中对股份制这种现代企业的资本组织形式也做了充分的肯定和认可。这标志着股份经济和企业改革理论有了新的重大突破。

1999年9月，党的十五届四中全会通过的《中共中央关于国有企业改革和发展若干重大问题的决定》，进一步对股份制做出了明确的肯定和支持。党中央和中央领导同志的一系列决定和指示，标志着我国在股份制问题上取得了理论突破，为中国石化集团公司这样的国有骨干大企业进行整体改制上市提供了理论指导。

从中国石化当时所面临的国际竞争态势来看，当时作为中国石化企业主要竞争对手的国外大公司，一般都是在国际主要股票市场上市的股份公司，其组织管理体制有一个共同特点，就是公司总部对核心业务直接进行经营管理，对重大战略决策、投资、财务、资金和销售等实行集中控制，从而能够有效地优化配置全公司的资金、销售网络、人才等关键资源。而中国石化集团公司与之相比，存在着核心业务不突出、多级法人并存、管理与决策分散、激励与约束机制不健全等弊端。这些都影响了整体运行效率，成为制约发展的致命弱点。

面对国外大公司的压力和挑战，中国石化集团公司要想参与国际竞争，必须进行一次脱胎换骨的改造。具体途径就是通过整体改制上市，重新构建总体组织框架和管理体制、运行机制，突出核心业务，精干主业资产，优化资源配置和产业结构，提高规模效益，增强自身能力，尽快缩短与国外大公司在体制、机制上的差距，从而在日益激烈的国际竞争和剧烈的市场动荡中求得生存和发展。

从国内的情况看，最早进行境外上市的是上海石化总厂。1992年9月，国务院批准上海石化等9家企业为首批规范化股份制改制并赴海外上市的试点企业。经过艰苦细致的开创性工作，上海石化总厂成功上市，较好地实现了政企分开和主辅分离，达到了规范改制和境外上市的要求。1993年7月26日，上海石化的股票在香港和纽约同时上市。这种从实际出发，将主业和辅业分离、主业改制上市的模式，为中国大型国有企业进入国际资本市场直接融资探索了一条新的路子。

在这之后，中国石化又对燕山石化、扬子石化、镇海石化、齐鲁石化、石家庄炼油厂、锦州石化等企业进行了股份制改革，分别在上海、深圳证交所上市。

到1998年年末，石化集团共有16家境内外上市公司，累计从资本市场筹资212亿元，每年还可以通过配股等方式融资几亿、十几亿元，用于技术改造和科技进步。这些上市企业的实践证明。通过改制重组进入资本市场，对加快发展我国石化工业具有积极作用。

1998年11月23日，吴邦国副总理在听取石油、石化两大集团公司关于生产经营情况和1999年计划安排的汇报时指出，从石油、石化情况看，解决发展问题首先还是要考虑整体改制上市。石油、石化可以考虑到香港、纽约上市，要专门搞个小组进行研究。上市后可以吸引一部分外资，由于我们是绝对控股，所以无碍大局。

这实际上为中国石化的改制定了一个调子。

作为第一家在香港、纽约、上海三地同时上市的中国大型国企的上海石化领导，王基铭这时便被推向了前台。中国石化集团党组会议决定，由王基铭牵头，与中国金融有限公司组成联合工作小组，对整体重组改制开展可行性研究论证。

王基铭，又一次面临着新的挑战！

第二节　来自高层的支持

对股份制改革，王基铭并不陌生。

但中国石化这个有着120万名职工的超大型国企进行整体重组改制，难度更大，情况也更复杂。王基铭以十分慎重的态度对此项工作做了耐心细致的前期调研，此次的调研前后持续了5个月，收集了中国石化上中下三个板块的意见，无论是覆盖面还是调研时间，都是前所未有的。

调研的结果并不令王基铭乐观。

主要的问题集中在企业的管理体制、人员的分流和非上市部分的生存三个方面。王基铭就此问题专门向中国石化集团公司党组书记、总经理李毅中及中国石化党组做了专题汇报。结合上海石化总厂改制经验及调研所得到的具体情况，王基铭客观地分析了中国石化所面临的形势及存在的差距，同时也汇报了整体重组改制和债转股的初步思路。王基铭指出，中国石化的整体重组改制由于牵扯面大，范围广，人数众多，必须慎重解决以上存在问题，稍有不慎，则有可能产生较大波动。

5月29日，中国石化将王基铭的调研报告做进一步的整理，并以李毅中总经理的名义，向国务院领导同志写了一个报告，就中国石化面临的形势、问题，整体重组改制和债转股的初步思路，以及王基铭调研中发现的三个方面的问题如实做了反映。

很快便有了来自高层的领导态度。

5月31日，李毅中报告送出的第三天，吴邦国副总理批示将报告“报镕基同志阅”，并表示“准备召有关部门听一次汇报，共同研究”。6月3日，朱镕基总理批示“原则同意”，同时指出“核心是减人分流，现在是最好时机，等到石化（也包括石油）总体亏损了，那时减人费用要推向社会，那就难了，晚了。只要下决心减人，资金总是好解决的，再就业也比较好解决”。

总理的批示，实际上已点出了中国石化下一步工作的方向。

6月30日，吴邦国副总理专门听取了汇报。王基铭和石化党组的有关领导向副总理做了专题汇报，随后正式向国务院上报了整体重组改制初步方案。这个方案得到了朱镕基、吴邦国、李岚清、温家宝等国务院领导的一致性支持。

1999年7月11日，党中央、国务院以文件的形式对中国石化整体重组改制给予了充分的肯定和支持。

文件编号为：中发1999年第12号。

第三节　出任中国石化股份公司总裁

中央和国务院的大力支持，坚定了王基铭做好中国石化整体重组改制和股票上市、到国际资本市场直接融资的决心和信心。

此后，在党组领导下，王基铭组织石化集团相关部门对石化集团全资和控股的60家企事业单位全面重组，同时聘请中国国际金融有限公司和摩根士丹利添惠亚洲有限公司担任主承销商、毕马威会计事务所为审计师行，还聘请了其他各个专业的中介机构，按照境外上市的要求，分别进行尽职调查，为改制上市做好充分准备。

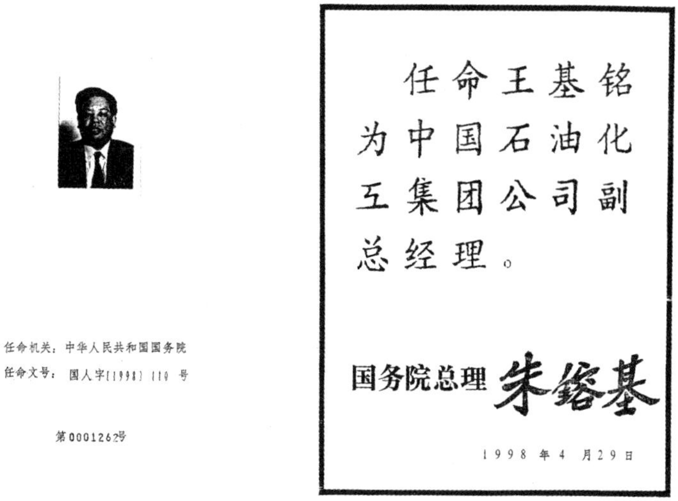
任命机关：中华人民共和国国务院
任命文号：国人字[1998] 110 号
第0001262号

任命王基铭为中国石油化工集团公司副总经理。

国务院总理 朱镕基

1998年4月29日

王基铭担任中国石化集团公司副总经理的任命书

2000年2月25日，中国石化集团以独家发起方式，设立中国石油化工股份有限公司；2月28日，中国石化股份有限公司正式挂牌。

集团公司副总经理王基铭任中国石化首届董事会董事，并任中国石化总裁。

从重组的情况看，整体效果还是很不错的。3月23日，国家开发银行及中国信达、中国东方、中国华融3家资产管理公司同石化集团签署了总额为301.5亿元的债转股协议。

这算是一个立竿见影的效应。

至少是一个双赢。

2000年8月21日，国家经贸委批准中国石化股份有限公司转变为社会募集公司；三天后，中国证监会批准中国石化股份公司进行全球发售。

2000年9月25日起，在摩根士丹利、中金公司等中介机构的配合下，中国石化路演团一行20人分成两组，开始全球巡回推介的预路演，路经香港、新加坡、英国、法国、德国、意大利、荷兰、加拿大、美国9个国家和地区的24个城市，先后举行4次大型推介会、10次午餐会、4次电视电话会及103场“一对一”推介会，接触投资者160多户，回答投资者提问1200多个。

累!

很累！！

不是一般的累！！！

后来的日子，谈及这一趟出行，王基铭连续用了好几个“累”字来表达。

由此换来的收获是，经过两周预路演，中国石化发行计划配售总股本的20%，即167.8亿股，其中一半由埃克森美孚、壳牌、BP和ABB集团等4家策略投资者和香港地区的财务投资者认购，合计认购金额17.3亿美元；另一半向社会公开募集，其中8.4亿股在香港向市民公开募集。通过全球发售，共募集资金270亿港元，折合34.62亿美元。

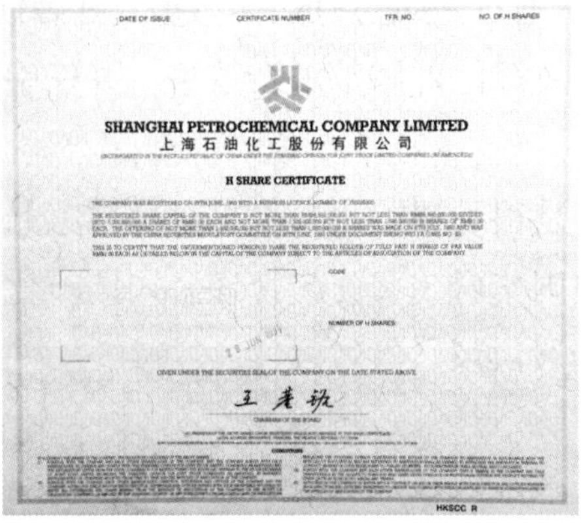

上海石化H股股票

中国石化H股股票

2000年10月18日、19日在纽约、香港和伦敦公开上市后，虽然正值股市下跌，但中国石化股票首日交易仍受到股市关注，反映正面，在纽约和伦敦市场收盘价略高于开盘价，在香港市场为当日成交最活跃第2位。

发行上市后，中国石化股份公司总股本为839.02亿股。其中，石化集团公司持有国有股占总股本的56.9%；3家国有资产管理公司和国家开发银行持股占总股本的23.1%；H股份占总股本的20%。

开门大吉！

朱镕基总理对这个结果感到非常满意。2001年11月4日，朱镕基总理在石化集团关于股票上市工作的汇报上批示：中国石化克服种种困难，取得上市成功，成绩超过我的预想，确实来之不易。谨表祝贺和感谢。

从这段话里不难想象，日理万机的大国总理，在那个时刻所流露出的，是一种怎样的怡悦之情。

第四节　引得活水汇清泉

中国石化集团公司的整体改制上市，涉及尽职清查审计资产、评估土地、整理统计等数据繁多，成为中国国有企业有史以来工作量最大的一次改革。而建立与国际规范接轨的管理制度，特别是大量的人员分流、资产、财务、机构、人员重组，又使这次改制成为中国石化工业难度最大的一次改革。其取得的成功在中国石化发展史上具有里程碑的意义，它对未来的改革和发展，对石化股份公司参与国际竞争，都产生了深远的影响。

王基铭对数字十分敏感。在谈及改制上市的体会时，津津乐道地说出了一串境内外上市后的有关数字。除了没有精确到小数点，其信口说出的数字便基本相符，让人不得不佩服。中国石化境外上市，募集资金34.62亿美元。2001年7月，中国石化又在境内发行A股，8月在上海证交所上市，募集资金118.16亿元人民币。通过发行股票，股份公司募集到巨额资金，明显增加了所有者权益、改

在美国纽交所现场

善了资本结构和股本结构，增强了国有资产的控制力，实现了国有资本保值增值。中国石化不但补充了发展基金，为持续改革和减员分流提供了资金支持，也为下一步在国内外有效实施资本运作、持续融资、收购有关优良资产、集合现有的上市公司开辟了道路。

“搞股份制整体上市这步棋，是走对了！我们这一代石化人，那个年代要搞发展，难着呢，上海石化搞一、二、三期工程，最困难的三期工程，真恨不得一分钱掰成两瓣花。资金紧张到了连小学生们都把零花钱捐了出来。通过改制上市，我这个中国石化总裁才可以放手搞产能建设、搞装置的改扩建。没有整体改制，谈发展，不好办呢。”王基铭说。

这么说着，王基铭便如数家珍地掰着指头一一算了起来。中国石化2000年发行H股募集资金，主要用于胜利油田勘探工程和产能建设，镇海炼化、广州石化、茂名石化、福建炼化加工高硫原油，燕山乙烯、扬子乙烯、上海乙烯、齐鲁乙烯二轮改造，扬子-巴斯夫、上海-BP、福建-埃克森合资乙烯，仪征45万吨和扬子35万吨对苯二甲酸，镇海40万吨对苯二甲酸，提高油品销售市场占有率等19个项目。2001年7月发行A股所募集资金，主要用于收购新星石油公司、建设宁波-上海-南京原油管道工程、大西南成品油管道工程等3个项目。2001年经重组后的新星油气勘探开发主业，被中国石化股份公司以收购方式融入，进一步充实了股份公司的上游业务。

王基铭同时指出，在中国石化境内外发行股票，引进了战略投资者，还扩大了对外合作。中国石化第一次发行H股时，引入了四家战略投资者和四家财务投资者。第二次发行A股，又引进了国内的九家战略投资者和社会保障基金。这使国内外投资者特别是境外大公司进一步了解了中国石化，增强了合作信心，加大了大型项目合作的进程，开辟了市场营销合作的新途径。

第十五章

意外的国际官司

随着股份公司的上市，境外不良商人利用中国企业对国外市场、法律的不了解，试图以政治炒作和法律恫吓为手段，非法获取利益。中康案就是这当中较有代表性的案例。面对恫吓和威胁，王基铭挺身而出，坚决捍卫国家和企业的利益。

杨树杉，男，1945年出生，辽宁昌图县人，原中国石化集团外事局局长、国际事业公司总经理。2016年3月22日上午，中国石化集团公司总部的一间小会客室里，我与其见面。在谈到和王基铭共事的过程，他饶有兴致的打开了话匣子：

第一节　我和王总认识的过程

王总过去在上海石化，我在燕山石化。

后来，我从燕山石化到了总部（中国石化）国际局。我们都是学化工的，我是大连工学院学化工的。那时，燕山和上海石化之间就有交流。

嗯，我们就是那阵儿认识的。

王总是上海人，却是北方人的性格。一是一,二就是二，典型的从生产现场出来的人。你想啊，化工企业，易燃易爆，高危单位。黑是黑、白是白，玩不得半点虚的。玩虚的，不出问题则罢，一出（问题）就是个大的。

这个人，性格突出，非常突出。今天你出“问题”了，他今天修理你；明天你有事儿了，需要帮忙，尽管找他好了。

从基层出来的，都这样——平易近人得很呢。但有一样，憎爱分明，眼睛里揉不得砂子，谁要是损害国家和企业的利益，那他就不客气了。

中康案，就是这么个情况。

第二节　官司的由来

王基铭大约从没想到，自己有一天会和人打起官司，并且是一场声势浩大的国际官司。

这个官司当时被业内称为“中康案”。

2000年9月，中国石化股份公司重组上市的时候，美籍华人何毓璇突然在美国法院起诉中国石化集团公司、股份公司、中国石化国际事业公司、中国石化美国公司，并向正在纽约做IPO路演的王基铭当面送达起诉状。

这个何毓璇是个什么人呢?

这个人是从台湾去的美国，属于美籍华人。

1985年中国石化国际事业公司与何毓璇在美国签订了一份合资合同，约定在美国德克萨斯州休斯顿组建合资企业——中康公司，由合资公司代理中国石化向美国出口石蜡。后来由于国家外贸体制改革，外贸经营权放开，中国石化各企业可以自行出口石蜡，中康公司也由盛转衰，无力继续经营。但在解散中康公司问题上双方分歧严重，何毓璇无礼要求高额补偿解散费用，这是中国石化坚决不答应的。

能答应吗!

当时，国际事业公司正好在与中康公司原来的贸易伙伴做石蜡生意，于是何毓璇以中康公司有中国石化石蜡出口独家代理为理由，利用股份公司上市的时机，想乘机提出诉讼，企图利用舆论关注、政治炒作逼我方就范。

猖狂得很呐！这个家伙说了，你中国不是有13亿人么，那好，我就让你每人赔给我一美元。就这样，何毓璇向中国石化索赔13亿美元。做梦娶媳妇，想好事儿啊，这不明摆着打算趁股份公司上市，以为我方会顾及影响，然后就可以狠狠地敲诈一下么。

我便给王总打电话。

当时王总正在纽约路演股票。电话拿起来我才想到，我们这边是白天，美国那边正是深夜。可这关节上，顾不了那么多了。

打吧，电话便打了过去。

我说，王总，不行啊，咱咽不下这口气！

王总没有急于表态，而是对事情的来龙去脉做了更深的了解。同时，连夜通过中国石化美国公司就案件性质咨询美方律师，这家伙不就是想趁着股份制上市讹我们一把么，在美国，打官司并不影响股票。

这之后，王总给了我一句话。王总说，坦然应对吧！

第三节 休斯敦交锋判“离婚”

2002年，案子由美国休斯敦法庭审理。当时的审理方式是用陪审员这一套。程序是10个陪审员加一个法官，案子的结局是搞少数服从多数。我方没有同意，我们对美国法律不熟悉啊，便要求搞大法官制——这种审理是没有陪审员的。

开庭的那天，我作为法人出庭作证。在法庭上，对方律师拿着中国石化的年报反复询问，试图从中挑出毛病。我这边呢，好在提前做了“备课”，基本没有出现什么漏洞。

最后，大法官按照我方申述，判决双方先“离婚”。这么解释吧，就是中断双方原先达成的合作协议。等未来开庭再判决索赔问题。这算是一个阶段性的胜利呀，法庭一旦判决中断协议，国内各企业向美国出口石蜡就没有了法律上的障碍。

后来，法律部的杜江波接手这个案件。

他做得更漂亮！

在这个案子的处理中，王总有一句话让我感动。王总说，我们是国有企业，国有企业就是要捍卫国家利益，不仅要打，而且要打胜！

就冲这股子血性，我服他！

嗯，这个案子后期的详细情况，你找杜江波了解一下吧。小杜，是我们中国石化总部的法律专家。

（随后，我如约见到了杜江波）

第四节　旷日持久的马拉松官司

我叫杜江波，在咱石化法律部工作。

中康案件的起因，杨树杉局长讲得很透彻了。

王总当时是分管我们外事口的顶头上司。2000年年底正式“打”起来后，初期，中国石化法律处只有五六个人，并没有涉外的法律经验。在王总的支持下，我们聘请了外交学院的卢松教授做顾问，又在美国聘请当地律师来应诉。

从2000年打到2002年年底，开始是在美国州法院打的。

州法院一般是搞陪审团。

我们对此提出异议。

一是，要求将案子交由美国联邦法院。我们的依据是，我们是中国的国有企业，相当于国家的主权，州法院无权审理。这个要求最终达到满足。

二是，何毓璇的起诉，是把中国石化四个单位捆在一起，浪费人力。我们提出，由中国石化美国公司统一代表，这样，便把中国石化集团公司、股份制公司、国际事业公司撤出去了。

三是，我们对法官建议，这是一个比较简单的商业“离婚案件”，事实清楚，法官有权采用“即决裁判”程序，不需要漫长的过程。由此，法庭当庭判决“双方不再合作经营”。

在这个过程中，王基铭老总、杨树杉局长始终关注这个案子。毕竟，这是中国石化第一个美国案件。在这个过程中，何毓璇写信告御状，他本人还被清华大学聘为客座教授，制造了很恶劣的影响。

为了打这个官司，王基铭老总投入了很大的精力。对重要过程亲自掌握，重要决策亲自把关。杨局长则亲自出庭作证。

“即决裁判”是2003年提出的，2008年下的裁决书。

裁决书的大意是，双方终止合作，各自承担各自的损失。驳回13亿美元的的索赔。

2008年，何毓璇又上诉到美国第5巡回法院。该法院院址在新奥良。我们又积极应诉。终审的结果是支持二审判决。

这个案例曾经入选国资委中央企业优秀案例。

应该提到的一个美国朋友。他叫格雷格，中文名字白贵芳。当年尼克松访问中国，带来了一些美国青年，他是其中之一。大学第一专业是“东方文学”，此人对中国非常友好。他的老师是严复的孙女，对！就是那个写出《天演论》的早期的大翻译家的孙女。格雷格的中文名字就是严复的孙女给起的。

在中康案的审理中，格雷格出了不少力。F1中国大奖赛时，王基铭老总碰巧和格雷格相遇，彼此亲热得不得了。

中康案不仅是一个马拉松，而且是接力赛。整个案子审理历时10年。10年来，参与这个案件的我方人员达几十人之多，其中有调动的、离职的、退休的、滞留不归的、因病过世的。2003年2月份，我们向美国联邦法院休斯敦地区法院提交“即决裁判”动议后，案件就被法官搁置起来，仿佛冬眠一样。

7年后的2010年美国法院作出裁决，中康案最终以中国石化全胜结案。

纵观中康案，关键是在前三年。

毕竟从2003年之后便是一个长长的冬眠了么。

前三年里，如果不是王基铭的力挺，事情就很难说了。当年，的确有一些所谓的“外商”，利用改革开放初期，刚刚“走出去”的中国企业对国外市场、法律的不了解、不熟悉，试图通过政治炒作、法律恫吓来获取他们的利益。

这一套把戏到了王基铭这里就不好使了。

王基铭不息事宁人，不委曲求全，坚决维护国家、企业合法权益，最终赢得胜利。

这对我们办理国际纠纷案件是一个重要的启示。

第十六章

为了海南的碧水蓝天

海南省是一个地理位置十分独特的地方。王基铭从国家石油安全和石化布局出发，赢得地方政府的积极支持，十三次亲临现场，组织和指挥洋浦炼油工程，又好又快地按照安全、环保的要求，建成了一个世界一流的炼化基地。

第一节　目光投向海南

2002年，王基铭60岁。

这一年，他把目光投向到了海南岛，投向到碧波荡漾的南海，那片长满椰子树的绿色葱郁的土地。

面对石化这盘大棋的布局，王基铭的目光更长远也更深邃。

从中国石化经营的地盘来讲，大南方是中国石化最主要的“根据地”，销售公司、油库、加油站星罗棋布在南方沿海省市。海南岛的地理位置特殊，区位优势明显，它地处中国的最南边，中国的进口原油70%以上从马六甲海峡到中国沿海港口，海南显然是进口原油到中国最近的地方。同时，这里毗邻北部湾，拥有天然的深水良港和避风港，位于新加坡－香港－上海－大阪国际海运主航线上，地理和海运条件十分优越。在这样的地方建设一个现代化大型炼油企业，无疑具有深远的战略意义。

这年的年初，有消息证实，海南那边已有建设炼油厂的意向。曾经有一家合资的和邦公司进口过炼油设备，试图建设250万吨/年炼油厂，后受技术力量、工艺水平和资金等方面的限制，搁置在那里多年。海南省想积极恢复这个项目建设，初步意向于中国石油。中国石化当时并不感兴趣。王基铭2002年初正好在海南三亚开科技会，了解此情况后，他认为中国石化凭借雄厚的技术优势、成熟的管理经验，布局建设大型炼厂是十分必要，也是十分紧迫的，完全可以达到振兴地方经济和中国石化发展的双赢目的。王基铭为此向党组主要领导李毅中并党组打了报告，立即得到同意和批准。

时间就是效益！

海南省省长汪啸风同志（右二）陪同王基铭在海南洋浦调研

2002年的春天里，王基铭带领有关同志到了海南省省会海口市。

出面接待王基铭的，是海南省省长汪啸风。

会谈的气氛并没有想象中的热烈。海南方面将其看作为中国石化的一个意向性的商业“试探”，也因此，尽管出面接待的级别很高，但这种高规格更多的只是一种礼节。

简单的客套之后，王基铭直奔主题。

王基铭向海南省领导谈到了中国石化整体改制后的形势，面临的机遇和挑战；讲到了海南岛独特的战略位置，在未来国家石油安全上，具有难以替代的意义；讲到了中国石化对在海南岛建设一个现代化的大型石油化工基地的打算，特别详细地讲了随着化工基地的建成，将怎样带动海南省经济建设与发展。

王基铭胸有成竹的讲着。坐在对面的汪啸风省长的身子，不由自主地开始前倾。

这时候，王基铭便谈到了海南省优良的环境，谈到了未来的石化基地将是一个世界一流的环保型基地，王基铭动情地说，海南省的碧海蓝天是要留给我们的子子孙孙的，不能让它毁在我们的手上。

王基铭说，我已经60岁了，我准备把海南石化基地的建设，当作自己在职时的最后一个“作品”献给国家、献给海南人民。要让子孙们在海南大地上，当他们看见林立的炼塔，看见炼塔上飘荡着的白云，看见白云下碧蓝的海水，他们会说，当年我们的前辈没有为了经济的发展而毁了这片土地。

汪啸风省长站了起来，隔着椭圆型的会议桌，激动地将手伸了过来。

两双手握在了一起！

第二节　精心选择厂址

海南那边同意了，但到底将未来的海南炼化选择在哪里更好呢？便摆在了王基铭面前。

海南最初规划炼油厂，曾把厂址选择在临高。

王基铭当初没有表态，而是带着一帮人对海南周边的几个县进行考察。最后，王基铭凭着多年建设炼化工程经验，一锤定音，欣然拍板厂址选定在洋浦。

洋浦，今天熟悉它的人可能不多，但要谈起历史，谈到小平同志“画圈”的往事时，这个地方就值得一说了。有一支歌曾经唱到：1979年，一个春天，有位老人在中国的南海边画了一个圈。这个圈，现在大家都知道，它的名字叫深圳。其实，老人家当年曾经画了五个圈。这五个圈就是后来的五个经济特区，它们是广东珠海、汕头、深圳，福建厦门，海南。

海南如果是一个圈，那么这个圈子的中心则是洋浦了。

八十年代之后，随着席卷而来的改革春风，洋浦曾经很是热闹过一阵儿。不少人恨不得用麻袋装钱去投资，但后来不知道为什么，洋浦并没有热起来。短暂的喧哗之后，洋浦又回复了寂静。只有积满厚厚尘土的横亘在原野上的大公路，以及公路旁稀疏的野草，像是在见证着这片土地过往的浮华。

所谓的洋浦其实只是个村庄。村庄也很小，很破，因常年的凋蔽，村庄上连个饭店都没有。

2003年6月王基铭一行在海南洋浦对原油码头进行选址

王基铭却一眼相中了它。

王基铭的理由其实很简单。王基铭说，小平同志作为一代伟人，当年在这里画圈儿，应该是有他的大逻辑。我们应该在这里好好研究一下，看看到底对国家、对海南、对区域性建设是否有意义。

下马观花，果真就看出了许多门道儿。

接下来的几天里，王基铭便带着大家对洋浦进行深入的实地考察。他们发现，洋浦有着其他地方所难以比拟的优势。一是，天然海湾。水深港阔，有利于船舶进港、停泊。将来经过修建，便是一个理想的原油码头，这便为原油上岸提供了理想的停靠地。二是，洋浦虽然冷清了下来，但公路却已修建完毕，无论是陆上运输还是海上货物装卸，都非常便利。三是，地形辽阔平坦，适应现代化大型化工基地的兴建。四是，土地价格非常优惠。当年，由于缺少项目，洋浦开发区的土地价格十分便宜，一亩地也只6万元人民币，开发区领导非常支持，最后给了优惠，一亩地仅3万多元人民币。这便在无形中节省了大笔的前期开发费用。

踏破铁鞋无觅处，而洋浦简直是为中国石化海南炼化基地量身定制的一个再合适不过的宝地啊。后来的事实是，洋浦炼厂以加工进口原油为主，自备的深水码头位于洋浦神头港区，拥有包括30万吨级原油油轮、10万吨级成品油油轮在内的泊位5座，年吞吐能力超过2500万吨。拥有110万立方米的原油储罐区和70万立方米成品油储罐区及相应的输转配套设施。

作为一个插曲需要交待的是，当洋浦被定为中国石化海南炼化基地即中国石化洋浦炼化的节骨眼上，最早的厂址所在地父母官——临高县五大班子成员悉数赶到海口，堵了王基铭的门。和王基铭同行的几位工作人员，见此情景，不由得吓了一跳。便欲上前阻拦，王基铭叫住了他们。王基铭说，人家从临高过来，来了就是客人。有意见、有问题，可以沟通解决，不用怕，我来接待他们。

一干人便去到宾馆会议室坐下。王基铭耐心地听着对方的陈述，他边听边沉思边点头。他从对方的真挚的言谈中，深深地感受到当地政府和领导渴望脱贫、追求发展的强烈愿望。王基铭把这种内心感动告诉给大家，对临高方面的愿望表示出了充分的理解。随后，他将临高和洋浦各自的特点和优势进行比较，对其所存在的不足直截了当地指出。王基铭说，我们都是党的领导干部，追求发展、造福一方，是我们的根本目的，但这个目的最终要放到国家层面上来考虑，要坚决服从国家的整体利益和需要。你们换位想一想，如果你们作为中国石化领导，炼油厂应放在哪里？你们说吧！

这显然是一席入情入理的话语，临高方面的领导相互对视了一番，便站起来握手告别。分手时刻，客人们真诚地对王基铭说，无论怎样，我们都欢迎中国石化投资海南，我们相信，中国石化在海南的建设，一定会辐射到我们临高来，我们期待着以后有更多的机会和你们合作。

这是一次计划外的“接访”，王基铭深有感触地说，共产党是为人民服务的政党，不管什么时候，都不要害怕被人“打上门”，要敢于面对面，要让人有说话的地方、谏言的渠道！

随着厂址的选定，建设所需的土地也很快办理好所有购买手续。从图上形状看，海南炼化的土地面积竟是一个巧合的元宝形状。

元宝元宝，这是一个多么美妙的无意的巧合啊。

第三节　高水平 高起点 超一流

厂址有了，未来的海南炼化要建造成一个什么样的企业呢？

2000年前后，中国的炼制化工企业一般都属于焦化工艺路线的重油加工企业。其优点是，投资少，操作费用低，转化深度高，但延迟焦化的主要产品，其质量较差，烯烃和芳烃含量高，硫、氮、氧等杂质含量高，安定性差。

王基铭从油品质量升级和清洁生产的高度，不赞成用焦化工艺路线建设洋浦炼油厂。

一个个方案出来，王基铭感到不太满意，要求不断优化方案，必须建一个世界一流的炼油厂。

孙丽丽，1961年11月出生，山东烟台人，中共党员，现为中国石化工程建设有限公司总经理、党委书记、教授级高工。当时，四十岁出头的孙丽丽正是海南炼化项目部年轻的专家。孙丽丽回忆说，为了海南炼化，王基铭组织大家一连做了20个方案，最后从中选择了“渣油加氢”，渣油加氢方案，无论在环保还是资源的利用率上，都有着其他方案难以比拟的优势。依照该方案，轻油收率为80%，能耗小，汽柴油收率最高，也最环保。

随后，孙丽丽带着该方案向中国石化党组进行具体汇报，并得到顺利通过。

这时候便到了决定产能的时刻。设计单位最早准备的是一个600万吨的批文。王基铭决定要做800万吨的。王基铭对此给出的解释是，海南是个特殊的地方，是个桥头堡，是21世纪第一个新建的炼油厂，要做，就一步做到位。当然，余地也是要留的，但未来的改造应该是千万吨级的。

这同样是一个具有前瞻性的决策，2015年，海南炼化能力已达到1000万吨。

经过一年多的紧张筹备，2004年4月26日，海南炼油项目奠基开工。2006年9月28日，装置一次投料试车成功，打通全流程，投入商业运行。

建成后的海南炼化

王基铭兑现了他最初的全部诺言。

——海南炼化广泛采用最新炼油化工工艺技术，配置以常减压蒸馏-催化原料预处理-重油催化裂化/加氢裂化（CDU/VDU-RDS-RFCC/HC）的工艺流程方案。催化原料加氢预处理，中间馏分全加氢，汽油、航煤和柴油等进行加氢精制。该流程在轻油收率、产品质量、清洁生产和环境保护等方面具有明显的优势。特别是对生产装置产生的酸性水全部进行处理和回用，对酸性气进行硫黄回收，对硫回收排出的尾气进行加氢和焚烧等，从生产的全过程实施污染控制，对生产中产生的“三废”进行有效治理。

——汽柴油产品全部达到欧Ⅲ标准，部分达到欧Ⅳ标准。产品主要销往海南省、华南、西南及香港、澳门等地区。公司从2006年9月开始国际贸易，出口产品全部采用国际标准，汽油、柴油、航空煤油、车用液化气、硫黄、MTBE等产品出口销往中国香港和澳门以及东南亚等多个国家和地区。

2007年2月王基铭到海南炼化看望一线员工

第十七章

不是谢幕的谢幕

2005年，随着年龄的增长，王基铭离开了现职岗位，同年被授予中国工程院院士。“告别”演讲中，王基铭以深情的告白表达自己对中国石化的无限深情和热爱。

这一年，63岁的王基铭辞去了中国石化股份公司总裁和中国石化集团公司副总经理的职务。

2005年10月22日，北京时间午夜1：30。

王基铭的儿子从美国打来越洋报喜电话，——王基铭喜获一个健康可爱的孙女。儿子在电话的那端，要求父亲给这个宝宝起个名字。

几个小时后，在中国工程院里，王基铭以“考生”的身份站在讲台上，接受中国工程院院士遴选的答辩，当他走下台时，不禁抬眼看了看窗外北京的天空。深秋十月，北京的蓝天明亮高远，这种景色倒颇象王基铭此刻的心境。他觉得今天的答辩，不愧自己几十年来对中国石化工业孜孜不倦的追求，他对自己的答辩感到很满意。

这时，王基铭便想到了自己的那个刚刚出生的孙女。他觉得，今天的“考试”如果还算理想的话，那也应该是自己的那个尚未谋面的孙女带来的佳音。佳音，缘自于这个孙女哟。

仿佛一道闪电从脑海掠过。王基铭一下便有了孙女的名字——佳音。回到家里，王基铭把这个名字又说给了夫人，俩人就又合计起来。佳音不错，把“佳”变成“嘉”呢，岂不是成了“喜上加喜”么。

于是，王基铭便有了一个名叫“王嘉音”的孙女。

2005年11月，经曹湘洪、闵恩泽、李大东、侯芙生、袁晴棠等20多位两院院士联合提名，由中国石化集团慎重推荐，经中国工程院严格评选，王基铭以其深厚的石化工程建设管理理论和实践方面的突出贡献，通过无记名差额选举当选为中国工程院院士。

王基铭任中国工程院院士证书

2006年5月，64岁的王基铭辞去中国石化股份公司董事会董事、副董事长职务。

国资委王勇主任和中国石化党组主要领导先后就王基铭的离任找他谈话，高度评价王基铭在长期的职业生涯中，为中国石化所作出的杰出贡献，同时还就中国石化班子建设问题诚恳地征求王基铭的意见。王基铭认真地谈了自己对未来中国石化发展有关问题的意见和看法。

离开现职，从工作岗位上退出。对这个问题，王基铭之前便认真地想过，特别是随着任职年龄的逐渐到期，这个问题就更不时地出现在脑海中。从内心说，王基铭舍不得离开工作岗位，倒不是多么留恋“官场”，主要是长期的职业生涯已经让王基铭适应了这种快节奏的工作，养成了日夜拼搏操劳的职业习惯。重要的是，他在中国石化系统工作了半辈子，对这个职业充满了难以割舍也是常人所不易理解的感情和情结，更何况在他的内心深处，还有那么多的事情等他带着自己的团队去拼搏、去完成。

天难老，人生易老啊！

新老接替是历史的规律，这是任何人都得遵循的。毕竟已经60

多岁，离开岗位，让年轻的同志们顶上来，这不正说明我们的事业后继有人么。有了这种想法，王基铭在下定决心之余，不由得回想起参加工作40年来，自己所走过的风雨之路。

从1964年7月华东化工学院毕业，到地处高桥的上海炼油厂工作，自己在中国石化行业已整整工作了40个春秋。40年，对人生来说，就是漫长的一个阶段了。但此刻想起，却感到那么快那么快，快的真如同“弹指一挥间”，所有的往事就似乎发生在昨天。

昨天的那个清晨，自己从华东化工学院出发，最开始的起步阶段，自己有幸利用参加“四清”运动的时机，认识了金山县公安局长马如龙，认识了老革命杨光池，从他们那里学到了怎样接近群众、怎样做群众工作；从他们那里学到对党对祖国对人民的热爱；对事业忠心耿耿，对工作认真细致一丝不苟。榜样的力量是无穷的。这是王基铭的幸运。从踏上工作岗位，有这么多优秀的党的高级干部培育自己，他们言传身教，让他懂得了做人的道理，明白了自己今后要做什么样的人。特别是通过“四清”运动，自己才真正的了解了乡村和工厂，农民和工人，坚定了自己投身祖国石油化工战线，为建设一个强大的国家而奋斗的信念。

带着这种信念回到高桥，去到上海炼油厂。在上炼，从实习生干起，熟悉了从操作工到车间主任所有的工作岗位，参加了上炼一个个技术改造，也从那里成长为一个过硬的技术人才。这一干，就是8年啊。林立的炼塔下，有着自己青春的足迹、奋斗的汗水，也是在那里收获了自己幸福的爱情。

然后便是金山，便是上海石化，这是一段22年的奋斗期，也是王基铭最好的人生年华。从上海石化一期工程开始，自己以建设者的身份，亲历了从一期到三期，从弱小起步到国内一流的建设征程，东海之滨的杭州湾畔，从此多了一座石化新城，拼搏的上海石化金山人为大上海的经济发展增添了助推力，插上了新的翅膀，自己的成长又何尝不是和那片土地和那个企业息息相关呢！正是上海石化总厂里的六万职工成就了一个现代化大型炼化企业，也孕育和培育了自己，成就了自己的人生辉煌。

后来自己到了北京，到了中国石化总部，成了中国石化班子一员，党组一员，自己尽心尽力做了一点事情，但还是做得很不够，还有许多的构思已经有了谱儿，正等着自己去实现。不是有一支歌曾经唱到“革命人永远是年轻”，但事实是，人生真的好短暂好匆忙啊，匆忙得似乎还没真正活明白的时候，自己便老了、要退了。

王基铭一次次回忆着过去，一遍遍安慰着自己，说服着自己。他告诉自己，离岗不代表离职，从这个岗位上下来，不还是有机会从另外的岗位上，继续为党为国家为社会贡献自己的力量和智慧。

正是这个理由让王基铭充满波澜的内心变得逐渐平静起来。

王基铭舍不得离开工作岗位，和他一道辛勤工作的同事也一样地舍不得他。

多好的领导啊！

不单有廉洁勤政的工作风范，宽厚待人的兄长胸怀，严于律己的高尚品格，还有他在中国石化系统所具有的一流的战略目光，过人的气魄，高超的领导艺术，先进的工程管理理论，这些都是中国石化发展最宝贵的财富。

不是吗？

是他，运用当代先进的项目管理理论，提出了一系列适合我国炼油化工工程建设的管理理念，探索出我国大型石化工程建设的管理模式。他所提出的“IPMT+EPC+工程监理”已成为中国石化指导大型工程建设的不二法宝。他率先创造性地运用“以技术改造为主消除瓶颈制约”的工程建设理念，成功地指导了我国炼油化工工程建设的实践，为我国形成的千万吨级炼油和百万吨级乙烯基地建设奠定了坚实基础。

是他，将技术开发与重大石油工程建设项目相结合，开发成功一系列成套技术并在一批当代世界级石化工程中得到应用。无论是大型乙烯成套技术，大型聚丙烯成套技术，还是率先在当代世界级石化工程中使用国内自主开发的成套技术，都使我国自主开发的石化成套技术在国际技术市场占有了一席之地，为国家赢得了荣誉。

是他，全力推进重大炼油化工装备国产化，为提高我国炼油化工装备国产化水平做出了杰出贡献。他主持大庆48万吨乙烯改造工作，率先提出实现乙烯装置关键设备裂解气和丙烯压缩机的国产化，并以一个“拍案而起”的当堂一击，塑造了一个党的领导干部在民族工业推进过程中时刻维护国家利益的高尚形象。

还是他，自担任中国石化股份公司总裁后，短短的几年时间，公司净资产增长1.52倍，净利润增长2.01倍，使中国石化跻身世界500强第54位。

告别的时刻还是到来了。中国石化集团公司办公楼会议厅里，总部机关各部门、专业公司负责人、在京单位党政主要负责人，纷纷赶了过来。

……

掌声响起！

王基铭习惯性地调整了一下话筒的高度。明眼人都知道，这是为了平息内心的激动和不舍，王基铭下意识里所做出的一个带有“抑制”意义的动作。

> 同志们：
>
> 我受书令同志的委托，代表书令同志和我本人做一表态发言……当前是中国石化发展的最好时期，也是中国石化发展的重要战略机遇期，在这时候，我们退出领导班子，感到十分欣慰，也十分放心，对中国石化发展前景充满信心。

书令，即牟书令同志。和王基铭同一个班子里的中国石化领导，原胜利石油管理局局长，这是一位具有仁者之风的领导干部，因年龄原因，此番将和王基铭一道退出领导班子。

……在我们即将离开奋斗四十年的石油石化一线岗位的时候，感慨万千，感激之情油然而生。我们深深地知道，没有党的悉心培养，我们不可能从贫苦家庭出身的孩子成为人民的大学生，也不可能从一个普通技术员成为中国石化集团的高级领导，担当重要的领导职务。是党哺育了我们，是党培育了我们，我们永远是党的儿子。

是的，这就是王基铭！

一个真实、率性、永远充满感恩的王基铭。

面对重大的人生节点，他对党始终充满了一种发自内心深处的感恩之爱。正是这种对党的爱戴、对党的忠诚，使他在漫长的职业生涯里，时刻按照党组织的要求，勤奋好学，治学严谨，敢于负责，勇于担当，善于决策，也因此造就了他良好的科学学风和道德风范。

……亲爱的同志们，当我们无悔无憾离开我们现职岗位的时候，我和书令同志从心底感谢你们。没有你们全力以赴、不折不扣的支持，没有你们不分昼夜、不计节假日的努力工作，我们分管的工作将会一筹莫展。在此我们向你们致敬！向你们感谢！我们十分感谢各企业各单位领导班子，感谢广大干部和职工，是各企业的大力支持才使我们政令畅通，使总部的决策得以较好贯彻；实践使我们深深感到中国石化的职工队伍是一支敢于胜利、善于胜利的队伍，是一支有很强组织性、纪律性的高素质队伍，正是有了这样一支队伍，我们才能战无不胜，夺取一个个伟大胜利，使中国石化成为受人尊敬和尊重的大企业。在我们即将离开一线领导岗位的时候，由衷地感谢广大干部员工，感谢他们对我们的支持和爱护！

哦，基铭老总带队伍治军，一向以严格著称，是不折不扣的铁将军。今番里，如此柔情之口吻，让所有的听众这才相信，“告别”真的就在眼前啊，台下所有的听众不禁动容起来。

王基铭，中国石化大军里一位不可多得的从基层走上来的“马上”将军！

王基铭，铁骨柔情的硬汉子！

王基铭，学者型的好领导！

……

那个时刻，每个与会者都在这一特定时刻，为即将离去的王基铭做一个最简单也最直接的素描。但所有的描述最后都定格在了一线，驰骋于中国石化战场四十年烽火岁月的第一线指挥员。

王基铭抬起头，他将那份自己亲自手写的讲稿放在了桌子上，以深情的目光注视着大家，诚恳地说：

> ……当我们静下心来回顾我们工作的时候，我们也感到十分内疚，我们没有更好地完成我们应该做好的工作，我们只能遗憾地把未来工作交给后来者。特别感到内疚的是，主要是我本人，由于有时比较性急，讲话语气比较重，批评比较严厉，可能伤害了一些同志。在此，我一并向大家表示歉意和抱歉，请你们谅解。从心底里讲，我与任何一个同志都没有恩恩怨怨，我带着大家良好印象离开我的现职岗位。“回眸一笑泯恩仇”，在此了结这一段与大家的缘分。

掌声响起！

掌声经久不息！

所有的人都站了起来，以热烈的长时间的掌声来回报王基铭发自内心的肺腑之言，掌声更包含了人们对这位为新中国石化事业奋斗了一生的石化老兵的敬意。

第十八章

关注全球炼化业发展现状与趋势

王基铭当选中国工程院院士后，先后担任中国工程院工程管理学部副主任、主任，他把更多的精力投入到中国石化工业的发展上，主持开展了多个国家级的课题研究，尤其对石油炼制和石油化工业给予了更多的关注，取得了重要的研究成果，受到了国内外石油化工业界的瞩目。

未来的一个时期内，全球炼化业的发展及趋势，显然是王基铭最为关心的一个课题。

全球炼化业发展现状与趋势，是王基铭职场生涯几十年尤为关心的一个重大课题。特别是走上领导岗位后，这个问题更令他关注。王基铭认为，中国炼化业要想在国际竞争中取胜，就必须以国际大视野的目光对炼化业进行研究，知己知彼，在不断竞争的市场上，不断完善自己，才能最终赢得永续的发展。

为此，王基铭从以下几个方面对该问题进行了深入细致的研究。

沙特阿美总裁兼首席执行官阿敏·纳瑟尔先生向王基铭赠送纪念品

第一节 世界炼化工业发展现状及趋势

一是，以炼油乙烯为代表的石化产品生产能力持续增长。2015年，世界炼油能力已经达到47.9亿吨/年，预计2015~2020年将以年均1.0%的速度增长，2020年将达到50.4亿吨/年。

2000~2015年，世界乙烯能力持续增长，由0.98亿吨/年上升到1.59亿吨/年，年均增长3.3%；消费量由0.90亿吨上升到1.42亿吨，年均增长3.0%；2015年开工率为89.3%。预计到2020年，世界乙烯能力将达2.02亿吨/年，需求将达1.77亿吨，开工率预计将达到87.4%。

2015年，世界芳烃（苯、甲苯、PX）产能达1.5亿吨/年，消费量为1.06亿吨；基本有机产品（包括苯乙烯、环氧乙烷、环氧丙烷、苯酚、丙酮、丙烯酸、丙烯酸酯、正丁醇、异辛醇）产能达9921万吨/年，消费量为7854万吨；三大合成材料产能达3.57亿吨/年，消费量为2.78亿吨。预计2020年芳烃需求将达1.23亿吨，基本有机产品需求将达9097万吨，三大合成材料需求将达3.31亿吨。

二是，世界炼化工业格局发生变化，北美领先，中东、亚太的作用凸显。进入21世纪以来，世界炼化工业格局重新洗牌。中东、亚太快速上升，北美重新恢复增长，并进入新的增长期，2015年北美、亚太、中东三个地区炼油能力约占全球的63%，预计2020年后，还将进一步上升。

预计2015~2020年世界炼油能力将净增加2.43亿吨/年，其中增长最多的是亚太和中东地区，分别占世界炼油能力净增量的72%和12%。亚太地区占世界炼油能力的比例将从2015年的32.8%提高到

2020年的34.7%，中东地区所占的比例将从9.6%上升至9.8%。

三是，市场优势和资源优势驱动亚太地区和中东地区石化产业快速发展，发展重点以大宗石化产品为主。从地区上看，2015年亚太、北美、中东三大地区乙烯能力合计占全球乙烯能力的77.3%，需求约占全球需求的78.9%。

随着印度及印尼、越南等国经济的快速发展，预计到2020年亚太地区的乙烯产能将达到7035万吨/年，约占世界的37.2%，较2015年提高约1.5个百分点。

四是，北美地区的炼化工业随着页岩气技术的突破重新恢复增长。2011年北美地区聚乙烯出口量跃居世界第二。北美地区在原料成本方面的优势，使它在石化产业竞争中处于领先地位。

五是，炼化工业的结构调整步伐加快。随着各国对交通运输燃料需求迅速增长，炼化工业正在调整结构，发展深度加工，以适应增产交通运输燃料的需要。

六是，世界石化原料轻质化趋势明显。21世纪以来，由于中东乙烯工业的快速发展和北美页岩气技术的突破，全球轻烃原料比例快速增长，预计从2000年的39%将增长到2020年的49%。在石化产品领域，产品结构也在积极调整，日本和西欧减少通用石化产品产量，不断增加高性能、高附加值和专用化学品生产，提升产品附加值，提高经济效益，同时积极采用非关税贸易壁垒应对全球石化产业竞争。

七是，生产过程和产品的清洁化将成为炼化工业发展的重要任务。生产过程清洁化主要包括采取清洁化生产工艺、风险转移、碳交易、污染物、排放物的回收利用及生产清洁化和节能环保型产品的工艺技术应用。产品清洁化是指生产环境友好型的产品。功能性、节能环保型新材料和新型精细化工产品成为石化产品发展的热点和新的增长点。

石化生产工艺发展不断顺应绿色环保要求，能耗物耗高、污染大的传统生产工艺正在加速被新工艺取代，现有产品的工艺水平也在不断提升。

八是，环境治理对炼化工业的发展带来巨大挑战。近年来，炼化工业发展越来越受到资源、能源与环境的制约，越加重视节能环保，实现绿色低碳、循环发展。主要是强化生产过程清洁化、绿色化；增产绿色石化产品。成品油质量标准不断提高，进一步降低硫、烯烃和苯的含量；功能性、节能环保型石化新材料和新型精细化工产品，成为发展的热点和新的增长点；发展循环经济，以减量化为核心，以再利用和资源化为重要内容，积极推进炼化工业发展新模式，在追求自然资源利用率最大化、环境污染最小化的前提下寻求经济效益最大化。

九是，炼化工业技术与信息化、智能化相融合。在新科技革命的推动下，炼化工业科技创新发展迅猛。随着信息技术的迅速发展，物联网、云计算、大数据等新技术进入大规模商用阶段，以互联网为代表的信息技术与运营技术、制造技术的融合，不断催生出新业态、新模式，将给炼化工业生产方式带来革命性的变化。

信息技术将给炼化工业带来三方面转变：

第一，通过全流程集成优化和协同运行，促进炼化工业由高效生产向建设环境友好型转变，在“安稳长满优”的基础上，提高能效以及废物回收和利用的效率；

第二，通过信息化平台，促进炼化工业由企业内部供应链优化向全产业供应链协同优化转变，实现上下游企业以及跨产业的协同运营；

第三，采用新的信息技术建立产销研一体化服务平台，促进炼化工业由传统服务模式向新一代服务模式转变，强化与客户双赢合作，进一步提升竞争力。

第二节　中国炼化工业发展现状与存在问题

王基铭从国际炼油业的大格局着手，对中国炼油业在国际炼油业所处的档次进行“排队”，以有说服力的数据表明，经过几代人、几十年艰苦不懈的追求，今天的中国已进入世界炼化大国行列。这个结论从以下几个方面不难得出：

一是各项炼油指标排名世界一流。2015年，中国炼油能力为7.48亿吨/年，占全球炼油能力的15.6%，位居全球第二；乙烯产能为2121万吨/年，占全球乙烯能力的13.3%，位居全球第二；三大合成材料中，合成树脂（包括聚乙烯、聚丙烯、聚氯乙烯、聚苯乙烯、ABS树脂）产能7769万吨/年，合成橡胶（包括顺丁橡胶、丁苯橡胶、乙丙橡胶、丁基橡胶、异戊橡胶）产能449万吨/年，合成纤维（包括涤纶、腈纶）产能4943万吨/年。芳烃产能3217万吨/年，有机化工产品产能达到2925万吨/年，多数产品产能位居世界第二。

二是产业集中度明显提高。2015年千万吨级炼厂总数已达25座，合计炼油能力3.36亿吨/年，约占全国炼油总能力的44.9%；依托千万吨级大型炼厂建设，结合大型乙烯工程的新建或改扩建，已经形成了19个大型炼化一体化基地，建成了7个百万吨级乙烯基地。

三是技术水平明显提升。在引进、消化、吸收国外先进技术的基础上，不断加大科技投入，强化科技创新，目前已拥有一批具有自主知识产权的核心技术和专有技术，部分自有技术已出口到国外，已具备依靠自有技术建设千万吨级炼油、百万吨级乙烯、百万吨级芳烃以及部分下游衍生物生产装置的能力。

四是油品质量不断提升。为满足油品质量快速升级，加大了加氢装置的建设力度，汽煤柴油加氢精制占原油一次加工能力的比例从2005年的22.8%上升到2015年的46.8%。目前我国车用汽油实施国Ⅳ标准，硫含量不高于50 μg/g；车用柴油实施国Ⅲ标准，硫含量不高于350 μg/g。

五是节能环保取得显著成效。依靠自主开发的先进适用新技术，对现有装置进行大规模技术改造，同时淘汰落后工艺技术和生产能力，使能耗物耗、节能减排等主要技术经济指标明显改善。2015年，中国石化、中国石油两大集团炼油综合能耗61.3千克标油/吨，同比下降0.38千克标油/吨；乙烯综合能耗达到570千克标油/吨，同比下降14.2千克标油/吨。

六是炼化原料呈现多元化态势。随着天然气产业的发展，国内天然气制合成气、天然气制甲醇、天然气制烯烃等大宗化工产品发展较快。煤化工进入快速发展阶段，煤制烯烃为乙烯原料多元化开辟了新的领域，已建成煤制烯烃（乙烯+丙烯口径）裂解能力582万吨/年，在建及拟建规模超过1300万吨/年。

七是信息化水平不断提高。采用信息技术改造和提升炼化产业，通过大力推行指挥系统信息化，提升预警和科学决策的能力；通过信息化管理打造以循环经济为特征的炼化工艺路线，对生产过程进行及时、全面掌控，实现各个环节的最优匹配；通过利用物联网、云计算等信息技术，开展数据中心和智能工厂建设，构建资源节约、环境友好的生产方式。

但是中国炼化工业存在的问题也是显而易见的。目前，中国炼化工业存在的主要问题是“大而不强”，国际竞争能力较弱。主要表现在以下几个方面。一是炼油先进产能不足，落后产能过剩。2015年，炼油能力为7.48亿吨/年，实际产能5.3亿吨/年，成品油表观消费量为3.15亿吨，炼油能力过剩达2.2亿吨/年；另外，仍有76家产能低于200万吨/年的小炼厂，多数无法生产合格的标准油品。二是产业集约化程度低、布局不合理的问题依然存在。截至2015年年底，我国炼油厂数量约231家，炼厂平均规模约324万吨/年，其中76家炼厂产能在200万吨/年以下，占全国产能的12.7%，主要分布在辽宁和山东；乙烯生产企业36家（含煤制乙烯），分布于19个省市，其中石脑油乙烯生产企业平均规模53.6万吨/年。三是产品结构不合理，有竞争力的产品少。高标号油品比例不高；乙烯生产成本远高于中东、北美以轻烃为主要原料的乙烯生产成本，竞争力明显处于劣势；高端石化产品比例较低，尚未形成具有竞争力的完整产品链，合成材料面临通用产品产能过剩与高端专用材料短缺的结构性失衡。

同时，资源利用效率偏低，自主创新能力不强，环境治理欠账较多。

第三节　中国炼化工业面临的挑战

王基铭认为，中国炼化业面临的挑战，主要表现在以下几个方面：

石化产品市场面临严峻挑战。中东、北美地区凭借丰富的资源优势、成本优势，乙烯和乙烯下游产品竞争力优势明显，对我国乙烯及其衍生物行业构成严重威胁。预计北美乙烯和衍生物出口将从2010年的600多万吨增加到2020年的1 000万吨，出口目的地是亚太地区，将对我国石化产业形成巨大冲击。

替代能源发展对油品市场的冲击逐步显现。我国替代燃料发展迅速，国内煤炭的直接和间接液化制油等示范工程都已获得成功，多个非粮为原料的燃料乙醇项目正在稳步推进，生物柴油工艺不断取得新突破，天然气的快速发展带来LNG、CNG燃料替代日益增多，混合动力和电动汽车发展迅速。预计到2020年，替代燃料（燃气汽车、电动车、生物燃料等）占常规燃料的7%左右。替代能源的革命性技术突破将给炼油行业带来巨大的挑战。

面临需求减缓和部分产品产能过剩压力。2000—2015年，国内成品油市场经历了快速增长阶段，消费量由1.11亿吨增至3.15亿吨，年均增长7.2%。预计2020年国内成品油需求量将增加到3.6亿吨左右，年均增速2.7%，与前10年相比将明显放缓。

面临资源和环境的双重约束。从全球范围来看，未来一定时期内世界油气资源仍可满足需求，但原油贸易量增长有限，甚至有日趋减少的趋势，获取海外原油资源的难度和风险将不断增大。而与此同时，国内石油开采难度不断加大，生产成本呈现逐年上升趋势，预计未来10年，国内原油产量将维持在2亿吨左右。

随着国内需求的继续增长，石油对外依存度将进一步上升。2015年，我国石油对外依存度已达到61.4%。据预测，2020年国内石油需求将达到6.4亿吨，届时石油对外依存度将进一步上升到66%以上。因而如何有效保量获得优质石化原料是我国炼化工业面临的重大问题。

为应对气候变化，“十二五”期间，我国努力降低单位GDP的能源资源消费强度，明确提出，“十二五”期间，主要污染物排放总量显著减少，化学需氧量、二氧化硫排放均减少8%，氨氮、氮氧化物排放均减少10%。提出了到2020年，单位GDP二氧化碳排放要比2015年减少40%～45%等一系列约束性指标。炼化工业既是能源生产大户，又是能源消耗大户，面临着巨大的节能减排压力。

第四节 中国炼化工业实现可持续发展的建议

对这个问题，王基铭提出了以下对策和建议：

能源多元化大势所趋。近年来，风能、太阳能、生物质能源等新能源成为提升国家竞争力的重要手段，增加了清洁能源比重，2015年我国水电、核电、太阳能等非化石能源占一次能源比重提升为11.4%，2020年将达到15%。由于原油资源短缺，炼化工业要加快开发生物燃料、非常规油气等资源，积极应用太阳能、地热能、风能等可再生能源。

实施资源多元化，提高炼化工业竞争力。充分发挥炼化一体化优势，以分子炼油的理念整合优质资源，做到“宜烯则烯、宜芳则芳”；充分利用全球优质、低价的轻烃资源，降低生产成本。在资源、环境可承载地区，充分整合天然气化工、煤化工及生物质化工等比较优势，与炼化工业有机结合。优化原料和产品结构，降低综合能耗，全面提高核心竞争力和国际竞争力。

提高自主创新能力。要加快开发重大核心技术，加快开发劣质原油深加工技术：开展重质原油、劣质原油整体加工方案研发和高硫、高酸等劣质原油加工工艺流程优化研发；完成油砂、超重油等非常规原油加工集成技术和超重油加工主要工艺技术的开发。加快对高效分离工程技术的研发，形成高效率分离工程系列技术，达到国际先进水平，部分达到国际领先水平。

重视工程技术的研发应用。要开展单系列1800万吨/年以上常减压、700万吨/年以上催化裂化、400万吨/年渣油加氢等工程技术开发；完成世界级规模炼油装置工程技术的开发和应用，主要装置的工程技术达到世界领先水平。开展高效反应工程技术研发、设计，形成与炼油厂原料多元化相配套的高效率反应工程系列技术并达到国际先进水平，部分达到国际领先水平。要加快提升产品质量。要提高油品质量，加强超低硫、零含硫清洁油品生产工艺及催化剂的研发，加快提升成品油质量。优化汽油调和组分，提高烷基化油和甲基叔丁基醚（MTBE）等高辛烷值汽油组分的比例。开展催化汽油选择性吸附脱硫工艺及催化剂技术的消化吸收和自主创新的研发应用；开展催化重整汽油和催化裂化汽油降低苯含量的技术研发；开发宽馏分催化重整、固体酸烷基化、C_5/C_6超强酸异构化等汽油高辛烷值组分生产系列技术的研究。

要提高化工产品质量。一是充分依托现有优势企业，精选重点领域和优势领域，优先发展国内紧缺、技术含量高、附加值高、生产工艺绿色的产品，顶替进口。如茂金属聚乙烯、高性能抗冲共聚聚丙烯、丁腈橡胶以及3D打印用聚合物材料等。二是重点开发高性能聚苯硫醚树脂、EVOH树脂、乙叉降冰片烯等特殊化学品。

要积极推行绿色生产。要从源头减少污染，加强新技术、新设备的研发与应用，使外排污水控制指标趋于自然水体；推广应用烟气除尘脱硫脱硝技术、恶臭污染控制技术、治理PM2.5和温室气体等技术；工业危险固体废弃物实现减量化、无害化和资源化处理，建成清洁生产和循环经济的环境保护体系；加快建设绿色制造工业体系，在新反应介质替代技术、高效催化技术、过程强化与先进反应分离设备等重点领域形成一批绿色工艺工程技术。要坚持绿色低碳原则，推进煤油化一体化发展。遵循绿色低碳发展原则，原料选用应“宜油则油、宜煤则煤、宜气则气”，加强原料互补和产品优化以及公用系统共享，实现现代煤化工与炼油化工有机统筹的绿色低碳发展。要推动废渣、废气、废水资源化利用。加强废催化剂回收利用，从中提取钴、铑、钯等稀贵金属。加强炼油装置余热余压的回收利用。加强火炬气回收；提高硫黄回收率；推动污水深度处理回用。

要优化调整结构。要坚决淘汰落后产能，调整优化产业布局。制定炼化工业淘汰落后产能标准和政策，依法淘汰小炼油、小化工装置，化解产能过剩。要按照国家和地方相关环保标准，加强监督检查，对查出的问题限期整改，对限期内未完成整改的企业，严禁启动生产，对于污染物排放超标企业，实施持续处罚。在淘汰落后产能的同时，依托现有大型炼油企业改扩建和大型乙烯、芳烃等石化企业的建设，建成几个具有国际竞争力的产业集群，提高我国炼化一体化水平，实现整体竞争力的提升。要优化产品结构。要积极开发选择性更好的催化裂化技术、灵活调变柴汽比的催化裂化技术。化工要努力提高高附加值、高端化工产品在化工总产值中的占比。培育发展战略性新兴产业，加快发展功能性化学品和专用化学品的生产。要高效利用资源，构建循环经济产业链。积极推进炼油化工与其他相关产业的融合发展，加快产业链延伸，构建产业间的循环经济产业链，建立多产业循环经济产业链体系。通过物质流通、能量利用以及公用工程共享，使企业内外资源得到优化配置、废弃物得到有效利用，充分发挥规模效应和循环经济效应。

王基铭看来，今天的世界炼化工业，正面临着新技术发展、原料多元化、环境约束加大等一系列挑战，面对新的挑战，中国炼化工业必须加快转变发展方式，依靠技术创新、工程创新、管理创新，提高能源利用效率，提高炼化工业的国际竞争力，只有这样，才能真正的成为世界石化强国。

第十九章

发力：瞄准石化业的转型升级与发展

石化行业何时会达到峰值？
未来20年这一行业发展空间有多大？
将来之路要如何走？
同样是王基铭十分专注的一个课题。

第一节　把脉中国石油化工工业的现状

石油化工工业是国民经济的基础和支柱产业，经过半个多世纪的发展，我国已建成了较为完整的石油化工产业体系，产业规模跻身世界石化大国行列。

2015年，我国石化工业主营业务收入13.29万亿元，位居世界第二位。其中，炼油能力达7.48亿吨/年，约占全球总能力的15.6%；乙烯能力2121万吨/年，约占全球的13.3%，均居全球第二位；PX产能1369万吨/年，占世界PX能力的28.4%，居世界第一位；合成树脂产能7769万吨/年，合成橡胶产能449万吨/年，合成纤维产能4943万吨/年，三大合成材料产能合计占世界生产能力的36.8%，多数产品居世界前三位。

2014年9月王基铭带领中国工程院项目专家组访问美国GE公司

在生产能力大幅

提升的同时，我国石化行业的集中度有了很大提高，石化工业技术水平在明显提高，节能环保取得显著成效，信息化水平有了大幅提升。

在看到我国石化工业取得的巨大成绩的同时，王基铭清醒地注意到石化行业目前存在的一些问题。主要的问题是：

炼化布局相对分散，平均规模小。截至2015年年底，我国炼油厂数量约231家，分布在26个省市，炼油能力为7.48亿吨/年，炼厂平均规模约324万吨/年，远低于世界炼厂平均规模（702万吨/年）；乙烯生产企业36家（含煤制乙烯），分布于19个省市，其中石脑油乙烯生产企业平均规模53.6万吨/年。布局分散，规模较小，既难以培育具有国际竞争力的龙头企业，也难以对资源进行综合优化利用，影响产业竞争力的全面提升。

局部地区无序发展。山东等局部地区炼油过度发展，生产的成品油严重过剩，存在“原油北上、成品油南下”的逆流状况。近年来，山东等地区建设了一批低效、低水平的非规模化炼油产能，使总产能严重过剩，成品油过剩量超过1000万吨。造成这种局面的原因是，一些地方政府片面追求GDP的增长和财政收入，导致布局缺少科学引导，盲目无序地建设一批炼化项目。分税制导致税赋不公平，造成央属炼油企业与地方炼油企业不公平竞争，促使地方炼油企业的产能增长严重失控。

产业监管不到位。按照2005年国家出台的《炼油产业中长期发展专项规划》，“十一五”期间新增炼油能力9000万吨/年，同时淘汰低效炼油能力2000万吨/年。从实际执行效果来看，2005—2010年，我国新增炼油能力达到2.4亿吨/年，远远超过了国家炼油能力增长规划。由于环保法规和监督机制不完善，造成了石化行业的环保只管住了大企业，而一大批中小企业环保监管失控，影响了石化行业的形象和发展。

市政发展与石化行业发展规划缺乏统筹配合。炼化企业在建厂初期一般选址远离城市中心的偏远郊区，但随着我国城镇化进程的加快推进，加之城市规划缺乏统筹考虑，这些企业已逐渐被城市居民区和商业区合围，形成了“城市型炼化企业”。随着民众环境意识的提高，炼化企业与居民生活矛盾突出。政府为应对矛盾，纷纷提出石化企业搬迁的方案。

实际上，石化企业搬迁只是治标不治本的措施。实践证明，炼化企业完全可以通过安全环保升级改造，全力打造让公众信得过、靠得住的本质安全环保的企业，实现与居民、社会的和谐发展。

第二节　未来五年的机遇与挑战

王基铭指出，从当前的经济形势看，我国石化产业面临一系列机遇与挑战。

一是世界经济形势复杂，能源消费趋势变化。当前世界经济形势不断发生新变化，未来五年主要经济体经济增长的韧性将有所增强，全球GDP增速较前几年将有所提高。美国仍是OECD“领头羊”，欧元区经济将缓慢复苏，新兴经济体将是世界经济的主要增长动力，尤其是中国、印度、中东、非洲等国家和地区。未来五年世界石油天然气供应总体将保持宽松。美国的致密油、加拿大的油砂以及巴西的深海石油资源将会贡献大部分的增量，但其增幅较过去两年有所放缓。随着环保压力增加和技术进步，全球能源消费的低碳化趋势日益明显，天然气将成为全球能源由高碳向低碳转变的重要抓手，其产能和产量将进一步增加。

二是“一带一路”发展战略和城镇化带来巨大市场空间。在我国经济新常态下，国家提出在继续实施总体发展战略的同时，重点实施“一带一路”，京津冀协同发展，长江经济带建设”全面协调发展战略。上述重大发展战略将为石化工业带来巨大的市场空间，提供巨大的现实和潜在的需求，为我国石油和石化工业“走出去”创造新的重大机遇。石化工业应抓住机遇，振奋精神，开拓进取，主动调整产业和产品结构，加快产业转型升级。

大力推进城镇化建设将成为拉动我国经济发展的主要力量，城镇化和消费升级将成为支撑石化产品消费继续增长的主要动力。预计到2020年，我国城镇化率将达到60%。城镇化建设将大大地拉动基础设施和配套建设的投资，促进建材、家电、食品、服装、车辆及日用品的需求增加。目前，我国人均收入已进入世界中等国家的水平，国内一些发达地区居民的消费习惯也将从温饱型逐步向享受型转变，食品安全性、住宅舒适化、衣着高档化等将日益被人们重视，也必将带动国内相关产业的转型升级。

三是经济发展方式转变将促进石化工业转型升级。我国经济进入新常态，经济增速由高速增长转为可持续的中高速增长。整体经济将加快由粗放型向集约型转变，给石化工业向中高端升级带来发展机遇。

近年来，我国土地价值不断上升，劳动力成本显著提高。受此影响，一方面劳动力密集型产业正在逐步向东南亚地区如越南、印尼等国家转移；另一方面我国出口产品的规格档次将不断升级，世界加工中心的地位将有所削弱，石化产品需求增速明显放缓。2000—2015年成品油市场经历了快速增长阶段，消费量由1.11亿吨增长至3.15亿吨，年均增长7.2%。随着经济进入新常态，成品油需求增速明显趋缓，从2015年的3.15亿吨将增长至2020年的3.6亿吨，预计年均增长率为2.7%。2000—2015年国内乙烯消费年均增速为8.4%，预计2015—2020年增速将降至3.2%，部分石化产品将出现产能过剩、价格持续走低的被动局面。因此，我国石化工业必须加快转型升级、加快提高国际竞争力。

四是在国际化竞争和自贸区背景下机遇与挑战并存。中东、北美地区凭借丰富的资源优势和原料低成本优势，在乙烯及其下游产品竞争中处于强势地位。西欧、日本大力发展高端石化产品，也在积极打造竞争优势。与此同时，世界自贸区建设进程加快，国际贸易市场将形成“区域主义+WTO多边框架”的双重格局，一方面，自贸区的建设将有助于降低石化产品贸易成本、扩展石化产品贸易方式，为石化企业发展离岸业务创造便利，同时也为航运模式创新提供机会；另一方面，我国石化工业将面临更加激烈的国际市场竞争。如近年来，东盟石化产品大规模进口，中日韩自贸区签约都将为日韩PX和其他石化产品进入我国市场创造便利条件。另外，中海自贸区带来挑战将更为严峻。

五是面临资源和环境的双重约束。从世界范围来看，尽管未来一定时期内世界油气资源仍可满足需求，但我国获取海外原油资源的难度和风险在不断增大。而与此同时，国内石油开采难度不断加大，生产成本呈现逐年上升趋势。预计未来10年，国内原油产量将继续维持在2亿吨左右。随着国内需求的增长，石油对外依存度将进一步上升。2015年国内石油表观消费量为5.6亿吨，据预测，2020年将进一步增加至6.4亿吨，届时石油对外依存度将上升到66%以上。

为应对气候变化，美欧等发达国家已开始出台相关法规以引导石化企业生产经营以及发展方式转变。我国政府明确提出到2020年，我国单位GDP二氧化碳排放要比2005年减少40%~45%等一系列约束性指标。石化工业既是能源生产大户，又是能源消耗大户，面临着巨大的节能减排的压力。石化工业要实现转型升级，必须大力发展循环经济，走绿色低碳发展之路，实现可持续发展。

六是低油价和原料多元化带来新挑战。低油价给全球石油和石化产业带来巨大冲击和挑战，特别是我国石化工业发展方式粗放，产业结构不合理，产品大多数处于产业链的中低端，产品价格低廉，成本高，处于亏损状态边缘。部分产品产能过剩，恶性竞争。另外，现代煤化工的迅速发展以及美国页岩气快速发展，带来轻烃原料低价格，这些都对我国石化产业构成严重威胁和挑战。

七是以信息化为代表的新一轮科技革命带来发展机遇。以移动互联网、物联网、云计算、大数据、智能化等为代表的科技革命正在兴起，将逐渐渗入经济社会生活的各个领域。在此背景下，我国推出信息化战略，将“两化融合”作为破解发展瓶颈、提高竞争力的重要战略举措。信息技术的迅猛发展为我国石化工业实现由大向强的转变带来了难得的历史机遇。

第三节　市场发展前景：峰值、过剩

针对以上分析，王基铭断言，“峰值”与“增长有限”，将成为未来一段时间石化产品市场前景的关键词。

王基铭预测，2030年以前，我国将达到石油需求的峰值。与此同时，在国内成品油需求快速增长的推动下，炼油规模迅速扩大。2015年我国炼油能力达到7.48亿吨/年，占世界炼油能力的15.6%，位居世界第二位。在综合考虑我国经济增速放缓、人口峰值、能效提高、替代燃料多元化和2020年后电动车快速发展等因素的影响，我国石油消费峰值即将到来。在重视替代能源发展的情况下，预计2027年左右我国国内石油需求将达到峰值，即6.8亿~7.0亿吨，2027~2040年需求将保持相对稳定，2040年之后需求下降速度加快。其中，汽油消费将在2025年左右达到峰值1.7亿吨；柴油消费将在2017年左右达到阶段性饱和点1.75亿吨。航煤、化工轻油和液化气将持续增长到2030年。

石化产品市场增长空间有限。随着石化工业的快速发展以及经济进入“新常态”，国内市场需求将进入增长平缓期，石化生产进入过剩产能消化期，产品质量进入档次提升期，石化产品进入市场竞争激烈期，石化企业发展进入转型创新期。2000~2015年国内乙烯消费增速为8.4%，预计2015~2020年增速将降至3.2%，部分石化产品将出现产能过剩、价格持续走低的局面。

2015年，我国三大合成材料产量为9911万吨，而消费量为1.1亿吨。根据“十三五”发展规划，预计2015~2020年我国石化产品的消费量年增速在5%左右，2020年以后会进一步降低到4%以下。到2020年，三大合成材料的消费量将达到1.4亿吨。其中：2015~2020年五大合成树脂（PP、PE、PVC、PS、ABS）的消费量年均增速为4%，到2020年达到8395万吨，届时我国人口约为14.1亿人，人均消费量为59.5千克；2020~2025年合成树脂的消费量年均增速降为3%，到2025年人均合成树脂消费量将达到69千克/人（相当于日本的消费峰值）。未来石化产品实际增长空间有限。

“十三五”期间炼油能力过剩加剧，成品油市场竞争激烈。世界炼油能力将继续增长，亚太和中东是炼油业未来发展的主力。预计2020年将突破50亿吨/年，能力过剩达2.4亿吨/年。

2020年世界乙烯产能将达1.89亿吨/年，原料轻质化和多元化趋势明显，北美乙烷裂解产能将明显增长，产品高端化、差异化将深入发展，亚洲仍将是全球石化产品需求增长中心。

国内炼油业将进入优化调整结构、放慢炼能增速、由大走强的新阶段，油品质量将继续提升，多元化主体格局进一步发展，大型化、基地化及炼化一体化步伐加快，清洁生产、绿色生产将进一步推进。根据在建、拟建及规划的炼油项目，“十三五”新增产能近1亿吨/年，若在2020年如期投产，则总产能将增至8.4亿吨/年，产能过剩问题更加突出。

“十三五”新增乙烯产能866万吨/年，其中36%左右（310万吨/年）来自煤（甲醇）基烯烃。2020年乙烯总产能将达2987万吨/

年，16.4%为煤基烯烃产能。若当油价60美元/桶左右，煤化工项目竞争力与石油基项目相当，若油价回升至70～80美元/桶，煤化工项目将对石油化工项目带来较大的冲击。

第四节　转型发展的措施和建议

针对以上分析，王基铭建议在今后一段时期，石化业应做出以下努力：

首先，创新驱动推动石化工业发展。我国石化工业的科技创新，必须建设以企业为主体、以市场为导向、产学研用相结合的石化产业技术创新体系，努力研发具有自主知识产权的核心技术和主导产品，充分发挥科技的引领和支撑作用，促进我国石化产业由主要依靠规模扩张、消耗能源资源的粗放发展向注重效率和质量的可持续发展方向转变。

加强核心技术和专项技术的创新力度，巩固、提升已有的技术优势，加快实现工业转化。加快推进重点技术的产业化示范工作，促进石化工程设计、装备制造与技术工艺协同配套。积极开发一批高附加值、高性能和差异化新产品，满足市场需求。加速开发提高燃油经济性和油品质量的重大炼油工艺技术，原料多元化、低能耗乙烯成套技术，节能型芳烃生产组合工艺，等离子裂解工业化成套技术等重大核心技术。提升石化工业国际竞争力，加快实现从石化大国到石化强国的转变。

其次，调整结构，加快产业升级。调整产业结构，坚持内涵发展为主调整优化现有石化企业，积极进行技术改造和扩建，努力实现炼油、乙烯、芳烃一体化、集群化、基地化发展。进一步提升石化产业集中度和产业链延伸发展，打造环渤海、长三角和珠三角等具有国际竞争力的产业集群。

调整化工原料结构。优化原料结构，充分发挥炼化一体化优势，充分利用炼厂轻质资源，回收炼厂干气，利用炼厂副产的液化石油气等优质资源，作为乙烯裂解原料，降低生产成本

充分利用国内外两种资源，调整化工原料结构。在具有港口和储运条件的地区，通过与LNG接卸站项目规划的结合，加大海外轻烃资源的获取力度，提高乙烯原料的轻烃比例，降低乙烯原料成本。

统筹资源、环境、布局等诸多因素，将煤基甲醇制烯烃作为调整原料结构的重要手段。

调整产品结构。随着经济结构调整，经济增速减缓，柴油需求增速放缓，导致柴汽比下降。炼油产业需根据市场需求的变化，开发选择性更好的催化裂化技术及灵活调变柴汽比的催化裂化技术。结合市场需求，增产高附加值产品，并注重牌号的专与精，搞好品种、牌号的生产分工。抓住国家培育发展战略性新兴产业以及产业结构优化升级的机遇，加快发展功能性化学品和专用化学品。大力发展功能性树脂，积极开发新型特种合成材料，做精做强精细化工产品和功能性产品，提高高端石化产品的比重、提高精细和专用化学品率。

调整企业结构。优化重组、联合兼并是盘活存量资产、优化资产配置的重要举措，是调整我国石化企业结构的重要内容。一是以优势企业为依托，直接兼并带动落后企业的发展，形成一定的规模效应；二是优势互补，创造强强联合效益；三是对国有石化企业进行优化重组，培育具有国际竞争力的大型石化企业，实现我国石化产业的科学、和谐、跨越式发展。

第三，大力发展循环经济，构建循环经济产业链。我国石化产业要以绿色低碳发展战略为指导，以节能增效、绿色低碳发展为目标，大力实施节能减排等绿色工程，为我国生态文明建设做重要

贡献。

强化绿色制造。从源头上减少污染物的产生，使用清洁的能源和原料，开发利用可再生资源、废弃生物质等为原料进行化学品生产的技术。

实现生产过程绿色化，采用先进的工艺技术与设备，在新反应介质替代技术、高效催化技术、过程强化与先进反应分离设备、二次资源循环与环境保护核心技术等重点领域形成一批绿色工艺工程技术。

加强新技术、新设备的研发与应用，加强综合管理使外排污水控制指标趋于自然水体；推广应用烟气除尘脱硫脱硝技术、挥发性有机物的回收和催化燃烧技术、恶臭污染控制技术、回收型烟气脱硫技术、PM2.5和温室气体控制治理等技术；工业危险固体废弃物实现减量化、无害化和资源化处理，形成达标治理、清洁生产和循环经济的环境保护体系。

提高资源利用效率。加强石油石化产业的规划指导和布局调整，实现整体效益最佳化；充分发挥区域优化和炼化一体化优势，优化调整装置结构和产品结构，实现石油资源价值最大化；加强石化生产中C_4、C_5、C_9等副产品利用，提高资源利用率。

加强废渣、废水、废气的资源化利用。加强废催化剂回收利用，提取钴、铑、钯等稀贵金属；加强余热余压的回收利用；加强火炬气回收；提高硫黄回收率；推广污水深度处理回用；加强废轮胎、废塑料的回收利用等。

全方位推进节能减排。采用先进的管理理念，提升节能管理水平；加强生产运行管理，提高装置负荷率，延长运行周期；提高加热炉热效率和低温余热利用等，有效降低炼油综合能耗、乙烯单位能耗和加工损失率。

树立安全环保与企业同步协调发展理念，建立安全环保长效机制。加强安全环保监管，高度重视新建炼化项目的环境影响评价、安全评价和节能评价等工作。

要积极构建循环经济产业链。综合考虑产品需求与绿色低碳发展，积极推进炼油化工与其它相关产业的融合发展，通过产业链延伸和物料互用，构建产业间的循环经济产业链，建立石油、煤炭、铁、水资源循环以及固体废弃物再资源化循环利用的多产业循环经济产业链体系。通过物质流通、能量利用以及公用工程共享的有机联系，使企业内外资源得到优化配置、废弃物得到有效利用，充分发挥产业集群的规模效应和循环经济效应。

第四，推进数字化智能化发展。在石化行业全面深化推进智能工厂试点示范应用成果，贯穿运营管理全过程，构建面向生产管控、供应链与物流和资产全生命周期的统一协同的业务运行平台，提升自动化、数字化、模型化和集成化水平；选取典型企业进行石化智能工厂的应用示范，以业务运行平台为基础，一方面以物联网技术为核心试点数字化现场，实现生产过程的全面感知、远程控制和生产数据的实时收集传送；另一方面，围绕生产运行控制、供应链优化、节能减排、安全环保、资产管理、辅助决策等重点生产领域，全面实施可视化、数字化、模型化和智能化等应用，全面提升石化生产企业的感知、预测、协同和分析能力，推进石化工业数字化智能化发展。

第二十章

面向未来，回报社会

从2006年至今，王基铭充分发挥自己较高的社会威望、深厚的专业特长和卓越的组织协调能力，无私回报国家与社会，除继续在中国石化科技委员会任职外，还先后在中国企业联合会、中国可持续发展工商理事会、复旦管理学奖励基金会、中国系统工程学会过程系统工程委员会等社会组织担任领导职务，报效祖国。

同时，他还主持完成了国家部委下达的多个课题项目，并受聘于华东理工大学教授、博士生导师，积极致力于复合型创新人才的培养，为国家建设做出新贡献。

第一节　出任中国企业联合会特邀副会长

中国企业联合会是经国家民政部核准注册的全国性社团法人组织（中文简称：中国企联）。是以企业、企业家（企业经营管理者）

王基铭发布“2014中国500强企业”榜单

为主体，有专家、学者、新闻工作者参加的，为推进企业改革和发展，提高企业经营管理水平，沟通企业与政府的联系，维护企业和企业家合法权益的全国性群众团体。它是中国企业界最具代表性的社团组织，也是唯一代表中国雇主组织参加世界劳工大会的社团组织。

作为企业、企业经营者的联合组织，党和国家领导人以及经济界、企业界德高望众的老领导朱镕基、田纪云、王忠禹、邓力群担任顾问，薄一波、袁宝华担任名誉会长，全国政协副主席陈锦华主席同志任会长，张彦宁同志任常务副会长兼理事长。一大批国内著名的企业家分别担任副会长、常务理事、理事。

2003年，由陈锦华提议，中企联邀请王基铭担任执行副会长。负责中国企业500强工作和工商企业可持续发展工作。

期间，中国企联先后开展并组办了一系列重要工作和活动。如：与世界经济论坛联合举办的中国企业高峰会，全国企业家活动日，承办全国企业现代化创新成果审定，评审发布中国企业新纪录和中国企业十大新闻等。

中国企业500强工作是提供我国大企业资讯的最权威的平台。历年中国企业500强的工作，为社会各界提供了关于我国大企业发展的丰富资讯，其重点主要是有关企业的成长性、经济效益、自主创新能力、主营业务发展、并购重组活动、国际化经营、公司体制、劳动就业，以及企业所有制、产业和地区分布等方面的情况。自2002年以来，中国500强企业高峰论坛已先后在13个直辖市和省会城市举办，各地方政府充分利用这一平台，积极扩大对内对外开放，都取得了显著的成效，得到了国务院领导及政府有关部门的肯定与支持，被誉为体现协会服务功能的精品工程，已在社会上产生了巨大的反响。

作为中企联的特邀副会长，近年来，王基铭致力于提高中企联的发展与影响力，他和联合会的同志们一道，积极探索中企联的工作运行方式，在保留其原有的精品工程“500强”发布的同时，对会议的组织方式进行优化调整。

以2015年的“中国企业高峰论坛”为例。在王基铭和同事们的努力下，除了对大会主题发言、平行会议、专题报告会、地方投资环境介绍等环节继续保留外，为了进一步充实论坛内容，增加了“品牌故事汇”和“一带一路政策解读会”两个环节。“品牌故事汇”邀请全球著名的品牌故事专家，围绕全球先进品牌的成功案例，从趋势预测的角度分析和展望中国企业在全球品牌序列中的未来；“一带一路政策解读会”则邀请政府权威部门官员演讲，为参会代表解读相关政策。

针对当前国际经济形势错综复杂，国内经济下行压力较大，在“一带一路”、“京津冀协同发展”、“长江经济带”、“中国制造2025”等国家重大战略指引下，围绕我国大企业如何抓住新的发展机遇，拓展新的发展空间；如何立足当前，着眼长远，迈向产业链的高端；如何提升行业发展总体质量，更好地发挥引领作用等这些难点问题，展开充分交流和切磋。会议还邀请大会联合主席们联系实际案例作主题演讲。

今日的中企联乃至它的中国企业高峰论坛，在各方的支持和努力下，通过一系列的扎实措施，在引导企业积极应对挑战，深入推进合作，相互分享成功经验，凝聚更多共识方面，正在发挥越来越大的作用。

第二节 担任复旦管理学奖励基金会的副理事长、秘书长

2007年中国管理学界有了第一个大奖——复旦管理学杰出贡献奖。

该奖项是面向全国，奖励在管理学领域做出杰出贡献的工作者，是当今中国管理学界的最高奖励。

该奖评选标准严格、评审委员水平高、奖励力度大，评选采取“诺贝尔奖”的“宁缺勿滥”评奖原则。奖项的设立，对鼓励我国管理学人才的成长、提高我国管理学科的水平有重要影响，对推动我国管理学科的发展，与国际接轨，适应经济全球化发展趋势有深远的意义。2015年是复旦管理学奖励基金会成立的第十年，十年间，复旦管理学奖励基金会本着“少而精”、“要从严”的态度，累计评出了29名获奖者，他们的研究成果已渗透到学科的各个领域。

参加“2014复旦管理学国际论坛”开幕式（前排中为徐匡迪）

复旦管理学奖基金会，第一任会长由复旦校友、原中共中央政治局常委、国务院副总理李岚清同志担任。

复旦管理学奖励基金会，是由岚清同志捐出自己的稿费而倡议发起成立的。

当年，岚清同志把原商贸部副部长、中国加入世贸协议（WTO）谈判总代表龙永图请到家里去。岚清同志告诉龙永图说，他和家人商量了一下，决定把自己的稿费捐出来。捐出的这笔稿费花到什么地方去，正是李岚清找龙永图要商议的一个话题。岚清同志首先提出想搞个基金推动中国管理学发展的想法。龙永图便建议将稿费作为基金的发起资金，设立一个“李岚清管理学奖”。将稿费捐给基金，并设立一个管理学杰出贡献奖，李岚清对此没有意见，唯一有异议的便是不打算用自己的名字来命名，考虑到岚清同志是复旦大学毕业的，于是便改称为“复旦管理学奖”。

2005年，复旦管理学奖励基金会由此正式成立。

2011年，李岚清把理事长的职务让给了原全国政协副主席徐匡迪。与此同时，徐匡迪提议，聘请王基铭担任基金会副理事长、秘书长。

从2011年开始，王基铭连续组织了4届复旦管理学奖的评选工作。

复旦管理学奖原是没有“终身成就奖”的奖项，王基铭到任后，广泛听取基金会同志及社会各界同仁的意见，向匡迪同志提议，经理事会批准，在原有“复旦管理学杰出贡献奖”的奖项外，复旦管理学奖励基金会于2012年设立了终身成就奖，分别颁给了刘源张、傅家骥、成思危、汪应洛这些一生默默无闻却为国家管理学带来巨大变化的老一辈科学工作者。颁奖后引起很大反响。

从2014年起，基金会又设立了“复旦企业管理杰出贡献奖”，旨在奖励在中国企业管理实践领域作出杰出贡献的企业家或企业管理者。当年，海尔集团董事局主席、首席执行官张瑞敏获奖。

2014年11月29日，王基铭作为基金会副理事长、秘书长，登台宣布获奖人名单。基金会副理事长龙永图，原商务部副部长、基金会名誉理事刘山在，复旦管理学奖励基金会理事及理事代表、获奖者所在单位的领导、国内管理学界部分学者代表和中国科学院大学师生等近600人一起见证了当天的盛会。

2013年6月徐匡迪同志到中国石化视察

为推进中国企业管理水平的有效提高，王基铭借助于复旦管理学奖励基金会这一平台，秉承岚清同志要有中国自己的管理学的宗旨，不断呼吁要真正解决好中国的管理问题，要让中国人对世界范围内涉及自己的管理问题有话语权和平等参与权。王基铭在接受《中国科学报》记者采访时强调，我国应通过培养自己的企业家，建立起有中国本土特色的管理学理论体系。“建立中国本土特色的管理理论体系就在当下。”王基铭认为，管理学是一门实践性很强的学科，中国亟须树立一支具备知识、见识和胆识的职业企业家队伍，好好总结他们的管理经验，进而形成有中国特色的管理理论系统。

第三节 担任中国可持续发展工商理事会会长

中国可持续发展工商理事会（China Business Council for Sustainable Development，简称CBCSD）成立于2003年10月，是由在中国注册的多家国内外企业组成、经国家民政部批准注册的全国性组织。该组织主要是为中外工商企业提供一个良好的交流合作平台，促进企业、政府和社会组织之间在可持续发展领域的对话、交流和合作；彼此分享和借鉴可持续发展领域的理念、信息、经验和良好做法，以更好地应对环保、健康、安全、企业社会责任、全球气候变化等企业面临的挑战，通过共同努力实现世界可持续发展。

原会长是陈锦华，后由王基铭接任。

打造精品工程，探索发展新思维。近年来，王基铭和理事会的同志们一道，多次组织中国的领先企业探讨如何把可持续发展融入自身长远发展的战略目标和企业的经营方针，并将其推进到各行各业，推进到合作伙伴，创新兼具中国本土化和国际化特色的工商企业。

值得一提的是，这些领先企业在CBCSD平台上，于2006年启动了CSR“1+3”的项目（CSR，即企业社会责任），通过发挥CBCSD理事和会员企业的领导力，带动价值链上下游的多家商业合作伙伴，特别是在广大中小型企业当中，传递了CSR的理念，带动企业履行社会责任的实际行动，见诸实效。

中国企业社会责任报告，就是在这种背景下产生的。

中国企业社会责任报告是由国内权威研究机构将企业规模达到

“中国500强”的企业作为研究对象，通过深入细致的研究，将其履行社会责任的理念、战略、方式方法，其经营活动对经济、环境、社会等领域造成的直接和间接影响、取得的成绩及不足等信息，进行系统的梳理和总结，并向社会进行披露。中国企业社会责任报告是企业非财务信息披露的重要载体，也是企业与企业、企业与社会沟通的重要桥梁。该会发布的报告系统披露了企业过去一年履行社会责任理念、实践、绩效和典型案例，充分体现了行业特点和企业特色，是年度高水平报告的荟萃。

组织报告研讨，创办“中国企业社会责任报告国际研讨会”，是中国可持续工商理事会打造的一个精品工程，也是中国最早开展、具有广泛影响力的社会责任报告高端专业交流平台，迄今为止已成功举办八届。论坛一直秉承专业化、国际化的特点，在中国企业社会责任领域内，得到了广泛关注和高度的认同。

为充分发挥“中国企业社会责任报告国际研讨会”的作用，将其打造成为能有效指导企业发展的交流平台，王基铭自担任会长后，每年都要利用研讨会之机，举办各种活动，特别是利用自己较高的社会威望，请来在国内企业发展中具有广泛影响力的企业家、专家学者，结合中国经济发展的热门话题，及国家层面的经济发展战略，对经济发展进行深入的研究与探讨。

2016年7月参加贵州卫视高端对话节目《论道》(左一为龙永图)

连续八届“中国企业社会责任报告国际研讨会”，充分体现了这一特色。

以2015年的第八届研讨会为例。它是中国可持续发展工商理事会联合WTO经济导刊、瑞典驻华大使馆、德国国际合作机构（GIZ）共同组办，于2015年12月3日在北京召开。本届报告研讨会就全球社会责任报告最新发展趋势，国有企业改革背景下的责任信息披露，“互联网+”时代的社会责任报告、创新传播等议题进行深度研讨和解读。

第八届国际研讨会特设专业分论坛，对倍受关注的企业社会责任管理、“一带一路”、“互联网+”时代、国企责任信息披露等话题，进行了深入研讨。围绕如何更好发挥和提升报告的价值，标准升级、报告升级等新趋势，与会专家给予了解读。国务院国资委、国家工信部等有关领导出席论坛并致辞。

发挥桥梁作用，拓宽对话渠道。应该指出的是，近年来，从国际背景来看，绿色低碳全球化成为一股潮流。二氧化碳排放问题危及人类生存，国际社会对二氧化碳减排的呼声不断升高。以欧盟为代表的一些发达国家，主动采取二氧化碳减排措施，来控制其境内二氧化碳排放量。同时，发达国家通过碳关税等措施，迫使其他国家加入到二氧化碳减排行列，在全球范围内形成一股低碳全球化的潮流。

中国是全球的人口大国，同时也是一个消费大国，在低碳全球化下，中国面临着严峻的挑战。面对国际社会的关注，作为中国可持续发展工商理事会（CBCSD）会长的王基铭，充分利用各种机会，正面引导国外人士了解中国政府和人民在减排节能上所做出的艰苦努力。

2015年12月6日，王基铭代表中国可持续发展工商理事会（CBCSD），前往法国巴黎，参加联合国气候变化大会。在巴黎气候峰会会场勒布尔歇的中国角，王基铭做了题为“石化企业积极参与碳交易、用市场手段降低减排成本”的讲话。会议主旨演讲还有国际排放权交易协会总裁福利斯特作“欧洲先行经验对中国企业参与碳市场的借鉴意义”演讲、中国建材集团董事长宋志平作了“新常态下建材企业低碳减排之路”演讲等。

在讲话中，CBCSD会长王基铭指出，“行动是最好的宣言”，CBCSD作为中国境内中外工商企业的联合会，近十年来在碳交易和应对气候变化领域积极开展工作，推动石油化工等重点行业参与碳交易相关实践，以利为下一阶段全面深入参与中国碳交易市场做好充分准备。

王基铭的演讲，在会上得到了与会人员的广泛赞同与反响。CBCSD在会上得到了由UNFCCC（联合国气候变化政府间框架组织）、中国低碳联盟、美国环保协会等联合授予的2015年“今日变革进步奖”（Award for Today's Transformative Step 2015），以表彰CBCSD在过去对推进中国企业应对气候变化采取行动的贡献。

第四节　中国石化科技委员会的资深委员

（1）持续关注石油炼制及石油化工

近年来，王基铭从战略发展的高度，对石油炼制、石油化工投入了大量的关注。

相关课题涉及到页岩气、炼油、煤化工、产业与区域可持续发展等项目。

据初步统计，截至2016年，王基铭每年都要到石油炼制及化工企业，进行大量的调查研究工作，完成了十几个大型攻关课题。

仅2016年上半年，王基铭便两次去中国石化企业调研。到九江石化对其智能化管理进行调研考察。另外，组织和带领中国工程院“中国炼油和煤化工产业可持续发展与区域协调发展重大问题战略研究”项目调研组，到高桥炼油厂、上海石化股份有限公司、上海漕泾工业园区进行调研，从炼油和煤化工产业发展现状和存在问题出发，借鉴产业可持续与区域协调发展相关理论，对石化产业竞争力、区域优势、产业升级与区域经济协同发展等方面展开了专题调研。

2009年11月在普光气田天然气净化厂调研

王基铭还对物联网、云计算、大数据等新技术进入大规模商用阶段后，将给炼化工业生产方式带来的革命性变化，也做了研究和预测。与此同时，他还对“一带一路”战略决策实施中，中国装备业怎样借此实现新的振兴与发展等重大课题，牵头进行专题研究，为国家职能部门的决策发挥了较好的参谋咨询作用。

（2）为石油炼制及石化工业的健康发展积极建言

近年来，王基铭充分发挥自己的专业优势，积极为中国石化的健康发展献计献策，他先后编写了几十篇有较高学术价值的论文发表在各核心期刊上，引起了业内人士的关注，同时他还利用各种会议，发表具有前瞻性的学术观点，为石化业进行把脉、开方。

限于篇幅，谨以2014亚洲石化科技大会为例。

2014年6月18日，由中国石油和化学工业联合会与欧洲石化咨询公司共同主办的2014亚洲石化科技大会在北京隆重召开。本次大会的宗旨是给技术革新者与终端用户提供一个就行业领先技术进行交流的平台。中国石油和化学工业联合会会长李勇武，欧洲石化咨询公司副总裁安迪·吉宾斯，中国化工学会副理事长杨元一，石油和化学工业规划院副院长白颐，神华煤制油化工公司科技管理部总经理卢卫民，KBC先进技术公司咨询业务部主管合伙人邢飞等领导和嘉宾出席了开幕式。

王基铭以中国工程院院士、中国石化科技委资深委员的身份出席了这个大会并作了主旨报告。

王基铭在报告中深入介绍了世界炼化工业发展现状及趋势，分析了中国炼化工业发展现状，同时，为中国炼化工业实现可持续发展提出了具体措施和建议。

在王基铭眼中，中国炼化产业的一体化发展是增强行业竞争力、提高资源利用效率、提升企业竞争力的重要手段。

王基铭指出，进入21世纪以来，中国炼化产业的集中度有了明显提高。《2013年国内外油气行业发展报告》显示，截至2013年，我国千万吨级炼油基地达到22个，合计炼油能力2.79亿吨，约占全国炼油总能力的50%。在22个千万吨炼油基地中有14个是炼化一体化基地，建有乙烯及下游产品生产装置。

尽管我国炼化产业的集中度有了很大的提升，千万吨级炼油产能占到近一半的比例，但王基铭指出，我国炼化行业依然存在许多问题，炼油的先进产能不足、落后产能过剩，产业的集约化程度低、布局不合理，有竞争力的下游产品偏少，资源利用率偏低等问题仍旧是困扰行业发展的羁绊。

对此，王基铭明确表示，炼油化工一定要一体化，只有实现了一体化才能提高资源利用率，优化产品结构，增加高附加值产品，提高企业运营效率。项目规划之初，我们就要把产品方案做好。关键是在产品项目上，是不是有效益，一定要认真考虑。我过去抓工程，3个东西是一定要亲自抓的，总流程、总平面布置和总的产品方案。这是决定一个项目是否能做好的关键所在，这3个方面一定要科学明智地决策。这三项工作做得不充分，后面的项目就做不好。

欧洲石化咨询公司副总裁安迪·吉宾斯也表示，对于炼化行业而言，必须进一步提升行业的效率，追求行业的卓越运行。当然，这必须有好的技术支撑来提升运行效率，就意味着必须要有好的资产，有更大的、一体化的、高效的、高科技含量的装置和设备，能够发挥规模效益，从而让炼化行业进一步提升竞争能力。

在会上，王基铭还就产品差异化、节能减排应对环保新政、炼化产业延长产业链等问题，发表了自己的看法，受到中外与会同仁的共鸣。

（3）乐为化工鼓与呼

炼化企业在建厂初期一般选址在远离城市中心的偏远郊区，但随着我国城镇化进程的加快推进，这些企业已逐渐被城市居民区和商业区合围，形成了所谓的“城市型炼化企业”，随之而来出现了炼化企业与周边社区和居民的种种矛盾。尤其是近年来，在国内多个化工项目的上马或者环评备受外界瞩目，我国的石化产业发展布局、环境影响等也再度引起了各方热议。

对此，王基铭充分借鉴国际上同类情况，以及我国炼油及石化工业实际，就环保问题进行科学理智的思考，并在多篇学术文章里，对该问题进行探讨。针对各地政府纷纷提出石化企业搬迁的规划方案，王基铭强调，我们既要重视环境，但同时也不能对化工项目妖魔化。

2013年，王基铭在大连市政府举办的一个论坛上，就该问题做了进一步深入的研讨。

王基铭指出，应审慎决策“城市型石化企业”的搬迁问题。炼化企业完全可以通过技术创新和管理创新以及安全环保升级改造，全力打造让公众信得过、靠得住的本质安全环保的企业，实现企业与居民的和谐发展。根据欧美石化行业发展的历史经验，采用严格的安全环保标准，实施严格的监管措施，通过安全环保升级改造，“城市型石化企业”完全可以实现绿色低碳、安全可靠、可持续发展。

王基铭说，石化行业经过规模扩张的初级发展阶段，粗放式的发展对环境和社会产生了一定的影响。而随着国民经济发展和人民生活水平的提高，人们的环保意识逐步增强，环境保护要求日益严格。这推动了石化行业的转型升级，使其逐步达到与环境、社会的协调发展。政府层面应统筹考虑地区的经济发展水平、资源潜力、市场需求和整体环境容量等多项要素，发挥比较优势，确定优先发展产业，做好顶层设计，做到将仅有的环境容量提供给最具发展潜力的产业。以安全环保、产品质量、综合能耗、资源综合利用效率等指标作为新增石化投资项目的准入门槛，实施严格的产业准入制度；适时推出碳税制，引导石化企业提高资源利用效率，激发企业不断降低能耗、减少排放的动力，实现绿色低碳发展。

近几年，国内多地发生抵制“PX（对二甲苯）项目”的群众性事件。比较有代表性的事件便有：厦门市民为反对PX项目“集体散步”、大连市民万人游行抵制PX项目、宁波镇海百名村民集体上访，封堵交通。此外，成都、昆明、南京等地也相继发生了反对PX项目的抗议事件。对于“PX项目”，业内人轻描淡写，业外人“谈之色变”。是好是坏，终究不是哪个人说好便好的事。

王基铭对此的所持的观点则是：公众对部分化工项目其实也不必过于妖魔化。

王基铭表示，中国需要PX项目。我国每年大约有44%的化纤原料PX要从日韩等国进口。中国发展服装和纺织等行业，只有靠廉价的PX才能打入国际市场，如果我们不发展PX，就无法与国外竞争。不仅如此，我们每个人穿的衣服用的化纤都是以PX为原料生产的。发展PX工业是我国发展经济，特别是拉动出口，解决就业问题的重要举措。没有PX我们的穿衣问题怎么解决，人们的衣食住行甚至会倒退上百年。

王基铭还表示，政府及有关部门，应优化产业布局、加快淘汰落后产能、优化产品结构。同时，大力提高石化产品的附加值，发展聚碳酸酯、聚甲醛等高强度的新材料。同时，积极运用高新技术和先进适用技术，培育新兴产业和人才。

这个发言引起了互联网的关注，约有上百家网站做了转载，他的讲话客观上起到了正确的引导作用，也为地方政府和企业的决策，发挥了良好的参谋作用。

第五节　甘为人梯育英才

2006年4月，王基铭被华东理工大学聘为教授、博士生导师。

10年来，王基铭带出了3个博士生，他们是：李继炳、韩志国、李华。目前有3位博士生在读。他们是：张秀东（SEI副总经理），于靓（杜邦中国公司工程师），王子宗（中国石化副总工程师）。

2012年5月华东理工大学校董会合影（前排中为全国人大副委员长成思危）

李继炳，2006年投入到王基铭门下，成为他的第一个博士生弟子。王基铭结合安庆石化实际，给他制定了“配煤与新型助熔剂改进Shell煤气化工艺的研究”课题。

这也是王基铭特别关注的一个研究方向。

近年来，我国众多以石脑油和重油为原料生产化肥的企业都面临着巨额亏损。化肥原料“油改煤”是化肥产业结构调整的一项重要措施，“油改煤”的关键装置是煤气化装置。中国石化安庆分公司是我国最早引进Shell煤气化装置、最先开车成功的单位之一。但是，该煤气化装置设计用煤为皖北刘桥二矿混煤，在生产过程中遇到棘手的气化炉渣池堵渣和废锅积灰问题，严重影响了气化装置的长周期运行。为突破该技术瓶颈，王基铭要求李继炳开展对配煤和新型助熔剂改进Shell煤气化工艺的研究。2009年，李继炳通过了博士生论文答辩，成为安庆石化为数不多的工学博士之一。李继炳现任安庆石化副总经理，在安庆石化的发展中，做出了突出的贡献。

韩志国是王基铭带出的第二个博士生。

韩志国读博士生前是王基铭的秘书，现就职于中国国际石油化工联合有限责任公司，现任该公司人力资源部总经理。

在闯市场尤其是闯国际市场的过程中，韩志国深深地感受到，随着国民经济和技术的发展，现代石油化工工程建设项目规模越来越大，资金、技术高度密集，是高投入、高风险的项目。其技术复杂、涉及专业多、关联范畴广、集成程度高、质量要求高、工程投资大、建造周期长。石化工程项目采用何种管理模式将对项目的成败和绩效产生重要影响。工程建设项目管理水平的高低，将直接决定投资效益，决定建设项目的成败，决定石化企业的持续有效发展。鉴于此，韩志国决定选择王基铭作为自己的导师，他很早就清楚王基铭在工程管理上特别是在中国石化系统，一直坚持先进的理念，他觉得投身到王基铭门下，将有助于自己在未来的国际化市场上发挥更大的作用。

在王基铭的指导下，韩志国重点对石油化工工程建设项目的管理模式进行研究。2010年，韩志国顺利地通过了博士生论文答辩。

2016年，王基铭的另一个弟子、长岭炼化董事长李华也完成了博士生学业。

张秀东、于靓、王子宗三人，是王基铭门下尚未满师的博士生弟子。王基铭经常教育弟子，人生最讲究的就是一个“认真”二字。做人要认真。要品行好，讲德行，要注重过好“做人”关，一个人不注重德行的修养，要想在事业上取得成就显然是很难的。做事要认真，要从细微之处入手，在每一个细节、每一个节点上下大工夫。干事业、搞科研，容不得半点的侥幸。

王基铭的弟子们说，跟着老师，学到的不单是科技知识，更有怎样做人的学问。王基铭在做学问上，遇到自己不甚明白的东西，也往往注重身体力行地去下功夫。2014年亚洲石化科技大会在京举行，在会上，王基铭结合世界炼化工业发展现状及趋势，分析了中国炼化工业发展现状，同时，为中国炼化工业实现可持续发展提出了具体措施和建议。这个发言由于涉及面广，采用的数据多，为力求准确，王基铭对获得的数据进行反复查证，力求做到精准无误。弟子们见状都很感动。

王基铭对文字的要求严格到了几近苛刻的程度。无论是学术论文还是简单的发言稿，王基铭都会一次次进行认真地推敲，连标点符号都不放过。这种严谨的治学态度，无一不深深地感染着大家，最终都逐渐成为每个人的习惯。

在带好弟子的同时，王基铭还走进校园，就经济持续快速发展下成品油安全稳定供应、石油对外依存度上升和资源争夺，以及油价挑战、油品质量、环境保护、煤制油及替代燃料发展等内容，和广大师生进行交流。

第二十一章

儿子及工作人员眼中的王基铭

为了全方位、近距离地了解王基铭，我们请王基铭的儿子王超元、王元华以及秘书刘军专门从各自的视角，谈一谈自己眼中的王基铭的形象。

第一节　王超元：我的父亲

在我童年的记忆里，父亲只是个忙碌的、模模糊糊的背影，他在我心目中的形象直到我成年懂事以后才逐渐清晰起来。随着我参加工作、特别是为人父以后，我对父亲的理解愈加深刻——他是一位公私分明的严父，却也“舐犊情深”。所谓父爱如山，父亲对我潜移默化的影响是不可磨灭的。

20世纪70年代初，为了解决中国人的穿衣问题，毛主席亲自批示在金山卫围海造地，并从上海各大企业抽调骨干支援上海石化的早期建设。我父亲就是那个时候从高桥石化调到上海石化的。我生下来14个月就随父母亲从上海市区搬到了远郊金山，那个时候的金山尚是一片滩涂，我们都住在简易工棚里。懂事后听大人们不时回忆当年艰苦的生活条件，但在我的童年记忆中却充满了在野地里自由玩耍的快乐片段。我记得和小伙伴在工地上疯玩，还记得可以穿过一座由脚手架搭成的简易桥走到海边挖沙子，甚至还有逗猫逗狗的清晰情形……然而印象里关于父亲的陪伴却是寥寥无几，因为父亲出现的太少，其中有两件关于他的记忆还比较鲜活。

追溯到我上幼儿园的时候，曾屈指可数地享受过一次由父亲亲自接我放学回家的经历。那是因为家里刚刚添置了我梦寐以求的一台十二寸飞跃牌黑白电视机，父亲迫不及待要把这个好消息告诉我。当我从父亲口中得知家里买了电视机真的是好开心，印象非常深刻，以后哪怕换了彩色电视还是又买了其他日用电器都找不回当年那种兴奋的满足感。幼儿园大班的时候，老师要求小朋友独立上学，不要家人陪伴。记得有一次在过马路的时候我无意中回头一看，恰巧发现父亲藏在转角处跟着我，这个短短几秒钟的情景至今依然能很清晰地在我的脑海里进行“电影回放”。如今我有了自己的孩子，从分手的地方到校门口只有几十米距离，但我还是会目送她们走进校门为止，我能体会到父亲当时的拳拳爱心。

谈到我父亲，不得不提母亲，母亲是典型的中国式贤妻良母，她认为把家打理得井井有条，把我和弟弟照顾好，就是对父亲工作最大的支持。

不知道是本身过敏体质还是化工厂周边的空气不好，我小时候得过非常严重的哮喘，光病危通知书就拿到过三次。春季和秋季是易发季节，经常半夜要送医院，往往这个时候是指望不上父亲的。哮喘发作起来连路也走不动，都是母亲半夜里背我去医院，后来个子长高了，母亲瘦弱的身躯根本背不动我，就用自行车推我去医院。整个小学阶段都是这样过来的。母亲一方面要工作，一方面要精心照料我和弟弟。她要求我们规规矩矩做人，不要在外面闯祸，不能给父亲添麻烦。就是在这样朴素的教育理念引领下，我和弟弟长大成人，一身正气。

言传不如身教，总结起来父亲对我们兄弟俩最大的影响有以下两点：

孝顺，父亲对我爷爷非常孝顺。爷爷少年时代从浙江上虞农村到上海当学徒，凭着聪明好学成为了纺织厂的设计师。爷爷很擅长画画，小时候经常教我画画。我爸爸有五个弟妹，奶奶不识字，所以一家八口人都靠爷爷的工资生活。爷爷喜欢抽“大前门”香烟，每次抽都要被奶奶嫌弃。我小学一年级的时候爷爷就去世了，后来家里的生活水平越来越好，父亲嘴里经常挂着的话就是“阿爸活到现在就享福了”。直到现在，每逢清明、冬至父亲总要从北京赶回老家扫墓。

公私分明的处世态度。我和弟弟从小被灌输的思想就是“爸爸是爸爸，你们是你们”。无论是我们兄弟俩还是家里的亲属都不允许利用父亲的职务之便谋取私利，更不允许经商。我的本科专业是计算机，硕士专业是经济政策和金融，工作的公司和父亲也没有交集。

如果说父亲那代人一手孕育了金山石化，那么我们这一代则是伴随金山石化一起成长的。父子两代人共同见证了共和国改革开放30年国民经济高速增长所带来的日新月异的变化。作为享受改革红利的一代人，我们由衷地感谢父辈承担了初期建设者的角色并付出了全部心血和汗水。“无情未必真豪杰，怜子如何不丈夫。”父亲就是一个永远以国家利益为先的奉献者，忙碌的工作生活使他无暇顾及家庭和孩子，但是，我们还是能够在细枝末节中体会到父亲的一片爱心——这就是父亲在我心目中定格的形象。

第二节　王元华：我的父亲

我的父亲生于1942年，而我是1984年出生的，和他相差了整整42岁。如果说20年是一代人的话，从传统意义上来讲我和我的父亲相当于是差了两代人。通常家庭里父子的代沟在我们家也同样存在，虽然父亲如今年逾古稀，但是他却始终保持着对新生事物的接纳和认知，拥有着一颗乐于拥抱新科技新知识的心，随着我年岁的增长，我们的代沟反而正在慢慢的弥合，当然也源于我也为人父，人生经历随之丰富，以及认知层次的升级，使得双方的对话和交流也在近年变得丰富起来。

时值家父出生时，中华大地还是兵荒马乱，内忧外患，风云变幻之际，淞沪尚沦于日寇之手。父亲没有谈论过，所以我并不知道更不敢想象当时祖父一家是如何屈辱困苦地生活在沦陷区的，只知道祖母统共育有13位子女，父亲原是家中第六子，而之前诸子女却都早夭，于是他便成了家中长子，旧社会的存活率低于50%，细思恐极。到新中国成立前，他度过了他的童年，这之间年幼的他经受了哪些考验？饥寒、贫困、杀戮、死亡。目睹了怎样的历史境况？抗日，内战，这些都已不得而知。或许他自己其实也记不太清，人在那个年龄段大概也不会知道历史风云际会究竟发生了什么，在中国历史上是怎样一段宏伟篇章，但我认为显然对他日后性格的养成发挥了至关重要的作用。他的坚毅，顽强，担当，爱国。

而在我出生的1984年，则是成长在一个和平的年代，思想和主义的争论及碰撞在趋于平缓，一切都在以经济建设为中心。乔治·奥威尔在《一九八四》书中描绘的场景没有出现，而我们的国家正在欣欣向荣，人民也获得更多自我意识的体现。当然这些个人的自由，经济环境的繁荣，对我这代人来说似乎是与生俱来和理所应当的。而对家父而言，国家的经济发展正在准备腾飞，国民的生活水平迎来大幅提升的机会，国家工业的自主发展建设变得日益迫切，从他出生至我出生的1984年，历时42年，父亲终于等来了可以学以致用在事业上大展拳脚的机会。

因此让我即便绞尽脑汁努力回想，关于童年的我和他也只能挤出寥寥几个模糊的片刻，委实是因为童年的我和他见面次数真的不多，我上床睡觉时他还没下班回家，而早上起床时他已经又去上班了，陌生得很。小时候一次仍有印象且至今仍屡被提及之事是替家父拿拖鞋的趣事。记得那晚母亲高兴地对我说“爸爸”马上要回来了，哥哥也在旁边说“爸爸”要回来了，我记得当时特别兴奋，眼见母亲说“爸爸”回来之时那意外之喜的神情，我想那一定是个好玩的玩具或者大大的惊喜吧。现在理解起来，母亲当时是因为父亲那天比平时早回来了，所以喜不自禁，感染了年幼的我。那天父亲一进屋，我便以我当时认为最隆重盛大的礼节对他表示了欢迎，帮他去取拖鞋，父亲当时非常高兴，我至今还记得他摸了摸我的头，可是年幼的我也能感觉到他气场逼人，于是马上就躲走了，侈谈索要礼物之事了。后来据我母亲说他从此就一直很宠爱我，从未打骂过我。我猜想他当时是不是在想这小子这么小就知道阿谀奉承，逢迎拍马，将来定“前途”无量，可不成想我以后和他性格这么像，古板甚胜于他。总之在我记忆中其后很长一段时间里好像没有再见过他，我也曾向母亲提出让父亲放了学来接我下课或者来学校开家长会这样的合理请求，但都未一一兑现过。想想父亲参加过诸多的会议，居然却从未参加过孩子的家长会。

听我母亲说，当年生我时父亲送她到金山医院后，便因工作不得不立马赶回装置建设现场，母亲生完我后，他才匆匆赶往医院但只看了几眼后就又折返单位了。母亲提及时轻描淡写，说只是记得生完我后肚饿难耐，却绝口不提独自生育时的痛苦、孤单和无助。而今我已为人父，我告诉自己无论如何在孩子出生时都要在场，我要陪伴着妻子，在她人生最疼痛时不感到孤独和无助。我害怕我的女儿长大后知道自己母亲受难当日，始作俑者却因为什么原因不在场，而和我有了隔阂和不满，我知道在家庭关系中这一刻的陪伴是如何的重要。我明白，我有孩子时，所处的环境、家庭和工作不存在大的矛盾，对我来讲工作就是为了家庭，在生孩子这件事上，工作可以立马 go away。而我父亲所面对的境况，肯定比我严峻得多，他一定衡量过才会选择把工作置于前头，我完全理解他的事业心，责任心，爱国心，虽然这件事上我终归不爽。

因此在他的功劳簿上一定要有我母亲的一页，甚至于说没有我母亲就不会有他现在的成就和成功。夫妻结成家庭，一起打拼奋斗，各司其职，所以一个男人成功了，妻子绝对是成功的因，而不是成功的果。我的母亲就是这样一位优秀的传统中国女性。她解除了父亲在家庭中的后顾之忧，哥哥与我都自小体弱多病，三天两头往医院跑，都是靠母亲一人在独自关怀，家中的家务，三餐也都从不假他人之手，她没有现代意义上的高学历，但是你不得不佩服她与生俱来的时间管理，统筹安排，高效能技巧。更难能可贵的是无论父亲达到多大的成就，官至何等阶位，她始终勤俭，节约，朴素，待人和善，从不挎那些名牌包包，也叫不出那些现代女性追逐疯狂的品牌，却始终给人那种典雅端庄，风采照人。

因为母亲在家务方面的能干，导致父亲在家中显得自理能力不怎么高，作为出生旧社会家中的长子，这让人有点难以置信。虽然随着他年岁大了，从工作的最前线退下后，在家的时间多了，闲不住的他经常表现出各种希望帮助母亲做家务的意愿，但是不是把碗砸了就是把水杯弄倒了，为了避免他来添乱，母亲还是宁愿一个人来干。虽然时不时在家中的家务上搞出点小事故，但是在他的职业生涯中参与管理的项目却从没有过安全事故的记录。作为同行，我也深知化工项目危险性之大，管理难度之高。他却踏踏实实地在化工岗位上几十年如一日，参与的项目都能保障安全，保证质量，按照进度完成，做成的项目都给企业带来高收益，为国家带来丰厚的回报，体现了他在化工行业管理上的专业性，前瞻性。他从不考虑自己，始终把企业国家的利益放在首位，把提升企业国家的硬实力作为己任，他深知化工行业在关键设备上被国外设备厂商所绑架，失去价格谈判的话语权，为了发展扶持国产机器设备，他敢于说出乌纱帽不要，也要支持使用国产设备机组。他组织专家学者，现场技术骨干，共同研究论证，成功实现国产重大石化设备在国内石化项目的应用，提升了国家实力。现在从一线退居二线的他，还是希望利用自己多年的经验继续放光发热。看到不合理处，他依然不辞辛劳，奔走疾呼，推动建立可持续评价机制和建设环境友好型社会。

有人夸耀父亲，说他起点很低却能达到现在的成就，是靠他的聪明才智和好运气。在我看来其实没有什么秘诀，世界上聪明人多的是，他运气也没好得中过彩票大奖。他走到现在，完全是他所具有的一些人尽皆知却难以坚持做到的优良品质。首先他能够踏踏实实做好手中的工作，不抱怨不纠结，他一辈子就专了这一个行业，就在这一个企业就职直到退休。他有原则，有底线，始终把国家利益放在个人利益的前头，没有私心，办事公正，脾气大，但是对事不对人。同时对于同事朋友，在合理范围内他总是乐于帮助，解决问题，表面上他气势逼人，其实他内心非常乐心善良。对于论定的事情，他有着超高的洞察力，决断力和执行力，全力以赴不计较付出和所得的差异。

父亲对我基本没有太多时间进行言传，但是却让我通过观察他切实体会到了他对我的身教。

第三节　刘军：我给王基铭当秘书

2013年1月4日，办公厅通知我第二天到中国石化原总裁王基铭院士办公室进行秘书面试。第二天上午9点整，我怀着既兴奋又忐忑的心情见到了王基铭院士。王总热情地让我坐在他旁边的沙发上，亲切地询问着我的情况。我有点紧张地向领导汇报了我的工作情况，还汇报了在2010年参加王总带领的专家调研团队去企业调研。谈话中，王总看出来了我的拘谨，笑着开始与我聊生活和家庭。在领导的鼓励下，我慢慢放松了心情，完整地汇报了我的个人情况。这是我第一次近距离接触到王总，“和蔼可亲”是我对领导的第一印象。

一周后，按照工作安排，我来到了2309办公室开始熟悉秘书工作，跟随韩志国秘书学习。首先是熟悉并整理资料，按照时间和类别进行梳理。我一下就被如此大量的文件和材料震惊了，上面全是密密麻麻的王总的批示、修改和定稿，我心里对领导的工作量有了初步认识。一个月后，我开始跟随到企业出差调研，一下飞机直奔生产现场，看完现场开始专家座谈，在会上王总总能明确地指出企业的问题所在，并提出今后的发展方向。接着开始下一个行程，一周内完成了三家企业的调研工作。后来我才知道，领导在当总裁时，一年中平均有270多天在企业现场指导以及在施工现场办公。即使在退出现职后，老人家以科学家的身份仍然奔波在企业。在我跟随王总工作的4年中，他2013年出差152天，2014年出差127天，2015年出差149天，2016年出差173天，这位老人今年刚满75岁，他的身影不断出现在全国各地石化企业，仍在为祖国的石化事业奔波，仍在为了国家利益奉献着光和热。如此的"忙碌和敬业"，令人产生深深的敬佩之情。

2013年3月，受北京市科协的委托，王基铭院士为广大市民做科普讲座"炼油的基本知识"，我跟随着王总从收集资料开始，设计提纲、编写初稿、修改定稿、完成PPT报告，每一步都体现了他的严谨和细致；2015年5月，受辽宁省科协邀请，王基铭院士在大连市科协年会上作了"我国石化行业空间布局与环境协调发展"的特邀大会报告，对我国目前的石化行业面临的各类问题提出了针对性的解决办法；2015年12月，他带领研究团队历时两年完成了工程院的重大课题"工业行业空间布局与区域协调发展研究——重化工业与环境协调发展"；2016年1月，他组织专家队伍开展中国工程院的重大课题研究"中国炼油和煤化工产业可持续发展与区域协调发展重大问题战略研究"，在这一年中走了13个省市，64家企业，进行了深入的会议座谈和现场调研，收集了数以万计的一手生产数据，完成了近10万字的调研报告。在接下来的2017年，他仍将继续马不停蹄的奔波在企业一线，仍将伏案笔耕不辍，仍将一个字一个标点地改稿、定稿。近5年，他发表了近30篇专业文章，带队完成了中国工程院的多个重大课题研究，牵头提交了3篇院士建议，还有其他大量的大会报告、论坛发言等材料。我看着办公室内整齐摆放的资料，其中每一篇都必然有他密密麻麻的批示和修改；我整理着电脑上的文稿和资料，其中每一段都体现着他的严谨作风和一丝不苟。

王总对时间的掌控近乎苛刻，他常教导我说："一个领导的节奏决定着一个企业的效率！"他的工作日程是按照3个月滚动制定的，每天的工作安排精确到分钟，他自己从不迟到，我也因此养成了严格守时的好习惯。有很多同志和我提到过，王总主持的会议从来不拖堂，他的发言从来都是干脆利落，他的会议总结一定会掷地有声，会议结束后大家肯定知道该怎么干。还有个惯例，王总主持的会议大家必然会提前15分钟到，肯定会提前一天就做好各种会议准备。我想这就是常说的"一个领导的风格，决定了一个企业的气质"吧。

一转眼，我在王总身边工作进入了第5个年头。期间由于工作失误，我也挨了不少批评。记得那是2014年夏季的一天，我向王总汇报赴企业调研的行程安排，他一眼就看出了安排的不可行以及行程的不合理，为此他严厉地批评了我，并针对我有时工作出现的不严不细不实之处进行了专门谈话，告诉我这样的问题如果在生产中就是事故、就是隐患。还记得2013年3月我陪同王总赴英国出访，4天半的行程极其紧凑，下飞机就直奔会场。到达英国的第二天，我收到了一份工作请示以及较大篇幅的材料，考虑到王总这一路的辛劳和时差，我就没有将这份请示向他提交，而是等行程结束后进行了汇报。为此我受到了严厉的批评，至今我仍然清楚地记得王总批评说："工作中考虑问题必须要全面，要多为全局、多为他人考虑，延迟处理这份文件看似小事，但它体现了一个人的做人做事的风格和作风，你在耽误工作效率的同时也给他人的工作制造了障碍。"由此，我也知道了王总从来不让需要批示的文件过夜，不管多辛苦多繁忙，文件在他这都能以最快的效率得到批示和流转。正是领导日常的严格要求，时常地紧紧发条，使我养成了良好的工作习惯和作风，也使我的学识与能力得到了提高和进步。

这就是我的领导，一个既威严又和蔼的领导，一个既严厉又可亲的长辈，一个既伟大又平凡的老人。感恩您给我在您身边成长的机会！感恩您对我的严格要求！感恩您一言一行对我的言传身教！您是我的领导，也是我的亲人！

附录一 王基铭大事年表

1942年

6月10日（农历4月27日），出生于上海市杨浦区。

父亲王炳寿，1911—1983年，祖籍浙江上虞百官镇。

母亲蒲再仙，1916—1999年，原籍浙江上虞崧厦镇。

1947年

上海闸殷路小学学生，寄读于外婆家。

因上海“二六”轰炸，从外婆家转学于父母住处（上海杨浦区），就读于荆州路小学，1953年小学毕业。

1953年

就读于上海江湾中学（1953年9月—1956年8月）。

1956年

就读于上海市东中学（1956年9月—1959年8月）。

1959年

考入华东化工学院石油炼制专业。1964年9月毕业。

1964年

先后在上海市金山县松隐镇、青浦县朱家角镇、国棉十厂等社教工作队参加“四清”工作（1964年11月—1967年3月）。

1967年

回到上海炼油厂，分配到一车间进行轮岗培训（1967年3月—1968年3月）。

1968年

任上炼一车间工艺技术员（1968年3月—1969年6月）。

1969年

任上炼一车间革委会副主任（1969年7月—1969年12月）。

1970年

任上炼厂会战基建组副组长，组织完成了上炼减黏装置改造成150万吨/年常减压装置。

1971年

组织参与65万吨/年馏分油催化裂化装置建设，并担任基建负责人。

担任15万吨/年半再生固定床铂重整项目基建负责人。

1972年

8月，去金山卫，担任上炼金山工程化工一厂筹建组负责人，主管工程前期准备工作。

1973年

6月，与王国蓉结婚。

7月，加入中国共产党，次年7月转正。

8月，担任化工一厂基建指挥部副指挥。全面负责化工一厂基本建设指挥及组织工作。

1977年

年初，化工一厂一期工程全面建成投产。

1978年

12月，参与上海石化总厂化工一厂二期工程建设，全面负责化工一厂基本建设。

是年，上海石化开始二期工程建设，王基铭担任芳烃联合装置中方总代表，负责合同谈判到投料试车。

1984年

3月，王基铭负责的二期工程芳烃联合装置经运转考核及格，完成交接验收。

11月，担任上海石化总厂副厂长，负责总厂基建工作，同时兼任化工一厂厂长。

1985年

率芳烃专家组去扬子石化，指导施工和投料试车，顶替部分外国专家（1985年1月—1986年6月）。

1986年

被上海市经委评为“质量管理优秀工作者”。

1988年

5月，担任上海石化总厂代厂长。7月，担任上海石化总厂厂长。

1989年

6—9月，在美国丹佛大学，参加为期3个月的高级企业管理研修班。

被上海市人民政府授予“优秀企业家”荣誉称号。被中国石化总公司授予“中国石化科技及管理专家”荣誉称号。

1991年

再次被上海市授予“优秀企业家”荣誉称号。

1992年

领导和组织上海石化总厂股份制改制工作（1992年3月—1993年6月）。

作为中国共产党第十四次全国代表大会的代表，赴京出席大会。

1993年

6月，担任上海石化股份有限公司董事长兼总经理，兼任上海金山实业公司总经理。

是年，被国务院授予“国家突出贡献中青年专家”荣誉称号。

1994年

2月，担任中国石化副总经理，分管基建、技改、物资管理。同时兼任上海石化股份有限公司董事长。

1995年

3月起，组织实施中国石化总公司“八五”重点工程和“九五”重点工程建设（1995年3月—1998年4月）。

1998年

4月，任中国石化集团公司副总经理，分管科技、信息、外事、外资。

8月，兼任中国石化集团公司科技委主任。

1999年

7月，组织实施对中国石化集团的股份制改造，并于2000年2月完成该项工作。

2000年

2月，任中国石化首届董事会董事，并担任中国石化股份有限公司总裁。

2001年

9月，兼任上海赛科石油化工有限责任公司董事长。

10月，率团出席在英国伦敦举行的第三届中英论坛，并任论坛工业组中方组长。

12月，任中国系统工程学会系统工程专业委员会主任委员。

2002年

1月，出席约旦国王侯赛因与中国企业家座谈会。

6月，担任世界化学工程联合会理事会成员。

7月，应英国王室的邀请，赴英国伦敦出席在伦敦白金汉宫举行的英女王伊丽莎白二世花园招待茶会。

9月，率领中国石化代表团参加在巴西里约热内卢市召开的第十七届世界石油大会。

11月，担任中国化学协会第26届理事会副理事长。

2003年

3月，当选第十届全国政协委员。

4月，当选为中国石化第二届董事会董事、副董事长。

12月，率领中国石化代表团参加了在卡塔尔多哈举行的世界石油大会第二届地区会议。

2004年

1月，主持召开中国石化集团公司暨股份公司2004年安全生产工作电视电话会议。

5月，出席蒙特卡洛举行的“中国石化与F1牵手”大型推介会并致辞。

同月，接受中央电视台经济频道的《对话》节目主持人的采访。

8月，考察广东省湛江市东海岛东头山岛投资环境。

11月，率中国石化高级代表团出访尼日利亚。

2005年

编著《世界著名石油石化公司手册》（中国石化出版社）

编著的《石油化工技术进展》（中国石化出版社）获中国石化科技进步一等奖。

3月，辞去中国石化股份有限公司总裁职务。

11月，当选中国工程院院士。

2006年

3月，“两会”期间，向大会提交了关于《建议修改石脑油消费税征收办法》的提案，并就成品油价格改革问题接受新华网记者专访。

同月，参加评估武汉80万吨乙烯项目，并会见中央政治局委员、省委书记俞正声，省长罗清泉。

4月，被聘为华东理工大学教授、博士生导师。

2007年

1月，编著《国外大石油石化公司经营发展战略研究》(中国石化出版社)。

3月，在北京出席全国政协十届五次会议。并向大会提交关于调整成品油消费税政策的议案。

8月，参加在西安大学举办的第4届亚洲过程系统工程会议暨2007年中国过程系统工程年会，并做工作报告。

9月，参加在湖北省武汉市举办的2007中国企业500强发布暨中国大企业高峰会并主持开幕式。

10月，参加在四川省成都市举行的全国高分子学术论文报告会。

2008年

1月，参加全国政协经济委员会全体会议。

2月，出席在上海华东理工大学召开的“中国过程系统工程年会”。

同月，赴日本东京出席全球可持续发展工商理事会执委会会议。

3月，参加全国政协十一届一次会议。

5月，参加中国外交学会第七届理事会。

同月，出席在江西省南昌市举办的“全国企业家活动日”。

6月，出席在英国伦敦举办的陈锦华著《国事忆述》英文版首发座谈会。

7月，出席在西班牙马德里举办的第18届WPC会议。

8月，出席在宁夏自治区银川市召开的2008中国企业500强发布暨中国大企业高峰会，并发布2008中国企业500强、中国制造业企业500强、中国服务业企业500强榜单。

9月，出席在上海华东理工大学举办的中国过程系统工程年会。

10月，参加华东理工大学石油加工系50年庆典，并做讲话。

11月，赴南非出席全球可持续发展工商理事会执委会会议。

同月，出席在台湾省台北市召开的全球华人石油协会联席董事会。

12月，会见英国皇家工程院院长约翰布朗。

2009年

3月，参加全国政协十一届二次会议，接受中国工业报社记者采访，呼吁"以项目带动石化产业发展"。

同月，出席在日本大学举办的中日韩三国化学会会长会议。

4月，以会长身份出席中国可持续发展工商理事会会员大会，并做报告。

5月，参加在云南省昆明市举行的第十六届全国企业家活动日主会场活动。

6月，参加在韩国举办的第五届中韩高层财经对话会。

7月，参加在德国柏林举办的中德对话论坛。

8月，率领中国工程院广东石化产业规划课题组前往广东考察，并会见中共中央政治局委员、广东省省委书记汪洋同志。

9月，出席在浙江省杭州市举办的2009中国企业500强暨中国大企业高峰会，并发布2009中国企业500强、中国制造业企业500强、中国服务业企业500强榜单，和中国企业效益200佳榜单。

同月，参加在俄罗斯圣彼得堡举办的世界石油理事会议。

同月，出席在浙江省杭州市举办的中国过程系统工程年会。

10月，参加华东理工大学入校50年纪念活动。同日参加奉贤校区大学生活动中心揭幕仪式，与校友、中国工程院院士舒兴田共同为蛋白质泛素浮雕揭幕。

同月，赴美国华盛顿出席全球可持续发展工商理事会执委会会议。

11月，参加在广东佛山市召开的“2009年中国石油炼制技术大会”。

12月，参加在香港城市大学举办的院士论坛。

2010年

1月，赴瑞士苏黎世出席全球可持续发展工商理事会执委会会议。

3月，参加全国政协十一届三次会议。

4月，以会长身份出席中国可持续发展工商理事会会员大会，并做报告。

5月，出席在湖南省长沙市举办的全国企业家活动日，代表中企联宣布《关于表彰2010年“全国优秀企业家”的决定》。

6月，参加2010年两院院士大会。

同月，出席2010（第二届）中国石油石化产业发展国际论坛。

7月，出席国务院新闻办举行的2010中国企业500强发布暨中国大企业高峰会新闻发布会并做讲话。

8月，出席在山东省青岛市召开的“中国过程系统工程年会”。

9月，出席在安徽省合肥市举办的2010中国企业500强暨中国大企业高峰会，并发布2010中国企业500强、中国制造业企业500强、中国服务业企业500强榜单，和中国企业效益200佳榜单。

10月，出席“中国工程管理论坛·2010暨中国工程院工程管理学部成立10周年庆祝大会”，为大会致开幕辞。

11月，出席在上海市举办的全球可持续发展工商理事会理事大会。

2011年

担任复旦管理学奖励基金会副理事长、秘书长。

主编的《过程系统工程辞典（第2版）》出版。

和袁晴棠等主编的《石油化工工程建设项目管理机理研究》由中国石化出版社出版。

3月，参加全国政协十一届四次会议，并就国际油价走势进行预测分析。

同月，以会长身份出席中国可持续发展工商理事会会员大会，并做报告。

4月，以中国石油和石油化工设备工业协会理事长的身份，参加中国国际石油石化技术装备展览会。

5月，出席在湖南省长沙市举办的中国工程管理论坛。

6月，出席在台湾省台北市举办的全球华人石油石化研讨会。

7月，参加由复旦管理学奖励基金会和复旦大学主办的“2011复旦管理学国际论坛”并主持开幕式。

9月，参加在四川省成都市举办的2011中国企业500强暨中国大企业高峰会，并发布2011中国企业500强、中国制造业企业500强、中国服务业企业500强榜单。

10月，参加在北京召开的2011中国过程系统工程年会暨PSE专业委员会20周年特别年会，并做大会特邀报告。

11月，出席在人民大会堂新闻厅召开的2011年全国企业技术创新大会。

2012年

1月，参加中国石化集团公司工作会议。

2月，应邀赴华东理工大学做《中国炼油工业面临的挑战及对策》学术报告。

3月，参加全国政协十一届五次会议。

同月，出席在北京召开的2012年全国企业管理创新大会。

4月，参加2012年全国企业家活动日。

同月，以会长身份出席中国可持续发展工商理事会会员大会，并做报告。

5月，出席在重庆市举办的中国企业家年会暨两江论坛。

同月，参加全国经济委员会专题调研组赴湖北省调研。

6月，出席在法国巴黎举办的《国事忆述》法文版首发式。

8月，出席在澳门举办的南光石油40周年庆典。

9月，参加在吉林省长春市举办的2012中国企业500强暨中国大企业高峰会，并发布2012中国企业500强、中国制造业企业500强、中国服务业企业500强榜单，于会议期间接受东亚经济新闻记者的专访。

同月，参加在安徽省合肥市举办的中国工程管理论坛。

10月，出席2012年复旦管理学奖励基金会颁奖典礼暨中国管理学年会开幕式。

12月，参加WPC中国国家委员会全体会议。

2013年

1月，参加中国石化集团公司工作会议。

同月，参加中国人民外交学会第八届理事会年会

3月，赴英国伦敦出席全球可持续发展工商理事会执委会会议。

同月，接受《中国科学报》记者专访，提出“须建立本土特色的管理学体系”。

同月，应邀在首都科学讲堂做题为“炼油的基本知识”讲座。

4月，中国石油化工集团公司和中国工程院联合设立“闵恩泽能源化工奖”奖励基金，王基铭出任基金理事会秘书长及第一届专家委员会主任。

同月，以会长身份出席中国可持续发展工商理事会会员大会，并做报告。

5月，出席在首尔召开的“韩国环境部-KBCSD-CBCSD工商业与

政府可持续发展高层对话会”并作演讲。

6月，出席在深圳市举办的全球华人石油石化科技研讨会。

7月，主持召开《石油炼制》名词编写审定启动会。

同月，参加《化工名词》第二版审定工作启动会。

8月，出席在云南省昆明市举办的“2013中国企业500强暨中国大企业高峰会”，并发布2013中国企业500强、中国制造业企业500强、中国服务业企业500强公司榜单。同时就2013中国500强企业发展所呈现出的主要特点等问题接受中央台记者专访。

同月，出席在宁夏自治区银川市举办的中国过程系统工程年会，并做大会报告。

9月，主编的《石油炼制辞典》由中国石化出版社出版发行。

10月，出席在北京清华大学举办的复旦管理学奖励基金会颁奖典礼，并宣布获奖名单。

11月，赴土耳其出席全球可持续发展工商理事会执委会会议。

12月，出席在上海华东理工大学召开的2013能源与化工产业可持续发展高峰论坛，并做题为“中国石化工业战略性新兴产业发展研究”的报告。

2014年

1月，参加中国石化集团公司工作会议。

3月，赴英国伦敦出席全球可持续发展工商理事会执委会会议。

4月，以会长身份出席中国可持续发展工商理事会会员大会，并做报告。

5月，带领中国工程院“工业行业空间布局与区域协调发展——重化工业与环境协调发展”项目调研组赴陕西省开展专题调研。

6月，参加2014年两院院士大会。

同月，受邀参加在北京召开的“2014亚洲石化科技大会”，并做题为“国内外炼化工业发展现状及趋势”的大会报告。

同月，带领中国工程院“工业行业空间布局与区域协调发展——重化工业与环境协调发展”项目调研组赴山东省开展专题调研。

7月，带领中国工程院“工业行业空间布局与区域协调发展——重化工业与环境协调发展”项目调研组赴内蒙古自治区开展专题调研。

8月，出席在北京大学举办的中国化学会学术年会，并获得“化学贡献奖”。

同月，出席在东北大学举办的中国过程系统工程年会，并做大会报告。

同月，带领中国工程院“工业行业空间布局与区域协调发展——重化工业与环境协调发展”项目调研组赴甘肃省、宁夏自治区开展专题调研。

9月，出席在重庆市举办的“2014中国企业500强暨中国大企业高峰会”，并发布2014中国企业500强、中国制造业企业500强、中国服务业企业500强公司榜单。

同月，带领中国工程院“加强中央企业技术创新体系建设战略研究”项目专家组赴美国GE公司考察。

10月，出席在韩国召开的第七届KBCSD高层论坛，并发表了题为“中国炼油化工工业发展现状及可持续发展方案探讨”的主题演讲。

11月，出席在北京中国科学院大学举办的复旦管理学奖励基金会颁奖典礼，并宣布获奖名单。

12月，在京主持召开《化工名词》第二版审定第11分委会启动会，并出任分委会主任。

2015年

1月，参加中国石化集团公司工作会议。

4月，以会长身份出席中国可持续发展工商理事会会员大会，并做报告。

同月，参加在浙江省杭州市召开的“舟山国际绿色石化基地总体发展规划院士专家咨询会”。

5月，受邀出席大连市科协年会，并做题为《石化行业空间布局与环境协调发展》的大会报告。

6月，出席在贵阳举行的，由联合国环境署、世界自然基金会（瑞士）北京代表处（WWF）、中国可持续发展工商理事会（CBCSD）共同主办，德稻环境金融研究院和贵州卫视高端对话节目《论道》联合承办的“自然资本投资电视高峰会”。

同月，受邀出席在京召开的亚洲炼油和石化科技大会，并做题为“我国石化工业转型升级与发展”的大会报告

7月，主持召开《中国大百科全书》第三版化工学科燃料化工分支编纂工作启动会，并担任主编。

同月，出席“2015年复旦管理学国际论坛”。

8月，出席在广西省南宁市举办的“2015中国企业500强暨中国大企业高峰会”，并发布2015中国企业500强、中国制造业企业500强、中国服务业企业500强公司榜单。

同月，出席在四川大学举办的中国过程系统工程年会，并致辞。

11月，受邀出访沙特阿美公司。

同月，出席中国石油炼制科技大会，并做了题为“我国石化产业面临的挑战及对策建议”的大会报告

12月，参加法国巴黎气候峰会，并做题为“石化企业积极参与碳交易、用市场手段降低减排成本”的讲话。

同月，以华东理工大学校董会主席的身份出席华东理工大学教育发展基金会理事会。

2016年

1月，参加中国石化集团公司工作会议。

2月，参加中国工程院专家组赴河北雄县考察地热利用情况。

3月，接受中国化工博物馆专题采访。

4月，以会长身份出席中国可持续发展工商理事会会员大会，并做报告。

同月，带领中国工程院“中国炼油和煤化工产业可持续发展与区域协调发展重大问题战略研究”项目调研组赴江西省、上海市开展专题调研。

5月，带领中国工程院“中国炼油和煤化工产业可持续发展与区域协调发展重大问题战略研究”项目调研组赴浙江省开展专题调研。

同月，参加在北京化工大学举行的“闵恩泽能源化工奖”2016年第一次学术交流会，并主持开幕式。

6月，参加在京召开的全国科技创新大会、两院院士大会。

同月，带领中国工程院“中国炼油和煤化工产业可持续发展与区域协调发展重大问题战略研究”项目调研组赴湖南省开展专题调研。

7月，参加在陕西西安召开的中国过程系统工程年会，并做大会报告。

同月，带领中国工程院“中国炼油和煤化工产业可持续发展与区域协调发展重大问题战略研究”项目调研组赴辽宁省、甘肃省开展专题调研。

8月，出席在湖南省长沙市举办的“2016中国企业500强暨中国大企业高峰会”，并发布2016中国企业500强、中国制造业企业500强、中国服务业企业500强公司榜单。

同月，带领中国工程院“中国炼油和煤化工产业可持续发展与区域协调发展重大问题战略研究”项目调研组赴陕西省开展专题调研。

9月，出席在韩国举办的“第二届中韩工商企业可持续发展CEO

圆桌会”。

同月，参加在中国石化上海石油化工研究院举行的“闵恩泽能源化工奖”2016年第二次学术交流会，并主持开幕式。

同月，带领中国工程院“中国炼油和煤化工产业可持续发展与区域协调发展重大问题战略研究”项目调研组赴山东省开展专题调研。

同月，参加第三届国家气候变化专家委员会成立大会，获邀成为专家委员会委员。

10月，带领中国工程院“中国炼油和煤化工产业可持续发展与区域协调发展重大问题战略研究”项目调研组赴新疆自治区开展专题调研。

同月，出席在广州中山大学举办的复旦管理学奖励基金会颁奖典礼，并宣布获奖名单。

11月，带领中国工程院“中国炼油和煤化工产业可持续发展与区域协调发展重大问题战略研究”项目调研组赴广东省开展专题调研。

12月，参加在京召开的复旦管理学奖励基金会理事会。

同月，参加在广州华南理工大学举行的“闵恩泽能源化工奖”2016年第三次学术交流会，并主持开幕式。

同月，主持召开“企业可持续发展指数研究项目”研讨会。

同月，获中国能源装备终身成就人物奖。

附录二　王基铭学术代表作目录

1	回忆，是金色的……	【期刊】瞭望周刊	1989-03-02
2	加强企业内部审计工作是企业健康发展的保证	【期刊】审计研究	1989-06-30
3	振兴“石化”面向世界	【期刊】国际展望	1990-02-12
4	抓住治理整顿的良机从严治本	【期刊】上海企业	1990-06-30
5	加强和改进内审工作 促进企业转制接轨	【期刊】审计研究	1993-12-27
6	加快人才工程建设	【期刊】中国培训	1994-09-18
7	“九五”期间石化施工企业面临的形势和任务	【期刊】施工企业管理	1997-07-15
8	发挥优势　调整结构　开拓市场走出困境——我国合纤行业目前的形势和任务	【期刊】石油化工技术经济	1998-10-15
9	面向生产经营注重经济效益努力开创石油科技工作新局面——在石油科技工作座谈会上的讲话（节选）	【期刊】油气采收率技术	1999-03-30
10	关于合成纤维产品结构调整的若干探讨	【期刊】中国石化	1999-04-23
11	以质量品种效益为中心 大力推进科技进步 提高市场竞争力	【期刊】石油化工动态	1999-04-25
12	21 世纪我国炼油工业面临的挑战和对策	【期刊】石油炼制与化工	1999-05-18
13	乙烯原料优化问题的探讨	【期刊】石油化工	1999-05-20
14	贺信	【期刊】合成树脂及塑料	1999-08-15

15	提高认识落实措施进一步加大合纤新产品的开发力度	【期刊】石油化工动态	1999-08-25
16	合成树脂新产品开发的现状与趋势	【期刊】合成树脂及塑料	1999-10-15
17	如何看待石油石化工业的三次重大改革	【期刊】瞭望新闻周刊	2000-06-02
18	在集团公司2000年安全工作会议闭幕会上的主持词	【期刊】石油化工安全技术	2000-12-30
19	关于发展我国乙烯工业的思考	【期刊】石油化工技术经济	2001-02-25
20	迎接挑战促进发展	【期刊】中国石化	2001-03-23
21	运用电子信息技术提升传统产业	【期刊】中国信息导报	2001-04-25
22	在中国石化HSE管理体系发布会上的讲话	【期刊】石油化工安全技术	2001-06-15
23	关于发展我国乙烯工业的思考	【期刊】化工之友	2001-06-15
24	适应新形势需要 加快培养中青年干部——在集团公司人才培训中心春季开学典礼上的讲话	【期刊】石油化工管理干部学院学报	2002-02-15
25	加入世贸组织后的中国石化	【期刊】当代石油石化	2003-01-15
26	抓住机遇 加快发展 不断增强中国石化整体实力	【期刊】当代石油石化	2003-05-15
27	中日合作共抗经营风险	【报纸】中国企业报	2003-11-14
28	借鉴国际并购重组经验加快中国石化结构调整	【期刊】当代石油石化	2004-01-15
29	加快发展我国石化工业的战略思考	【中国会议】中国化学会第二十四届学术年会论文摘要集	2004-04-01
30	中国石化和可持续发展	【期刊】当代石油石化	2004-04-15
31	恪守企业社会责任努力推进可持续发展	【报纸】中国化工报	2004-05-17
32	中国石化为什么要赞助F1	【期刊】经营者	2004-07-15

33	新世纪石油炼制和石化技术的发展趋势	【期刊】中国石化	2004-11-10
34	抓住战略机遇 加快有效发展努力提升中国石化的国际竞争力	【期刊】当代石油石化	2004-11-15
35	坚持持续有效发展积极履行企业社会责任	【期刊】中国石油企业	2004-12-05
36	中国石化工业发展前景广阔	【期刊】当代石油石化	2005-04-15
37	大力推进我国工商界的可持续发展工作	【期刊】中国石化	2005-06-10
38	中国石化推进循环经济的实践与探索	【期刊】中国石化	2005-08-10
39	中国石化可持续发展与信息化建设	【期刊】中国石化	2005-09-10
40	中国石化长远发展战略与措施	【期刊】当代石油石化	2005-09-15
41	王基铭：暴利税≠油价改革	【期刊】经营者（财经人物版）	2006-04-01
42	中国石化工业现状与发展及重大石化装备国产化	【期刊】当代石油石化	2006-04-20
43	中国石化科学技术的发展与自主创新	【中国会议】中国化学会第二十五届学术年会论文摘要集（上册）	2006-07-01
44	年鉴连万家，信息通千城	【年鉴】中国石油石化设备工业年鉴	2007-01-01
45	综述　中国石化工业形势和“十一五”发展重点	【年鉴】中国石油石化设备工业年鉴	2007-01-01
46	中国炼油技术发展、成品油品质改善及市场预测	【期刊】当代石油石化	2007-03-20
47	过程系统工程技术在中国石油化工的研究与应用	【期刊】天津大学学报	2007-03-30
48	中国石化工业形势和“十一五”发展重点	【期刊】当代石油石化	2007-04-20
49	落实社会责任 推动企业可持续发展	【期刊】中国石化	2007-05-20

50	中国石化石油化工重大工程项目管理模式的创新	【期刊】中国石化	2007-07-20
51	过程系统工程技术与中国石化可持续发展	【期刊】化工学报	2007-10-15
52	中国石化持续发展的战略举措	【期刊】当代石油石化	2007-11-20
53	大力开展清洁生产、节能减排工作，努力推动我国炼油工业和谐发展	【期刊】中外能源	2007-12-15
54	中国石化的节能减排与PSE技术应用	【期刊】当代石油石化	2008-10-20
55	金融危机对宏观经济和我国石化产业的影响	【期刊】当代石油石化	2008-12-20
56	综述　国际金融危机对世界宏观经济和我国石油石化装备制造业的影响	【年鉴】中国石油石化设备工业年鉴	2009-01-01
57	中国炼油工业现状和发展方向	【国际会议】2009年北京国际炼油技术进展交流会报告文集	2009-03-16
58	金融危机对宏观经济和我国石油石化装备制造业的影响	【期刊】中外能源	2009-04-15
59	镁基助熔剂对刘桥二矿混煤灰熔融特性的影响	【期刊】煤炭转化	2009-04-15
60	中国炼油工业现状和发展方向	【期刊】当代石油石化	2009-05-20
61	钙基助熔剂对皖北刘桥二矿混煤的灰熔融特性影响	【期刊】华东理工大学学报（自然科学版）	2009-08-15
62	配煤对煤灰熔点的影响及灰熔点预测模型研究	【期刊】洁净煤技术	2009-10-15
63	信息化与集团化管理	【期刊】计算机与应用化学	2009-10-28
64	离散样本数据的多峰分布测度及其应用	【期刊】华东理工大学学报（自然科学版）	2010-02-15
65	中国煤化工发展现状及对石油化工的影响	【期刊】当代石油石化	2010-06-20

66	基于人工神经网络的石油化工工程建设项目管理绩效评价	【期刊】石油学报（石油加工）	2010-06-25
67	石化工业节能减排与低碳发展——试论过程系统工程在石化工业的应用	【期刊】当代石油石化	2010-09-20
68	中国工程院第97次工程科技论坛——中国特色自主创新道路王基铭院士开幕致辞	【期刊】管理工程学报	2010-10-15
69	低碳经济下中国炼油工业发展	【期刊】石油炼制与化工	2011-01-12
70	促进我国煤化工产业健康发展	【期刊】能源技术与管理	2011-04-28
71	基于分子管理的渣油掺炼煤焦油常压溶剂脱沥青效果	【期刊】石化技术与应用	2011-05-10
72	我国炼油工业发展面临的挑战及对策	【期刊】当代石油石化	2011-10-20
73	石油石化工业发展与对材料装备业的需求	【中国会议】技术创新·企业发展——新材料与装备制造论坛文集	2012-02-28
74	石油石化工业发展与对材料装备业的需求	【期刊】当代石油石化	2012-04-20
75	中国石油和石油化工设备工业协会成立25周年　中国石油化工集团公司原总裁、中国石油和石油化工设备工业协会原理事长中国工程院院士王基铭为中石协成立25周年题词	【年鉴】中国石油石化设备工业年鉴	2012-04-30
76	中国现代煤化工产业现状与展望	【期刊】当代石油石化	2012-08-20
77	企业规模持续提升 影响力进一步加大	【期刊】中国经贸导刊	2012-09-25
78	推动两化融合 促进石化产业优化升级	【期刊】当代石油石化	2012-10-20
79	石化工业节能减排的现状及对策	【期刊】当代石油石化	2013-05-20
80	走可持续发展和绿色发展之路是必然选择	【期刊】化工管理	2013-06-01

81	化工可持续发展的挑战与应对	【期刊】中国经贸导刊	2013-08-10
82	生态文明建设与石油石化产业升级	【期刊】化工学报	2013-11-12 11：04
83	Engineering Management: Extending Dimensions and Frontiers	【高教社期刊库】工程管理前沿（英文版）	2014-06-15
84	炼化工业发展现状及趋势	【期刊】当代石油石化	2014-06-20
85	我国炼化工业现状及发展建议	【期刊】中国石油和化工经济分析	2014-07-01
86	优化工业行业空间布局，实现区域协调发展	【期刊】化工学报	2014-09-25 17：46
87	考虑承包商风险偏好的工程项目成本酬金合同优化	【期刊】工业工程与管理	2015-02-10
88	甲醇制丙烯产品气分离工艺的开发	【期刊】石油化工	2015-03-15
89	催化柴油管式液相加氢反应动力学模型	【期刊】化学反应工程与工艺	2015-04-25
90	催化柴油管式液相加氢脱硫数值模拟	【期刊】计算机与应用化学	2015-05-28
91	催化裂化柴油管式液相加氢流体流动与混合的研究	【期刊】石油炼制与化工	2015-07-12
92	王基铭：石化业的转型升级与发展	【期刊】中国石油石化	2015-08-01
93	甲醇制丙烯脱甲烷塔尾气回收技术研究	【期刊】华东理工大学学报（自然科学版）	2015-08-30
94	深入研究央企创新规律性加快构建央企创新体系	【中国会议】石油科技论坛论文集	2015-10-1
95	我国石化产业面临的挑战及对策建议	【期刊】当代石油石化	2015-11-1
96	催化裂化柴油管式液相加氢的实验研究	【期刊】石油学报	2016-02-01
97	甲醇制丙烯分离工艺的研究与优化	【期刊】天然气化工	2016-03-01

后　记

走近王基铭是一个偶然的机会，在我看来，更是一份缘。

2016年年初，受中国石化宣传工作部委托，由我来编写王基铭的传记。

这原是国家科技部、人事部和中国工程院联合发起的“为院士立传”的文化项目。作为一个卓有成就的石化系统的高级干部、工程院院士，王基铭的大名我早就耳闻。王基铭是60年代初期的大学生，在长达半个世纪的艰苦拼搏中，他以常人难以想象的“充沛精力”全身心地工作着、奋斗着、拼搏着，从一个名不见经传的基层干部，成长为石油石化系统的高级领导干部，这本身便是一部厚重的大书。

在石化系统，王基铭算得上一个充满传奇色彩的人物。

他是见证者。从20世纪60年代积弱贫穷的年代，见证了中国石化工业艰难的起步，以及在这个漫长的过程中，弱小的石化工业怎样一步步成为世界一流产业，成为支撑一个国家经济命脉的重要支柱。

他是参与者。从高桥的上炼开始，到80年代中期掌舵国有特大型企业上海石化总厂。特别是90年代到卸任前的新世纪的头5年，这十多年时间，是中国石化真正腾飞的年代。这期间，他参加了差不多所有的中国石化企业的兴建与改造，他的名字和每一个石化大型企业的发展与建设联系在了一起。可以说，王基铭，这是中国当代石化工业史特别是重大决策和实施过程中很难回避的一个名字。

这个名字和中国当代石化发展史联在一起，成为中国石化发展史的一个组成。

他有骨气。为了中国石化的发展与强大，为了保证国家的经济安全，打破国外长期的技术垄断，他积极支持并关心民族制造业的发展，从根本上改变了中国石化在装备制造业上的被动局面，增加了中国石化工业与国外竞争的“国家砝码”。为了石化装备国产化，他以乌纱帽和全部家当作抵押的“惊天”一拍，也由此成为今日共产党高级干部的一个完美形象，感动了所有的石化人。

他有底气。他的底气时刻都表现在办企业的过程中，他处处将工人阶级作为主人翁，尊重职工，爱护职工，理解职工，依靠职工办企业。在他离开上海石化总厂20多年后，那里的职工谈起他来，仍像谈论兄长般的充满了怀念和赞许，所有人的口吻都带着亲切和眷念。都说人过留名、雁过留声，一个人离开一个单位20多年了，大家在追忆里还充满如此的情感，这个人便应该是一个纯粹的人，也是一个高尚的人。

他有正气。作为院士，他是典型的专家、学者，有着丰厚的学养；作为中国石化前副总经理、上市公司总裁，他又是一个标准的部级高官。但为官多年，事业上他严格按高标准从事，生活上更是近乎苛刻地要求自己和家人，从不让家属、子女、亲朋沾过哪怕一丝的光。在长期的职业生涯里，他用自己模范的行为，博得了一个好的“官名”、“官声”。

正因为如此，我对自己能否写好王基铭，心里是没底儿的。

2016年3月中旬的一个日子，我去到王基铭家中，开始了我第一次的采访。

坐在沙发上，王基铭拉家常式地谈到了自己的童年、少年、青年，谈到了自己的父亲、母亲，谈到了幼时的老师、伙伴。王基铭缓缓地叙述着，但我能感到，那时的他已回到了人之初的那段岁月。室内的茶几上，一杯新沏的茶还微微地散发着热气，窗外，北京淡淡的白云，悠悠地悬挂在天的深处，我却分明感到，那是岁月的流云，光阴的流云。我没有过多地打断他，而是拿着笔不停地记录着。短短的两天下来，我用完了两个笔记本。

在不断的交谈里，我觉得我正走近一个更加真实的王基铭。一个贫民子弟，因为贫穷而早熟、而立志、而发愤。参加工作后，他勤恳工作，踏实做人，善于学习，在平凡的岗位上做出了不平凡的业绩。

让我钦佩和感动的是，回忆过去，王基铭谈得最多的，还是他的老领导、老同事、老朋友、老部下。在他眼里，工作中所有的成绩，无不来自大家的支持，自己只不过尽了应尽的义务，做了原本就该做的工作。

我相信这是一种自然和坦诚，更是一种精神和境界。

更让我感动的是，王基铭从不忌讳谈自己的缺点和不足。

他真诚地对我说，应该将这些不足都写进去。

他说，说白了，传记只是一个总结，没有缺点和不足的总结，是不完美的。

随后的日子，我采访了中国石化总部里曾经和王基铭一起共事的领导和同事，也采访了上海炼油厂、上海石化总厂王基铭昔日的同事和朋友。

对王基铭和他的同事们的采访，对我来说，是一次难得的教育之旅。老石化人张一飞、张志良、辜昌基、戎光道、干文正、郭凤霞，以及中国石化集团的袁晴棠、杨树杉、王玉台、李国清、杜江波等领导同志，都给予了充足的时间，向我讲述从前的那个过去了的时代里，王基铭和那一代中国石化人披肝沥胆的创业往事。我从他们的身上，感受到了一代中国石化人，为了祖国的强盛，所付出的全部代价。我始终觉得，我是在读一部大书，一部中国石化人艰苦创业、奋发图强的历史教科书。

也因此，写作的过程，让我激动，更让我沉思。

我对过往的那个时代，始终充满了敬意。

和传记作者尚长文的合影

在整个采访期间，中国石化集团公司办公厅的刘军同志——王基铭院士的秘书，为我的写作给予了极大的帮助，提供了极多的便利，上海石化股份有限公司办公室的同志也提供了热情的帮助。原中国工程院秘书长、曾长期担任钱三强专职秘书的葛能全先生，尽管年已八旬，仍逐字逐句地读完书稿，并给出了许多宝贵的指导意见。这让我充满了感动和感念。

令我愧疚的是，由于笔力所限，这部书还显得非常笨拙。严格地讲，我只是刻画出了一个轮廓，远没达到心中所形成的王基铭的形象。

这令我脸红，也令我不安。

我相信，随着时光的流逝，还会有更多的作家来回眸过去的那段中国石化人艰苦创业的时光，重新打量那段令所有中国人自豪的时光。

写王基铭，我是开头，但不是终结者。

毕竟，王基铭们，是我们这个国家、我们这个民族的骄傲。正是他们以铮铮的铁骨支撑起了这个国家和民族，他们是我们这个时代的标签，也是这个时代的一张名片！

写作，是思考，更是回忆。创业的岁月渐行渐远，那个岁月里的往事却在我的眼前越来越清晰；我动情地怀想着过去，并以此抵达灵魂的高地。

尚长文

2016年盛夏初稿于黄河入海口

2017年春完稿于北京昌平